無敵の地方公務員

上級過去問クリア問題集

はじめに

本書は、過去に出た問題(略して「過去問」)を紹介するとともに、過去問を通じて未来への指針を示し、公務員試験を受けられるあなたを合格へと導く、まったく新しいタイプの「過去問集」です。

たった1冊のこの本書には、地方上級公務員(行政事務系)の択一試験全科目の過去問と、合格のために必要なエッセンスが盛り込まれています。

私は、東京・新宿で大学生向けの公務員試験予備校「公務員試験専門喜治塾」を十数年前に開きました。地方から上京し、入学した東京の大学から地元の県庁や市役所に就職しようと多くの学生たちが通われます。すでに多くの喜治塾OB公務員たちが、北は北海道から、南は沖縄県にわたる津々浦々の地方自治体で地方公務員として活躍しています。

その喜治塾で長年指導にあたり、地方上級試験を知り尽くした講師陣が講義の集大成として総力をあげ、著しました。本書に収録された下記内容には、きっと驚かれることでしょう。

- ・知っておくべき過去問
- ・押さえておくべき知識
- ・身につけておくべき解法テクニック

これらを盛り込んだ本書をとにかくマスターしてください。その暁には必ずや合格への道が開けてきます。

みなさんが、手にされた本書を徹底的に活用し、試験に合格されることを、そして全国各地で地方公務員として活躍されることを願ってやみません。

公務員試験専門　喜治塾
塾長　喜治賢次

本書の特長と使い方

本書は、国家公務員一般職（大卒程度）、地方上級（都道府県庁、政令都市、特別区、市役所などの地方自治体・大卒程度）の一般事務職系択一試験（教養科目・専門科目）の過去問集です。近年の試験で出題された問題について解説しています。

●特長

1　**今後も出題されそうな重要な過去問を厳選**
2　**過去問解説では当該問題とともに、周辺知識も整理**
3　**覚える「ツボ」をズバリ教示**
4　**数的推理と判断推理では、解法のための秘伝を伝授**
5　**学習効果をより高めるため、問題の選択肢を一部アレンジして掲載**

●使い方

《これから勉強を始める方は》

たとえ基礎知識がなくても、本書の解説を読めばある程度は理解できるので、各科目でどんな問題が出されるかをひととおり把握できます。「敵を知り己を知れば百戦危うからず」の成句どおり、まずは出題形式とレベルを知り、自分の現時点での実力との距離を知ることがたいへん重要です。本書では重要分野の頻出過去問を通じて、合格するための相当の知識を習得できるよう工夫を凝らしています。本編右ページを読み込んで覚えていけば、かなりの実力がつきます。

《勉強の総仕上げに》

本書は、頻出の最重要過去問を確認しながら周辺知識を押さえ、数的推理や判断推理の定番の解き方、解法のテクニックなど、まとめて整理できるようになっています。試験直前の総仕上げとして絶大な効果を発揮するでしょう。

《学習継続のアドバイス》

問題文の脇に、取り組んだ日を記入できる欄を設けました。3回繰り返すのが実力アップのコツです。

公務員試験の概要

ひとくちに「公務員」といっても、県庁・都庁の職員、市役所の職員、文部科学省などの省庁の職員、警察官・消防官などいろいろな公務員がいます。また、職種も事務職、技術職(土木・建築・化学・衛生など)、福祉職、心理職、保健師…など多岐にわたります。採用試験は、それぞれの採用主体が、それぞれの職種について、独自に行います。ですから、毎年、多数の公務員試験が全国で行われています。

地方公務員とは都道府県庁・市役所・町役場・村役場で働く公務員をいい、国家公務員とは、国会・内閣・裁判所などのもとで働く公務員をいいます。

県庁、市役所ごとに採用試験が行われます。国家公務員試験も同様です。試験日程もさまざまなので、それぞれの役所のホームページなどで採用試験の情報を確認が必要です。

上級試験とは

各試験とも、事務職、行政職、建築職、土木職など業務内容による分類とは別に「上級・中級・初級」、「Ⅰ種・Ⅱ種・Ⅲ種」、「Ⅰ類・Ⅱ類・Ⅲ類」といった分類があります。試験を実施する役所ごとに呼び方が違うのですが、おおよそ以下の通りです。

- 上級・Ⅰ種・Ⅰ類…大学卒程度の学力を有することを前提とした試験。
  国家公務員試験は、この区分のなかでさらに総合職、一般職に分けている。
- 初級・Ⅲ種・Ⅲ類…高校卒程度の学力を有することを前提とした試験。

上記の通り、上級は大学卒業程度の学力があるかを測る試験であり、実際には「大学卒」が受験要件に必要とされない役所も多いようです。また、中級・Ⅱ種・Ⅱ類は短大卒程度の学力の試験ですが、最近はこの区分の試験はあまり実施されていません。

本書は、地方公務員・上級の事務職系、国家公務員大卒・一般(行政)を受験するためのテキストです。

受験資格

公務員試験の受験資格は、ほとんどの場合、日本国籍であることと年齢だけとなっています。例外的に日本国籍でなくても受験できる公務員試験もあります。いずれにしても試験を実施する役所ごとに違うので、それぞれ受験する役所の募集要項で確認が必要となります。

年齢要件

上級試験の場合は、多くの場合22歳以上30歳程度。役所によってまちまちです。

学歴要件

ほとんどの役所は学歴を要件にしていません。

その他の要件

技術系職種では在学時の専攻、栄養士・保育士などの資格職ではその資格・免許、警察官・消防官などの公安系の職種では身長・体重などの身体要件が課される場合もあります。

近年は、説明会や若手職員との交流会などを行い、採用に積極的な自治体も増えています。将来の仕事のイメージを深めるためにも、ぜひ参加してみましょう。

試験日程

地方公務員(上級)、国家公務員(総合職・一般職)の各試験の一次試験は、例年以下の日程で行われます。
※日程は変わる場合があるので、人事院や自治体のHPで必ず確認しましょう。

3月中旬	国家公務員総合職(大卒程度)
5月上旬	東京都庁、特別区(23区)、 大阪府、大阪市 国家公務員総合職(院卒程度)
6月中旬 6月下旬	国家公務員一般職(大卒程度)、 道府県庁、市役所(大卒程度)
6月～1月	全国各地の市役所が随時行う なかでも9月第3日曜日に行う市役所が多い

どの試験も試験日の1～2か月前までには募集要項が出され、1か月くらい前に申込みが締め切られます。
「うっかり申し込み忘れて、受験できない」なんてことがないように注意！

試験の内容

役所によって試験内容もそれぞれですが、大まかなパターンは決まっています。

●従来から多いのは次のパターン

1次試験	・教養試験(5肢択一式) ・専門試験(5肢択一式)　←課さない役所もある ・論文試験(行政課題・1000～1500字程度)
2次試験	・個別面接 ほかに集団面接、集団討論などを行うところもある 個別面接については1回のところもあるが、4～5回も行うところもある ・体力検査 ・適性検査

●最近の新傾向

従来からの教養試験、専門試験などは課さずに、民間企業の就職試験として使われているSPI、SCOAなどの試験と面接、グループ活動、集団討論などだけで選考をする役所もあります。

●教養試験………5つの選択肢から正解を1つ選ぶ形式の試験。ほとんどの役所の試験で課されます。

●専門試験………5つの選択肢から正解を1つ選ぶ形式の択一試験で出題されるところが多いのですが、記述式で解答させる方式をとる役所もあります。なかには、専門科目を課さない役所もあります。

●行政課題論文…行政課題についての考えを書かせる論文試験。90分～120分で1000字～1500字を書かせます。

●集団討論………受験生6～8人程度のグループで、「地域の保健医療体制の確立について」など、与えられた課題について30～60分ほど討論させる試験です。

●個別面接………受験生1人に対して3～10人の試験官で行われる20～40分程度の面接試験で、志望動機や自己PR、学生時代のことなどを聞かれます。

●体力試験………警察官・消防士などの公安職のほか、市役所の一部で行われています。内容は、腕立て伏せ、懸垂、1km走など内容は役所ごとにさまざまです。

●適性検査………事務能力の適性を見る試験。準備は特に必要ありません。

県庁一般事務職 択一試験の一例（関東型）

教養科目

	科目	出題数
知能分野	文章理解	9
	判断推理	6
	数的推理	5
	資料解釈	1
知識分野	政治・経済・法律	7
	社会	6
	世界史	3
	日本史	3
	文学・芸術	1
	地理	2
	数学	1
	物理	1
	化学	2
	生物	2
	地学	1
合計		50

専門科目

科目	出題数
政治学	2
行政学	2
憲法	4
行政法	5
民法	6
刑法	2
労働法	2
経済原論	12
経済史	1
経済政策	2
財政学	4
経営学	2
社会政策	3
国際関係	3
合計	50

よくある質問　Q&A

Q　地方上級というのは、県庁の試験のことでしょうか？

A　県庁の上級試験を「地方上級」と呼ぶことが多いようです。ただ、地方公務員の上級試験という意味では、市役所試験も上級試験があります。

Q　公務員試験はいくつも受験できるのでしょうか？

A　日程が重ならなければいくつでも受験することが可能です。

Q　住んだこともないし、親戚縁者もいないところの地方自治体の試験を受験することは難しいでしょうか。受験したとしてもかなり不利ですよね。

A　その心配は全くありません。たとえば、都庁や特別区（東京23区）などは全国の人が受験しており、実際、合格もしています。採用する役所側は、「本人のやる気」「仕事ができるかどうか」で決めます。その県の出身であるかないかということより、その県のことをどれだけ好きになってくれる人か、どれだけ頑張れそうかで判断します。

Q　この問題集以外にもっと過去問を入手したいのですがどうすれば手に入りますか？

A　過去の試験問題を公表しているのは、現在のところ、国、東京都、特別区などのごく一部の役所だけです。入手したい役所の採用試験担当課に問い合わせてみるとよいでしょう。

Q　合格ラインは何点くらいでしょうか？

A　発表はされていませんので、はっきりとはわかりませんが、択一試験は教養試験、専門試験ともに6割前後の得点だといわれています。

Contents

第1章

専門試験

専門試験の攻略法

専門科目の択一試験は行政分野、法律分野、経済分野の各科目から出題され、各地方自治体で出題科目、出題数、解答数に違いがある。だいたいが8ページのとおりだが、試験要項の詳細は受験する地方自治体に確認する必要がある。また、なかには専門科目を課さない地方自治体もある。

専門科目の合格ラインはおおよそ６～７割である。法律科目、又は経済科目を中心に行う広島県、名古屋市などほんの一部の地方自治体もあるが、たいてい幅広く出題されるので、どの科目も分け隔てなく対策しておく必要がある。

行政分野

主要となる政治学、行政学と、社会学、国際関係、経営学の５科目がある。

▶知識量が得点に直結

いずれも典型的な暗記科目で、経済系科目や法律系科目に比べ勉強はしやすい科目といえる。しかし範囲が広く、暗記に要する時間が相当かかるので、メリハリをつけた効率的な学習が必要となる。

▶学者と学説をセットで覚える

暗記の中心になるのは学者の名前と学説だが、行政系科目は世界史と連動する科目でもある。まずは基礎として世界史、とりわけ西洋近現代史を身につけてから取り組めば、学者や学説の時代背景がわかり、理解も容易になろう。また、最新の時事の知識と連動して問われることも多いので、ふだんから新聞をよく読んでおこう。

法律分野

憲法、行政法、民法が主要３科目でありほとんどの自治体で出題されている。これに対して労働法、刑法は出題されない試験種もあるので確認してほしい。

▶憲法は取りこぼしのないように

範囲も狭く、初学者にも一番とっつきやすい。しかも教養試験(政治・経済)のほうでも出題されるので確実に得点できるよう準備を進めたい。

▶行政法は同じ問題が何度も出題されている

苦手とする受験生も多いが、行政法の出題範囲はかなり狭く、同じような問題が繰り返し出題されている。過去問からの学習が一番適している。

▶民法はまず基本事項をしっかり押さえる

他方、民法は範囲が広く、全体のつながりが理解できていないと解けないような難問も多い。苦手な人は、基本事項を押さえるだけでもよい。

すべての科目に共通していえるポイントは、条文・判例の正確な知識をマスターすること。繰り返し出題される項目は決まっているので、暗記の労をいとわなければ、だれでも得点を伸ばせる。

経済分野

公務員試験の経済系科目では、経済原論(理論)を中心として財政学、経済政策、経済学説史、経済史、経済事情などから出題されるが、なかでも経済原論が中心で、その他については理論の応用という形で学習できる。

▶経済原論(理論)と財政学は1科目のつもりで取り組む

経済原論(理論)では数式やグラフを使うため、数学が苦手だからと理論を敬遠し、暗記だけで対応できそうな財政学などの科目だけに絞ろうとする受験生もいるが、財政学は経済原論と重なっている部分も多く、経済原論の理解のない暗記では太刀打ちできないので、注意が必要だ。経済事情は、経済原論とは一線を画した時事的な問題で対処しうるが、その得点だけでは合格はおぼつかない。

要は、経済原論(理論)を基礎からしっかりと身につけることが、経済系科目の出題を解く効率のよい学習につながる。

▶厳選された過去問をきちんと暗記するのが合格のコツ

本書で取り上げた代表的な過去問をじっくり解いて、しっかり理解することが重要である。たくさんの問題をこなすのではなく、厳選された問題をしっかりと解答できるようにしておくことが重要となる。些末(さまつ)なことにとらわれたり妙な深入りをしたりすることなく、本書の解説を理解し、とにかく本書で取り上げた問題を暗記することが合格のコツである。

行政分野

政治学

問題 1 権力①

権力に関する次の記述のうち、妥当なのはどれか。

1　C.W.ミルズは、1950年代のアメリカ合衆国の社会を分析し、政府高官・財界幹部・高級軍人から構成されるパワー・エリートに権力が集中する一方で、権力構造の底辺では大衆社会化が進み、政治的無関心が支配的になっているとした。

2　M.ウェーバーは、権力の正当性の根拠を3つの類型に分類し、権力の正当性の根拠は、文明社会の発達に伴って、「カリスマ的正当性」から「伝統的正当性」を経て「合法的正当性」へと3つの段階を経て移行していくと主張した。

3　R.ミヘルスは、権力は、その発展過程において次第に合法的正当性を喪失し、カリスマ的指導者による少数者支配傾向を強めていくという「寡頭制の鉄則」を主張した。

4　C.E.メリアムは、権力関係を安定させるための手段を、人々の知性に訴えて権力を正当化させるミランダと、象徴を用いて権力を正当化させるクレデンダという2つの概念に分類した。

5　政治権力が特定の少数者に独占されて社会の支配が行われるのは、一般国民の政治参加が許されていなかった前近代社会に特有の現象であり、現代社会には見られない。

問題 2 権力②

権力論に関する記述として、妥当なのはどれか。

1　ラズウェルは、明確な関係概念に立って権力論を展開し、権力の源泉・基盤、手段、範囲などによる行為者間の権力関係の変化を量的に分析することによって、権力の比較を試みようとした。

2　ラズウェルは、権力追求者は価値剝奪に対する補完の一手段として権力を追求するとした。

3　ラズウェルは、権力は集団の統合現象であり、集団形成の必要性や有用性から生まれるものであるとした。

4　メリアムは、軍隊の集中を権力の基盤とみなすとともに、生産手段の集中を権力の基盤であるとした。

5　メリアムは、権力を心理的に補強するための手段には、信念に訴えて権力の合理化を図るミランダと、象徴を巧みに使って情緒に訴えるクレデンダとがあるとした。

解説

民主主義でも権力はエリートが独占する

①寡頭制の鉄則(ミヘルス) ……人間が作る団体は支配の必要性から必然的に少数支配の形式をとる。
②パワーエリート論(ミルズ) …アメリカ社会では軍部・企業・官僚が相互に緊密に結びつきながら支配集団を形成している。寡頭制の鉄則を国家に適用した。
③多元的エリート論(ダール) …政治的決定への影響力は多数のエリートに分散しているとし、パワーエリート論に反対した。
④エリート周流論(パレート) …エリートの循環により社会変化と再均衡が自然に達成される。
⑤実体的権力概念(ラズウェル) …人は価値剝奪を補完するため権力を追求する。

1-○
2-× ウェーバーによる「支配の三類型」は段階的なものではない。次問参照。
3-× 合法的正当性とは無関係。
4-× 次問参照。
5-× 現代社会においても見られることがある。

問題 1 正解 1

解説

伝統的、合法的、カリスマ的支配を覚える

《ウェーバーによる権力の正当化根拠の分類》

	伝統的支配	合法的支配	カリスマ的支配
内容	伝統的権威による支配	法制度による支配	支配者の資質による支配
特徴	変化への適応困難	最も合理的な支配	短期的に効果が上がる
例	前近代社会、開発途上国	近現代国家、官僚制	ナポレオン、ヒトラー

《メリアムによる象徴形式(権力正当化の手段)の分類》
・ミランダ……国歌や国旗のように人々の感情に働きかけるもの
・クレデンダ…イデオロギーのように人々の理性に働きかけるもの

1-× ラズウェルは権力を実体的なものと考えた。
2-○
3-× メリアムに関する説明。
4-× 前半はマキァヴェリ、後半はマルクスに関する説明。
5-× ミランダとクレデンダの説明が反対。

問題 2 正解 2

問題 3 政治思想①

社会契約論に関する次の記述のうち、妥当なものはどれか。

1 ホッブズは、国家における主権者として君主を擁護し、人民の革命権を否定するなど、当時の流行に逆らって反社会契約論の立場に立った。

2 ホッブズは、人間が真に人間らしく生きるには共同体が必要であると考え、公共善を実現する場としての政治的共同体を存続させることに優先権を置いていた。

3 ロックは、人民が社会契約を結んで自然法の解釈・執行権力を放棄することによって、政治社会が成立すると考えた。

4 ロックは、立法権、執行権、司法権という三権分立を構想したが、これは完全に対等な三権による抑制と均衡を図ることで、自然権のよりよき実現を目指すためであった。

5 ルソーは、自然状態を「万人の万人に対する闘争」であるとし、私有財産制がその根本原因であると考えた。

問題 4 政治思想②

民主主義の理論に関する次の記述のうち、妥当なものはどれか。

1 シュンペーターは、民主主義における政治的リーダーシップの重要性を強調するとともに、国民の直接参加を説いた。

2 ダールは、理念としての民主主義と現実の分析概念としての民主主義とを区別し、後者に対して、ポリアーキーという概念をあてた。

3 トクヴィルは、19世紀アメリカの民主主義的な政治制度を称賛し、民主主義を徹底すればおのずから自由も拡張されると説いた。

4 バークは、議員は選挙区の受託者である以上、選挙区の利害を代表して行動すべきであると主張した。

5 アリストテレスは、民主制のあるべき姿勢として、じゅうぶんな教養をもち、自由を最大の誇りとする少数の富裕者による支配を構想した。

解説

ホッブズ、ロック、ルソーの違いを押さえる

《社会契約論》

人民の契約に基づき国家が成立したとする理論。論者により内容が異なる。

	ホッブズ(英)	ロック(英)	ルソー（仏)
時代背景	清教徒革命1642年	名誉革命1688年	仏革命(1789年)前夜
著作	リバイアサン1651年	市民政府二論1690年	社会契約論1762年
人間本性	利己的存在	理性的存在	情愛に満ちた存在
自然状態	万人の万人に対する闘争	一応平和な状態	
社会契約	自然権の全面放棄	自然権の一部を信託	一般意志の創出
革命	否定	抵抗権を承認	革命承認
理想国家	絶対君主制	間接民主制・権力分立	直接民主制

※一般意志…共通の利益だけを心がける全人民の意思

1-×　ホッブズも社会契約論者。
2-×　アリストテレスの考え。　3-○
4-×　ロックは二権分立説。本文はモンテスキューの説明。
5-×　「万人の万人に対する闘争」はホッブズの考え。

問題 3　正解 3

解説

民主主義に関するさまざまな見方を押さえる

○バーク(英) ………保守主義者。急進的なフランス革命を批判し、イギリスの立憲君主制・議院内閣制を擁護。

○トクヴィル(仏) …多数者の暴政を警戒しつつも、アメリカのジャクソニアンデモクラシーを見聞し、地方自治を通して自由主義と民主主義が結合しうることを指摘した。

○ダール(米) ………①政治家間で活発な自由競争が行われ、②成人人口のうち有権者の比率が大きいような、高度に民主化された政治体制のことをポリアーキーと名づけた。

○シュンペーター（墺）…人民の理性的な政治判断力には懐疑的。民主主義では、決定を行う人々の選挙を第一義的なものとし、選挙民による問題の決定は第二義的とした。

1-×　エリートの選出を重視し、直接参加は否定。
2-○　3-×　民主主義は自由を奪う可能性があると指摘。
4-×　議員は全体のために行動すべきと主張。
5-×　ほどよい財産をもち、理性を発揮すべきとした。

問題 4　正解 2

問題5 政治制度①

選挙制度に関する次の記述のうち、妥当なものはどれか。

1　小選挙区制は、1選挙区から1名の代表を選出する制度であり、1選挙区の規模が小さいことから候補者は地域的利害に拘束されがちになるが、恣意的に選挙区割りをするゲリマンダーが行われる可能性が低い。

2　小選挙区制は、比例代表制に比べて利益や価値観が多様化した社会に適した制度であり、争点が明確になりやすく、政権も安定しやすい。

3　比例代表制は、各政党の得票率に比例して議席を配分する制度であり、ヨーロッパの多くの国で採用されており、死票を最小限に抑えることができるが、小党分立の傾向を生じ、連立政権になる可能性が高い。

4　比例代表制には、単記移譲式と名簿式があり、名簿式のうち単純拘束名簿式では、選挙人は政党を選択するだけで、候補者の優先順位を変更できないが、厳正拘束名簿式では、選挙人は候補者の優先順位をつけることができる。

5　小選挙区比例代表並立制は、わが国では衆議院議員選挙で採用されており、比例代表制による選出数が小選挙区制による選出数を上回っている。

問題6 政治制度②

アメリカ合衆国の政治制度に関する次の記述のうち、妥当なものはどれか。

1　アメリカの大統領は議会に解散を命じたり、法律案を提出することはできない。大統領が政策を実施するうえで必要とする立法や予算は、教書を通じて議会に勧告されるにとどまる。

2　アメリカ合衆国では司法権の独立性は極めて強く、法令や行政処分の内容が憲法に違反しないかどうかを審査する権限、すなわち違憲立法審査権が裁判所の権限として憲法に定められている。

3　アメリカの大統領は、すべての有権者による直接選挙で選ばれた行政府の最高責任者である。したがって、大統領は議会の信任をえる必要はなく、任期の4年間はその地位にとどまることができる。

4　アメリカ連邦議会は両院制で、元老院(上院)と代議院(下院)の2院により構成される。下院は上院よりも優位に立ち、大統領が行う条約の締結や高級官吏の任命に対する承認権をもっている。

5　アメリカ合衆国は、ジョン・ロックの思想に強く影響された厳格な権力分立制をとっている。政治機構は憲法に定められており、立法権は議会に、行政権は大統領に、司法権は裁判所に属する。

解説

小選挙区制と大選挙区制を対比させる

●**小選挙区制**…1選挙区から1名の代表を選出する制度。
・長所…二大政党化→政局安定、選挙費用の節約、議員と選挙民の関係が密に。
・短所…死票が多い、新人の当選困難、選挙腐敗や、ゲリマンダー※が起きやすい。
※選挙において特定の政党や候補者に有利なように、選挙区割りをすること。

●**大選挙区制**…1選挙区から複数の代表を選出する制度。
・長所…死票が少ない、選挙民の選択範囲が広がる。
・短所…有権者と候補者の関係希薄化、政策論争になりにくい、選挙費用がかかる。

●**比例代表制**…各政党の得票率に比例して議席を配分する制度。
・長所…死票が少ない、民意を忠実に反映、新規政党の参入が容易に。
・短所…有権者と候補者の関係希薄化、小党分立、政党幹部への権力集中を招来。

1-× 小選挙区制はゲリマンダーが起きやすい。
2-× 比例代表の方が価値観の多様化に対応可。 3-○
4-× 単純拘束式と厳正拘束式の説明が逆。
5-× 小選挙区制の方が多い。

問題 5　正解 3

解説

アメリカの大統領制の仕組みを押さえる

●**大統領制**

①間接選挙で選ばれる ②任期4年で3選禁止 ③罷免する場合は上院による弾劾裁判のみ ④議会に不信任決議権なし ⑤議会解散権なし ⑥議会への出席義務・出席権なし（演説は有） ⑦議員と閣僚の兼務不可	⑧法案・予算提出権なし（拒否権・教書による勧告は有、ただし拒否権を発動しても両院が出席議員の3分の2以上の賛成で再可決すれば法案は成立する） ⑨条約締結権、主要官僚の任命権があるが、上院の承認を要する

●**議会制度**
・下院…人口ごとに小選挙区から選出。任期2年で、予算先議権がある。
・上院…人口に関係なく各州から2名選出。任期6年で、2年ごとに3分の1改選。

1-○
2-× 違憲審査権は判例により認められている。
3-× 間接選挙で選ばれる。 4-× 条約締結、主要官僚の任命の承認は上院が行う。
5-× 厳格な権力分立制はモンテスキューの影響である。

問題 6　正解 1

問題 7 政治過程①

サルトーリの分類による政党制の類型に関する記述として、妥当なのはどれか。

1 穏健な多党制は、政党数が3～5で、政党間のイデオロギーの相違が小さく、政党間の競合が求心的な政党制である。

2 原子化政党制は、政党数が6～8で、政党間のイデオロギーの相違が大きく、政党間の競合が遠心的な政党制である。

3 分極的多党制は、特に優位な政党が存在せず、多数の政党が乱立している政党制である。

4 一党優位政党制は、形式的には複数の政党が存在するものの、実際には一党が支配しており、制度上、政党間に競争が許されていない政党制である。

5 ヘゲモニー政党制は、2つの大政党が選挙を争い、一方が過半数議席を獲得し単独政権を組織するなど、政権交代の現実的可能性がある政党制である。

問題 8 政治過程②

マスコミに関する次の記述のうち、妥当なものはどれか。

1 リップマンは、疑似環境に囲まれながら生活している大衆へ真実を伝達する機関として、新聞などのマスコミに大きな期待を寄せた。

2 ラザースフェルドは、マスコミの影響力がオピニオンリーダーを媒介として大衆に及ぼされると主張し、いわゆる「コミュニケーションの二段階の流れ」仮説を提唱した。

3 ラズウェルは、マスコミが大衆に及ぼす影響を研究し、これを地位付与、社会規範の強制、麻酔的逆機能という3つの機能に分類した。

4 テレビや新聞は、大衆の心理に働きかけてステレオタイプを作り上げ、現実を過度に単純化してとらえる傾向を抑制する働きを営んでいる。

5 テレビや新聞は、インターネットの普及によって影響力を弱めており、情報の信頼性においても、インターネットはテレビや新聞を上回るに至っている。

解説

二大政党制と多党制の違いを押さえる

- **政党の機能**…①利益集約機能　②利益表出機能
- サルトーリ**の政党類型論**…政党を7類型に分類した。

非競合	一党制	他党の存在が許されない
	ヘゲモニー政党制	他党の存在は許されるが、主導権を握った1党が固定的に支配を続ける
競合的	一党優位制	複数政党が存在するが、1党が支配的で長期政権担当
	二大政党制	二大政党が競合し、政権交代の実現性が常に存在
	穏健な多党制	政党数が3～5で、イデオロギーの相違が小さい
	分極的多党制	政党数が6以上で、イデオロギーの相違が大きい
	原子化政党制	極度の混乱期に無数の政党が乱立

1-○　2-×　分極的多党制の説明。
3-×　原子化政党制の説明。
4-×　ヘゲモニー政党制の説明。
5-×　二大政党制の説明。

問題 7　正解　1

解説

マスコミの功罪両面を押さえる

《マスコミの機能》

ラズウェル…①環境の監視　②社会諸部分の相互関連づけ　③社会的遺産の伝達
ラザースフェルドとマートン…
①地位付与機能　②社会的規範の強制
③麻酔的逆機能（情報の洪水が無関心をもたらし、現実逃避へと走らせる）

《マスコミに関する学説》

リップマン…………大衆はマスコミが提供する疑似環境でステレオタイプ的思考に陥り、非合理的な世論を形成している。
ラザースフェルド…「コミュニケーションの二段階の流れ説」（多元的社会では、マスコミよりも小集団の中のオピニオンリーダーの方が、その影響力が大きい）。

1-×　2-○
3-×　ラザースフェルドとマートンの学説。
4-×　テレビや新聞はステレオタイプを作り上げ、現実を単純にとらえる傾向を助長する。
5-×　インターネットは情報の信頼性でテレビ・新聞に劣る。

問題 8　正解　2

問題 9 政治意識①

政治的無関心に関する記述として、最も妥当なものはどれか。

1　無政府主義者や宗教的無抵抗主義者に見られるように、自己の世界観が政治そのものの存在と相容れない政治的な価値そのものを否定してしまい、政治に参加しようとしない態度を反政治的態度という。

2　支配者に対する畏怖の念から、政治は一部の特権者だけに与えられたものと考え、政治に参加することの有効性は知っていても、それを拒否する態度を伝統型の無政治的態度という。

3　政治的無関心層の増大は、民主政治の基礎を安定させるものであるから、彼らに対して、政治への参加を促すことは得策とはいえない。

4　政治に関する知識や情報をじゅうぶんもっているものの、現実の政治が自己の大きな期待にそぐわず、政治に失望し、無党派層化してしまう態度を現代型の無政治的態度という。

5　政治への参加が有益であると知っていても、参加するにあたっての手段や影響力に欠けているため、家庭やレジャーなど私的生活に逃避し、政治に関心を示さない態度を脱政治的態度という。

問題 10 政治意識②

ミシガン学派の投票行動研究に関する記述として、妥当なのはどれか。

1　ミシガン学派は、マス・メディアよりもオピニオン・リーダーを媒介とするパーソナル・コミュニケーションが有権者の投票行動に大きな影響を与えるとした。

2　ミシガン学派は、有権者の社会的属性と投票行動を媒介する心理的要因を重視し、有権者の意識と投票行動の関係を明らかにした。

3　ミシガン学派は、投票行動は政治的先有傾向にしたがって行われ、社会・経済的地位、宗教、居住地域の3つが大きな要因であるとした。

4　ミシガン学派は、有権者は自己の効用を基準に政党や候補者を合理的に選択するものとして業績投票をモデル化した。

5　ミシガン学派は、オハイオ州エリー郡で一定の対象者集団に繰り返し実施されるパネル式面接調査を行い、S－O－Rモデルに基づき、有権者の投票行動を説明した。

解説

伝統型無関心と現代型無関心の違いを押さえる

●政治的無関心…政治への興味・関心を失い、政治過程に参加しようとしない状態。

《リースマンの類型》

	伝統型無関心	現代型無関心
時代背景	前近代社会	大衆社会
内容	支配階級が政治を行う。民衆は、政治を「第2の自然」とみなす	政治参加が可能で、政治情報をもちながらも、政治参加しない

《ラズウェルの類型》

無政治的態度	脱政治的態度	反政治的態度
そもそも政治に関心がない状態	挫折や幻滅により政治への関心を失った状態	自己の思想・信条から、政治に反感を感じ拒否する態度

1-○　2-×　政治参加の有効性も知らない。
3-×　無関心層の増大で民主制は崩壊。
4-×　脱政治的態度。
5-×　無政治的態度。

問題 9　正解 1

解説

コロンビア学派とミシガン学派の違いを押さえる

●投票行動…選挙において政党あるいは候補者を選択する行動のこと。
何が投票行動に影響を及ぼしているかについて、以下の学説の対立がある。

《コロンビア学派》
有権者の社会的属性（社会的地位、居住地、宗教）の影響を強調。
ラザースフェルドがエリー調査に基づき主張した。

《ミシガン学派》
有権者の社会的属性に加え、心理学的・態度的要因（媒介変数）の影響を強調。
心理学的変数の影響度は、①政党帰属意識、②候補者イメージ、③争点態度　の順に強いとされる。争点の優先度が低いので、必ずしも合理的とはいえない。

1-×　コロンビア学派のラザースフェルドの説明。　2-○
3-×　コロンビア学派の説明。
4-×　M.P.フィオリーナの説明。
5-×　1940年の米大統領選挙でエリー調査を行ったのはコロンビア学派。

問題 10　正解 2

行政学

問題 1 アメリカ行政学史①

アメリカ行政学に関する記述として、妥当なのはどれか。

1　アップルビーは、「政策と行政」という著書において、議会が決定するのを政策、行政府の行為を行政と定義するのは意味がないと批判し、政治と行政は分離しているとした。

2　ワルドーは、「行政国家論」という著書において、正統派行政学がアメリカ独特の経済的、社会的、政治的、イデオロギー的な事実と不可分に結びついた政治理論として形成されたものであるとした。

3　ホワイトは、「行政学研究序説」という著書において、行政のトップが担うべき総括管理機能には、企画、組織、人事、指揮監督、調整、報告、予算という7つの機能があるとした。

4　グッドナウは、「政治と行政」という著書において、統治システムには、2つの統治機能があるとし、国家の意思の執行を政治、国家の意思の表現を行政と定義した。

5　ウィルソンは、「行政の研究」という論文において、行政は政治の範囲内に存在し、政治と行政を融合したうえで、行政研究の目的は、いかに政府が適切な職務を最大の能率と最小の金銭労力で遂行するかを発見することだとした。

問題 2 アメリカ行政学史②

技術的行政学に対する機能的行政学の特徴に関する記述として、妥当なのはどれか。

1　機能的行政学では、政治と行政を融合関係の中でとらえ、政治と行政とは連続過程を形成するものであるとした。

2　機能的行政学では、能率の概念は、社会的又は規範的な意味としてではなく、機械的又は功利的な観点から把握されなければならないとした。

3　機能的行政学では、行政の有効性は、組織を人間関係からなる非定形組織として考えるのではなく、専門的な権限の体系である定形組織として理解することから生じるとした。

4　機能的行政学では、広範な自由裁量と委任立法の増大に伴い、行政は最終的段階でのみ政策決定に参加すべきであるとした。

5　機能的行政学では、行政責任は、立法部に対する外在的責任の意味だけをもてばよく、行政に対する内在的責任の意味をもつものではないとした。

解説

初期のアメリカ行政学の特徴を押さえる

《技術的行政学》

政治と行政とを峻別する政治行政二分論を前提に、行政を政治により形成された意思の技術的執行過程としてとらえる。公務員の資格任用制を定めたペンドルトン法の制定を機に発展し、行政に民間企業の経営管理技術を導入した。

○ウィルソン…アメリカ行政学の創始者。政治の粛正と行政の効率化を図るため、政治行政二分論を提唱。

○グッドナウ…政治行政二分論の立場に立ち、政治を国家の意思決定とし、行政を国家の意思の執行とした。『政治と行政』。

○ホワイト……行政を人と資財の管理の問題とした(経営学的な視点)。『行政学入門』。

○ウィロビー…行政学の目的を、行政能率を確保するために遵守すべき基本原理の発見に求めた。『行政の諸原理』。

1-× アップルビーは政治行政融合論。
2-○
3-× 7つの機能はギューリックの説。
4-× 「政治」と「行政」の説明が逆。
5-× ウィルソンは、行政は政治の固有の領域の外にあるとした。

問題 1　正解 2

解説

技術的行政学と機能的行政学の違いを押さえる

《政治行政融合論(機能的行政学)》

世界大恐慌、第二次世界大戦を経て行政国家化が進み、行政組織が肥大化・強大化。技術的行政学は行政の実態を正しく認識していないとの批判がなされ、政治行政融合論が提唱された。

●機能的行政学の特徴

①現実の政治行政関係は連続的で、相互不可分な関連性がある(政治行政融合論)

②経済効率だけでなく社会的・人間的効果を重視する社会的能率概念の導入(ディモック)

③インフォーマル組織の存在が労働者の生産意欲やモラルに大きな影響を及ぼす(メイヨーとレスリスバーガー)

1-○
2-× 技術的行政学の説明。
3-× 技術的行政学の説明。
4-× 機能的行政学では、行政はむしろ政策立案段階から参加すべきとする。
5-× 内在的責任が求められるようになった。

問題 2　正解 1

問題 3 行政組織論①

ギューリックの行政学に関する次の記述のうち、妥当なものはどれか。

1　行政学を財政学などから区別される警察学として体系的に整備し、行政は国家の福祉のために行うべきものとした。

2　憲政と行政という2つの概念を呈示し、一方で市民社会的秩序として憲政の行政に対する優位を説き、他方で秩序における矛盾の解決として行政の憲政に対する優位を説いた。

3　行政は政策の執行の領域であり技術の世界であるという考えから、能率追求を公理のナンバーワンとするPOSDCoRB行政学を展開した。

4　政治の役割と機能の増大の中で、政治行政二分論を批判し、行政現象は政治的・社会的事象として把握されるべきものとした。

5　18世紀当時の絶対主義王政の下で、行政は君主の財務的利益を追求する目的のみのために行うべきものとした。

問題 4 行政組織論②

バーナードの組織論に関する記述として、妥当なのはどれか。

1　バーナードは、権限と呼ばれているものは権威の中の一類型であるとし、権限も含めてすべての権威は、部下の側がこれを受容することによって成立するとした。

2　バーナードは、地位の権威とは、上司がその職務について、部下以上に経験豊富で専門能力をもち、すぐれた識見をもっていることにより、部下がその上司の判断又は指示の正しさを信頼して従う指導力による支配であるとした。

3　バーナードは、部下は、上司の指示又は命令が、個人的な利害にも組織の目的にも反していない場合であっても、無関心圏の範囲内のものであるときには、その指示又は命令に従わないとした。

4　バーナードは、組織の構成員は、組織の側が提供する給与や社会的地位などの誘因が貢献の度合いに見合うものであれば、動機をじゅうぶんに満たさない場合においても、その組織を離脱することはないとした。

5　バーナードは、社会通念上組織又は組織体と呼ばれているものを協働システムとしてとらえ、その組織を形成する要素として、コミュニケーションと有効性を指摘し、組織存続の条件として、共通目的と能率を指摘した。

解説

ギューリックの組織編成の三原理を押さえる

●ギューリック…分業と調整による組織一般の編成原理を次の3つにまとめた。

①命令系統一元化の原理…トップの担うべき機能：POSDCoRB（Planning, Organizing, Staffing, Directing, Coordinating, Reporting, Budgeting）

②統制範囲の限界原理…執政官を補佐するスタッフを重視（ライン・スタッフ制）。

③同質性による分業の原理…部署内の同質性を確保し、能率性を向上。

○その他重要語句

・ストリートレベルの行政職員…巡査等、独立的に現場で職務を遂行する職員。
〈特徴〉①大幅な裁量権　②管理の困難性　③評価基準により職員の行動に変化

・テイラーリズム…作業の要素動作＋最短時間研究により、作業の効率化を図る。

1-×　ユスティの説明。
2-×　シュタインの説明。　3-○
4-×　ギューリックは政治行政二分論の立場。本文は、二分論を批判して生まれた政治行政融合論の説明。
5-×　ドイツ官房学の説明。

問題 3　正解 3

解説

バーナードの組織論の三要因を押さえる

●組織…2人以上の人々の意識的に調整された活動や諸力の体系。

組織の三要因……①コミュニケーションを媒介として
構成員の②協働意欲が③共通目的に結合
⇒フォーマル組織とインフォーマル組織が相互に機能する。

組織の存続条件…組織の提供する誘因（賃金など）と構成員の貢献・動機の均衡。

権威受容説………権限も含めたすべての権威が部下の側の受容によって成立する。

○その他重要語句

・インフォーマル組織…職場におけるインフォーマルな人間関係が労働者のモラルに大きな影響を及ぼす（メイヨーとレスリスバーガー、ホーソン工場実験）。

・サイモンは、合理的決定のための必要条件である決定前提の考察を行った。

1-○
2-×　機能の権威の説明。地位の権威とは、上司であるというだけで部下が従うこと。
3-×　部下が無関心圏にある場合、地位の権威が成立。
4-×　5-×　構成要素と存続条件の説明が不適切。

問題 4　正解 1

問題5 官僚制①

マックス・ウェーバーの官僚制論に関する記述として、妥当なのはどれか。

1 マックス・ウェーバーは、近代官僚制は合法的支配の最も典型的な形態であり、行政組織のみに見られるものであって、私企業には官僚制化は見られないとした。

2 マックス・ウェーバーは、官僚制組織とは、ピラミッド型の構造をもち、その作動が客観的に定められた規則と上下の指揮命令関係とによって規律されている組織であるとした。

3 マックス・ウェーバーは、官僚制について、上位者と下位者の相互理解によって設定された規則に基づく代表的官僚制と、上位者ないしは下位者によって強制的に賦課された規則に基づく懲罰的官僚制とに類型化した。

4 マックス・ウェーバーは、官僚は集団への忠誠心を強化し、全体の目的よりも所属する下位組織の目的を重視するようになるため、官僚制全体の目的達成が阻害されることがあるとした。

5 マックス・ウェーバーは、官僚制に必要な諸原理が職員に内面化されたときに、そこに生じる職員と心情と態度が、時と場合によって過剰に表れる現象を、訓練された無能力と呼んだ。

問題6 官僚制②

官僚制論に関する次の記述のうち、妥当なものはどれか。

1 W.バジョットは、プロイセンの官僚制が事務のルーティンを手段ではなく目的と考えてしまっている事実を指摘した。

2 R.ミヘルスは、社会主義運動に傾倒する中で自由主義国家における寡頭制化の傾向を見いだし、社会主義国家にはこうした傾向は見られないと主張した。

3 K.マルクスは、官僚制が純粋技術的卓越性をもつ点に注意を促し、社会主義革命後の国家においても官僚制を引き続き維持すべきであると主張した。

4 R.マートンは、官僚制を1つの社会システムととらえたうえで、官僚制は規範への同調によって事務処理の効率性を最大限に向上させうると高く評価した。

5 M.ウェーバーは、官僚制の永続性を否定し、いかに官僚制が強固に見えるとしても、代議制の下ではこれを容易に破壊しうると主張した。

解説

ウェーバーの官僚制の諸原則を覚える

●官僚制…頂点に独任制の長を戴くピラミッド型の階層制構造をもつ組織。
●**ウェーバー**…官僚制的経営幹部による支配こそが合法的支配の純粋形態であり、官僚制は一定の合理性を備え、他の組織形態に対し純粋技術的に卓越しているとした。

ウェーバーは近代官僚制の特徴として以下のものを挙げた。

①規則による規律の原則	業務は規則に従い継続的に行われる（非人格性）
②明確な権限の原則	所掌事務の範囲や、命令権、制裁権を定める
③明確な階層構造の原則	指揮命令系統の一元化、上意下達
④文書主義の原則	最終決定はすべて文書で保存・管理する
⑤任命制の原則	選挙制の不採用
⑥資格任用制の原則	メリットシステム、公開競争試験の実施

1-× 私企業にも官僚制化は見られる。 2-○
3-× グールドナーの説明。
4-× セルズニックの説明。
5-× マートンの説明。

問題 5 正解 2

解説

官僚制の逆機能を押さえる

●マートン…官僚制の逆機能（マイナス面）について研究。
標準的な状況に適合する態度を徹底して訓練すると、不測の事態が生じた場合にかえって無能をさらけ出してしまうことを「訓練された無能力」と呼んだ。

本来的機能（順機能）	逆機能
規則による規律の原則	法規万能主義→手段が自己目的化（目的の転移）
文書主義の原則	繁文縟礼（はんぶんじょくれい）：必要以上に煩瑣な書類の提出を要求
明確な権限の原則	セクショナリズム→縄張り主義・たらい回し
明確な階層性構造の原則	権威主義→強圧抑制の循環現象（ex.小役人）
身分保障の原則	特権主義→保身主義

1-○ 2-× 寡頭制の鉄則は、社会主義国家にも見られる。
3-× マルクスは官僚制を廃棄すべきとした。
4-× マートンは、官僚制の逆機能を指摘。
5-× ウェーバーは官僚制の永続性を主張。

問題 6 正解 1

問題 7 行政責任

フリードリッヒの行政責任論に関する記述として、妥当なのはどれか。

1 フリードリッヒは、責任ある行政官とは、技術的知識と民衆感情という2つの主要な要素に応答しうる行政官であるとした。

2 フリードリッヒは、行政責任を確保する手立てとしての行政統制の手段を4つに分類した。

3 フリードリッヒは、新たな行政責任として、機能的責任と客観的責任の2つの概念を構成した。

4 フリードリッヒは、民主的政府における行政責任は、議会に対する外在的な政治的責任でなければならないとした。

5 フリードリッヒは、責任の意味について、第一にＸがＹについてＺに説明できることを意味するとし、第二に個人的な道徳的義務感を意味するとした。

問題 8 行政統制

ギルバートの行政統制論に関する記述として、妥当なのはどれか。

1 ギルバートは、議会による行政統制が有効に機能しなくなったとし、それを補完するものとして、行政官の機能的責任と政治的責任という2つの概念を新たに提示した。

2 ギルバートは、行政責任は、外在的な問責者による制度的な統制によってのみ確保されるとし、議会に対する行政機関の制度上の答責性を確保することが重要であるとした。

3 ギルバートは、行政統制の手段が法制度化されているか否かによる制度的統制・非制度的統制の軸と、統制主体が行政機関の外部か内部かによる外在的統制・内在的統制の軸との組合せにより、行政統制の方法を4つに類型化した。

4 ギルバートは、責任一般を義務、自由裁量、合理的説明の可能性の3つの要素に分類し、行政責任は、これらを課せられた代理人としての行政の本人たる国民と議会への責任であるとした。

5 ギルバートは、行政責任の主体である行政官を、行政には政治的要素が入ってはならないとする合理主義者、行政官の裁量を積極的に肯定する理想主義者、多元主義的な政治的見解をもつ現実主義者の3つの立場に分類した。

解説

フリードリッヒとファイナーの主張を対比させる

現代行政国家にふさわしい新しい行政責任のあり方について論じたフリードリッヒに対し、ファイナーは従来の行政責任論を強調した。

	フリードリッヒ	ファイナー
呼称	内在的責任論	外在的責任論
理論背景	現代行政国家現象への対応	伝統的な憲法原理重視
争点	行政内部からの責任追及重視	議会からの責任追及重視
責任論	応答責任：国民に対する応答 →機能的責任＋政治的責任	弁明責任：議会に対する弁明 →制度的責任
行政理論	政治行政融合論、機能的行政学	政治行政二分論、技術的行政学

1-○　技術的知識＝機能的責任、民衆感情＝政治的責任。
2-×　ギルバートの説明。
3-×
4-×　ファイナーの説明。
5-×　ファイナーの説明。この定式におけるZとは、議会のこと。

問題 7　正解 1

解説

ギルバートの行政統制の分類を押さえる

●行政統制…非民主的機関たる行政の独善・独走を回避し、行政責任を確保する手段。
ギルバートは、行政統制を以下のように分類した。

	制度的統制	非制度的統制
外在的統制	議会による統制 執政機関(大統領等)による統制 裁判所による統制	諮問機関による要望・期待・批判 情報開示請求 マスコミによる統制
内在的統制	会計検査院・人事院等の官房系統 組織による管理統制 上司による職務命令	職員組合の要望・期待・批判 同僚職員の評価・批判 広報・広聴

1-×　フリードリッヒの説明。
2-×　ファイナーの説明。
3-○
4-×　サマーズの説明。なお、「合理的説明」とは結果責任を意味する。
5-×　シューバートの説明。

問題 8　正解 3

行政分野

社会学

問題 1 社会学史①

M. ウェーバーに関する次の記述のうち、妥当なのはどれか。

1 彼は、近代資本主義の発達という社会現象を宗教倫理と結びつけてとらえ、カトリックの倫理が、西欧における近代資本主義の発展に貢献したと指摘した。

2 彼によれば、「支配」とは支配する側が支配することについての正統性を見いだすことによって成立するものであって、彼は、こうした見地から「支配」を「合法的支配」「伝統的支配」「カリスマ的支配」の3類型に分けた。

3 彼の官僚制理論によれば、官僚制は個々人の意思のあり方に依存する極めて壊れやすい形成物であって、それゆえに強力な規制や罰則で縛ることが重要であるとされている。

4 彼は、完成した官僚制的機構とそうでない組織とを比較すると、まさに機械的生産様式と非機械的生産様式とに見られるような差があることを指摘し、官僚制化された組織の技術的卓越性を強調した。

5 彼は、古典的社会学者による総合社会学の立場を批判し、社会学固有の研究領域を、人々の間の「相互作用の形式」に求め、社会の形式的側面を研究対象とする「形式社会学」こそ、真に科学的な社会学であると主張した。

問題 2 社会学史②

T.パーソンズは、社会にはその存続に必要な機能要件が存在するとし、この機能要件を満たすサブシステムとして、AGIL図式を提示した。AGILに関する次の記述のうち、妥当なものはどれか。

1 AはAdaptationの略で、社会システムを維持するために状況を統制して、手段を提供する。経済がこれを受け持っている。

2 AはAutopoiesisの略で、自己産出、自己制作を意味する。オートポイエシス的システムは自分自身の組織を制作し維持する生きた構造物である。

3 GはGoal-attainmentの略で、行動によって充足・達成される目標を設定するための状況の諸要素を統制する。慣習、道徳、法律などがこれを受け持っている。

4 IはIntegrationの略で、社会システムの諸種の単位を調整し統制する。教育、宗教、家族などがこれを受け持っている。

5 LはLatencyの略で、社会システムの均衡の維持を図る。政治がこれを受け持っている。

解説

ウェーバーの代表的理論を押さえる

● 支配の3類型
支配…支配される側が支配されることについての正当性を見いだすことによって成立。
→合法的支配、伝統的支配、カリスマ的支配の3類型に分類した。

● 官僚制論
官僚制は一定の合理性を備え、技術的卓越性をもち、社会のさまざまな領域の組織形態に普遍的妥当性をもつとした。

● プロテスタンティズムの倫理と資本主義の精神
個人が資本を蓄積することが、プロテスタントの宗教的な目的と合致したために、西洋において資本主義が発生し、発達した。

● 行為の4類型
人間の行為を、目的合理的行為、価値合理的行為、感情的行為、伝統的行為に分類。

1-×　カトリックではなくプロテスタント。
2-×　支配する側ではなく支配される側。
3-×　ウェーバーは、官僚制は個々人の人格を離れて成立するとした。
4-○　5-×　形式社会学を提唱したのはジンメルである。

問題 1　正解 4

解説

パーソンズのAGIL図式を覚える

● パーソンズ…
社会を1つのシステムと見て、その果たす機能を4つに分類するAGIL図式を提唱した。

・A(Adaptation)：適応。
システムが必要とする資源を調達する働き。社会システムにおいては経済に相当。

・G(Goal-attainment)：目標達成。
調達された資源を動員、管理してシステムの目標を達成する働き。社会システムにおいては、政治に相当。

・I(Integration)：統合。
システム内の諸部分の連携を維持し統合する働き。社会システムにおいては調停、コミュニケーションなどに相当。

・L(Latency)：潜在的なパターン維持と緊張の処理。
全体の活動パターンを維持し、その過程で生まれる緊張を処理する働き。社会システムにおいては教育、文化などに相当。

1-○　2-×　AはAdaptationの略。　3-×　Gは政治に相当する。
4-×　Iに該当するのは、調停、コミュニケーションなどである。
5-×　Lに該当するのは、教育、文化などである。

問題 2　正解 1

問題 3 社会学史③

マートンの社会学に関する記述として、妥当なのはどれか。

1 彼は、アノミー論を展開し、アメリカ社会における逸脱行動は、文化的目標としての金銭的成功とこれを達成するための制度的規範とが同じように強調されることによって引き起こされるとした。

2 彼は、官僚制組織は規制の制定自体が目的とされるため、「官僚制の逆機能」として、組織目標を達成するために規則の遵守が軽視されることを指摘した。

3 彼は、「機能分析」において、一定のシステムの調整ないし適応に貢献する客観的結果と主観的意図とが、一致している場合を顕在的機能とし、一致していない場合を潜在的機能として区別した。

4 彼は、準拠集団論を展開し、準拠集団は人が自分を関連づけることにより影響を受ける集団であり、準拠集団と相対的不満との関係を否定した。

5 彼は、従来の社会学は社会調査における作業仮説と一般理論との間が結合されているとして、中範囲の理論を唱え、社会調査における作業仮説と一般理論とを分断した。

問題 4 社会学史④

1970年以降、社会学はポスト構造＝機能分析の時代といわれている。その1つであるエスノメソドロジーに関する次の記述のうち、妥当なのはどれか。

1 H. ガーフィンケルが創始した社会学の1つの潮流で、人々が自明のものとして見過ごしている過程に注目し、会話分析などを通して認知と行為の接点で人々が無自覚に用いている「人々のやり方」を研究するものである。

2 A. シュッツとE. フッサールの唱えた現象学が社会学に導入されたもので、1人の人間が社会をどう経験するかという側面に焦点をあてて、社会を社会的体験の領域と様相、意味世界として理解するものである。

3 シカゴ学派のG. H. ミードを祖とするとされ、行為世界は社会的相互作用を通じて絶えず構成―再構成されていく意味世界であるとし、行為者の視点から社会的意味構成の過程を跡づけるものである。

4 G. C. ホーマンズ、P. M. ブラウによって展開された理論で、交換を個別的な利益の最大化を合理的に追求する行為の複合としての取引きととらえることで、交換という観点から広く社会的現象をも説明しようとするものである。

5 N. ルーマンによって提唱された複雑性の縮減を主題とする独自のシステム論であり、社会システムを決定論的にとらえるのではなく、自己組織的なものととらえ、機能の観点から統一的に説明する。

解説

マートンの代表的理論の概要を把握する

- 機能分析…………システム内の機能を順機能と逆機能、顕在的機能と潜在的機能に分類。
- **官僚制の**逆機能…官僚制は規則への「過剰同調」や「訓練された無能力」を生む。
- アノミー**論**………文化的目標と達成のための制度的手段とが乖離すると、逸脱行動を引き起こす。
- 準拠集団**論**………人が抱く不満を手がかりに準拠集団(個人が自らの行為・態度を決定する際に基準とする集団)を体系化。
- 中範囲**の理論**……一般理論を掲げるパーソンズを批判し、社会調査における作業仮説と一般理論とを媒介する中間的な理論の重要性を説く。

1-× マートンは文化的目標と制度的手段の関係からアノミー論を展開。
2-×
3-○ 潜在的機能と顕在的機能の違いが重要。
4-× 相対的不満の概念を手がかりに準拠集団論を体系化した。
5-× 従来の社会学で分断されていた作業仮説と一般理論を媒介する中間的な理論の重要性を説いた。

問題 3　正解 3

解説

現代のさまざまな社会学理論のキーワードを覚える

- **シュッツの現象学的社会学**

フッサールが確立した現象学をシュッツが社会学と接合させたもので、日常経験における考察を通して、社会を間主観的に構成された意味の世界として解明しようとする立場。

- **ブルーマーのシンボリック相互作用論**

人間がシンボルを用いて自分自身を示し、また他者の用いるシンボルを通して他者を解釈していく過程を記述していくという方法論。

- **ガーフィンケルのエスノメソドロジー**

人々が自分たちの社会的世界を理解するために無意識のうちに用いている方法「人々のやり方」について研究する立場。

- **ゴフマンの演劇論的アプローチ**

人間の対面的相互行為を分析し、演技者の自己像を破壊しないためあえて無関心を装う「儀礼的無関心」を指摘。

1-○　2-× 現象学的社会学に関する記述。
3-× シンボリック相互作用論に関する記述。
4-× 本肢はホーマンズの交換理論に関する記述。
5-× 本肢はルーマンの社会システム論の記述。

問題 4　正解 1

問題 5 社会変動論①

社会変動論に関するA～Dの記述のうち、妥当なものを選んだ組合せはどれか。

A スペンサーは、社会は強制的協働に基づく軍事型社会から自発的協働に基づく産業型社会へ進化するとした。

B コントは、人間の精神が神学的、形而上学的、実証的と3段階に進歩するのに対応して、社会は軍事的段階から法律的段階を経て産業的段階へと発展するとした。

C デュルケームは、社会的分業の発達により、類似に基づく有機的連帯から社会の分業に基づく機械的連帯へと発展するとした。

D ロストウは、社会は生産力と生産関係の発展段階に応じて、原始共産制社会、古代奴隷制社会、中世封建制社会、近代資本主義社会へ変動してきており、さらに社会主義社会に移行するとした。

1 A B
2 A C
3 A D
4 B C
5 B D

問題 6 社会変動論②

オグバーンの文化遅滞論に関する記述として、妥当なのはどれか。

1 彼は、社会変動を文化変動としてとらえ、社会の変化に関して、宗教や芸術などの非物質文化は、科学や技術などの物質文化よりも変化が早いものとしてとらえた。

2 彼は、文化変動の要因には、発明、蓄積、伝播及び適応があり、このうち文化変動を促進する最も大きな要因は適応であるとして、適応の過程で生じるずれを文化遅滞としてとらえた。

3 彼は、非物質文化のうち、物質的諸条件を調整する役割をもつ適応文化は、物質文化に比べて革新が少ないために、文化遅滞が起こるとした。

4 彼は、文化変動に対して、既成の利益をもつ人々が変化に抵抗することや伝統が変革することへの不安については、文化遅滞をもたらす要因とならないと指摘した。

5 彼は、適応文化の特質として、特質文化における発明は、特定の階級の必要を満たすのではなく、社会全体の利害と必ず一致することを指摘した。

解説

ツボ! コントの3段階の法則を覚える

- **コント…「3段階の法則」**

社会の歴史は人間精神の歴史の反映であると考えた。
人間精神の発展の3段階**「神学的 → 形而上学的 → 実証的」**に対応して、社会は「**軍事的 → 法律的 → 産業的**」の順に発展していくとした。

- **スペンサー…「軍事型社会から産業型社会へ」**

生物有機体と同様に、社会も低次な構造から高次な構造へと進化するという「社会進化論」を唱えた。
同質 → 異質、非凝集的・曖昧 → 凝集的・明確という進化観が「強制的協働に基づく軍事型社会から、自発的協働に基づく産業型社会へ」として定式化された。

A-○　スペンサーに関する記述。
B-○　コントに関する記述。
C-×　デュルケームは機械的連帯から有機的連帯へ発展するとした。
D-×　これはマルクスに関する記述。
→よってA, Bが妥当。正解は1。

問題 5　正解 1

解説

ツボ! 物質文化は非物質文化より早く変化する

- **オグバーン…「文化遅滞論」**

科学技術が急速に発展する近代産業社会においては、物質文化は人間のそれへの適応を規制する非物質文化(慣習、信仰、法律、価値観など)より早く変化するとし、ここから生じる摩擦や混乱が社会変動の原因とした。
例：遺伝子操作技術や生殖技術の進歩が速く、法律的倫理的規制が立ち後れる。

- **ベネディクト…「文化の型」**

穏やかで秩序を重んじる「アポロ型文化」と競争心旺盛な「ディオニソス型文化」に分類。
これとは別に、西洋を「罪の文化」、日本を「恥の文化」と指摘した。

1-×
2-×　オグバーンは発明が文化変動を最も促進するとした。
3-○
4-×　抵抗や不安が文化遅滞をもたらすこともある。
5-×　必ず一致するという記述は誤り。

問題 6　正解 3

社会学

問題7 集団類型

社会集団の類型に関する記述として、妥当なのはどれか。

1 ギディングスは、集団を軍事型社会と産業型社会とに分類し、軍事型社会とは、個人が社会全体によって抑圧され権力による服従を強いられる社会であり、個人の平等な自由の法則が尊重される産業型社会へ移行するとした。

2 テンニースは、集団をゲマインシャフトとゲゼルシャフトとに分類し、本質意志に基づいて結合した統一体をゲマインシャフト、選択意志に基づいて結合した利益社会をゲゼルシャフトとした。

3 マッキーバーは、集団をコミュニティとアソシエーションとに分類し、コミュニティとは、特定の関心を集合的に追求するために人為的に結成された組織体であり、アソシエーションを基盤として派生したものであるとした。

4 クーリーは、集団を第一次集団と第二次集団とに分類し、間接的接触による大規模な人為的集団を第一次集団、直接的接触による親密な結びつきと緊密な協力とに基づく集団を第二次集団とした。

5 スペンサーは、集団を生成社会と組成社会とに分類し、生成社会とは血縁と地縁に基づく自生的に発生した社会であり、組成社会とは生成社会を基盤として類似の目的や活動のために人為的につくられた社会であるとした。

問題8 家族論

マードックの家族論に関する次の記述のうち、妥当なものはどれか。

1 彼は、核家族は人類に普遍的な社会集団であり、拡大家族や複婚家族にも必ずその存在が認められ、性、経済的協同、生殖、教育の機能を有しているとした。

2 彼は、家族の基本的機能には、子どもを社会の成員に仕上げる社会化の機能と、社会において大人のパーソナリティを安定化させる機能があるとした。

3 彼は、核家族においては、夫(父)が外部環境に家族を適応させる手段的機能を担い、妻(母)が成員の統合と精神的安定を図る表出的機能を担うとした。

4 彼は、家族を「相互作用するパーソナリティの統合体」と定義し、家族成員間の相互作用を主な分析対象とする家族研究アプローチを確立した。

5 彼は、家族が古い慣習や制度から解放され、純粋に人間的な感情によって結びつく集団に変化することを「制度から友愛へ」という言葉で表現した。

解説

社会集団の類型を暗記する

	類型	キーワード	基準
ギディングス	生成社会	血縁、地縁　自足的自律的社会	成立契機
	組成社会	人為的　教会や労働組合	
テンニース	ゲマインシャフト	感情的融合　本質意志　共同社会	結合の性質
	ゲゼルシャフト	形成意志　打算的　利益社会	
クーリー	第一次集団	直接的接触　家族や遊び仲間	接触の様態
	第二次集団	間接的接触　国家や政党	
マッキーバー	コミュニティ	一定の地域　自生的な共同生活	心の充足度 成立契機
	アソシエーション	コミュニティが基盤　人為的	

1-×　軍事型社会と産業型社会の分類はスペンサーによるもの。P37 問題5参照。
2-○　3-×　コミュニティとアソシエーションの説明が逆。
4-×　第一次集団と第二次集団の説明が逆。
5-×　ギディングスに関する記述。

問題 7　正解 2

解説

核家族の機能を押さえる

● **家族の3類型：**
①核家族
②複婚家族(一夫多妻など、複数の婚姻が１人の男性ないし女性を中心に作られた形態)
③拡大家族(複数の核家族によって構成)

● **マードックの核家族普遍説：** 核家族は、それ単独で、あるいは複合的家族形態の構成単位として、時代・地域を超えてあらゆる社会に普遍的に存在する。

《マードックの核家族の４機能説》

性	社会的な儀礼を済ませた一組の男女に性の特権を与える
経済(経済的協同)	共住共食と性別役割分業
生殖	子どもを産むこと
教育	子どもを一人前にするよう養いしつけること

1-○
2-×　3-×　いずれも家族の2機能説を唱えたパーソンズの説明。
4-×　5-×　いずれもバージェスの説明。彼は都市における社会集団の分布モデル(同心円地帯理論)を提唱したことでも有名。

問題 8　正解 1

問題 9 都市論

「バージェスの同心円地帯理論」「ホイトの扇形理論」又は「ハリスとウルマンの多核心理論」に関する記述として、妥当なのはどれか。

1 バージェスは、同心円地帯理論で、都市は、5つの同心円で構成されるとし、中心業務地区を核として、遷移地帯、労働者住宅地帯、中産階級住宅地帯、通勤者地帯が広がるとした。

2 ホイトは、扇形理論で、都市は、中心業務地区や小売業地区などの複数の核から交通路線に沿って住宅地が扇形に展開し、その周辺に重工業地区が港湾や道路などの立地条件に制約されて形成されるとした。

3 ハリスとウルマンは、多核心理論で、中心業務地区を都市の中心の核ととらえ、住宅地区、重工業地区、小売業地区などの核がそれを取り巻くように存在し、相互に結合しているとした。

4 ホイトの扇形理論やハリスとウルマンの多核心理論を都市の発展に即して修正したものが、バージェスの同心円地帯理論であり、都市化の新しい形態を反映したものである。

5 バージェスの同心円地帯理論、ホイトの扇形理論、ハリスとウルマンの多核心理論は、都市における人間の空間的分布について、生態学的概念を用いることなく、経済学や文化的要因により体系的に研究したものである。

問題 10 社会学主義

デュルケームの自殺論に関する記述として、妥当なのはどれか。

1 宿命的自殺とは、社会が強い統合度と権威をもっていて、個人に死を強制したり、奨励したりすることによって生じる自殺の類型であるとしたが、この例として自己犠牲や殉死が挙げられる。

2 デュルケームは、マートンが社会学の概念として定式化したアノミー概念をさらに発展させ、自殺の類型として示した。

3 集団本位的自殺とは、社会の統合や連帯が弱まり、個人が集団生活から切り離されて孤立する結果として生じる自殺の類型であるとした。

4 デュルケームは、統計からプロテスタント、都市居住者、独居者などに自殺が多いことに注目し、「自殺率は、個人が所属している集団の凝集性に正比例して増減する」という定式をたてた。

5 アノミー的自殺とは、社会の規制が弛緩したり、崩壊したりして、個人の欲求への適切なコントロールが働かなくなる結果、際限のない欲求に駆り立てられる個人における幻滅、虚しさによる自殺の類型であるとした。

解説

同心円地帯理論の順序を覚える

●バージェスの同心円地帯理論…人間生態学※に基づく、都市成長の地域的構成に関する理論。都市の土地利用形態は、同心円状に広がるとした。

中央ビジネス地区 → 遷移地域(スラム) → 労働者住宅地帯 → 中流階級住宅地帯 → 通勤者居住地帯

※人間生態学…都市空間を生態学的方法(棲み分け等)でとらえようとする学問。

●ホイトの扇形理論…交通路線などにより、地域的構成は同心円状には広がらず、扇形に広がるということを指摘した。

●ハリスとウルマンの多核心理論…
上記の2論が都市発達の核心を単一としていることを批判。土地利用の型を、歴史的に発達したいくつかの核を中心としてとらえることを強調した。

1-○
2-× 扇形理論では中心は1つ。
3-× 多核心理論では、住宅地区、重工業地区、小売業地区などはそれぞれ独自の中心地(核)となっている。
4-× 同心円地帯理論が最初。 5-× 都市空間を生態学的方法でとらえようとした。

問題 9 正解 1

解説

デュルケームの「自殺の3類型」を押さえる

●デュルケーム…社会的事実※を客観的に考察して社会を理解しようとした(社会学主義)。社会の凝集性の差異に着目しつつ、「自殺の3類型」を提示(自殺論)。

※社会的事実…ある社会が有する諸概念・諸傾向で社会の成員が無意識的に共有するもの。

○自己本位的自殺…社会の凝集性が低下し、個人主義が行きすぎた社会で起きる。
例)プロテスタント、未婚者、有閑階級、平時(⇔戦時、政変時)

○集団本位的自殺…社会の凝集性が高すぎて、個人が社会に埋没して起きる。
例)軍人

○アノミー的自殺…凝集性の低い社会で、欲望の無規制状態により起きる。
例)豊かな国、経済好況時、事業者層(⇔職人層)、商工業従事者(⇔農業従事者)

1-× 集団本位的自殺の説明。
2-× マートンがデュルケームのアノミー概念を発展させた。
3-× 自己本位的自殺の説明。
4-× デュルケームは凝集性が強すぎても弱すぎても自殺率は増加すると考えた。 5-○

問題 10 正解 5

憲　法

問題 1 法の下の平等

日本国憲法に規定する法の下の平等に関する記述として、最高裁判所の判例に照らして、妥当なのはどれか。

1　憲法では各地方公共団体の条例制定権は、法律の範囲内で許されることを規定している以上、売春取締条例によって地域差が生じるような場合には、その条例の規定は、憲法に違反し無効であるとした。

2　定年の規定を男子60歳、女子55歳とした就業規則は、性別のみによる不合理な差別を設けた規定として民法90条により無効である。

3　旧所得税法の規定による事業所得等と給与所得との間の所得捕捉率の較差は、それが正義衡平の観念に著しく反し、かつ、それが長年にわたり恒常的に存在して租税法自体に基因していると認められるような場合であっても違憲にはならないとした。

4　禁錮以上の刑に処されたため地方公務員法の規定により失職した者に対して一般の退職手当を支給しない旨を定めた県職員退職手当条例の規定は、私企業労働者に比べて不当に差別しているとして、無効であるとした。

5　地方公務員に採用された外国人から管理職選考の受験の機会を奪うことは、外国籍職員の管理職への昇任のみちを閉ざすものであり、憲法に違反する違法な措置であるとした。

問題 2 思想良心の自由

思想及び良心の自由に関する次の記述のうち、妥当なものはどれか。

1　思想及び良心の自由は、公務員に対し特定の思想や信条をもつことを強制することを許さないものではない。

2　国民の多数者によって有害であるとして否定される思想には、思想及び良心の自由の保障は及ばない。

3　思想及び良心の自由は、自己の思想や良心を外部に表明することを強制されないことまでも保障するものではない。

4　法が一定の作為・不作為を命ずる場合、それに従うことが自己の思想や良心に反するときは、いかなる場合でもその法に従わないことができる。

5　単なる事実の知・不知のような人格形成活動に関連のない内心の活動には、思想及び良心の自由の保障は及ばない。

解説

押さえておくべき重要判例

●**憲法の規定する平等**…法適用の平等だけでなく法内容の平等を意味する(立法者拘束説)。

・絶対的平等ではなく事実的実質的差異を前提とした相対的平等であり、恣意的な差別は許されないが合理的差別は許される。

・条文は「人種、信条、性別、社会的身分又は門地」による差別を禁止するが、これは例示列挙である。

●**重要判例**

○女子のみ離婚後6か月間再婚禁止期間があるのは、父性の推定の重複を回避するためだが、平成27年判例で100日を超える部分については違憲とされた。

○非嫡出子と嫡出子で相続分を1対2とした民法900条の規定は、平成25年の最高裁判例で違憲とされた。

○尊属殺人を死刑又は無期懲役という重罰に処す刑法の規定は違憲とされた。

1-× 憲法が条例制定権を認めた以上合憲。
2-○ 平等違反として民法90条で無効とされた。
3-× 立法府の政策的・技術的判断に委(まか)せるしかないとして合憲とした。
4-× 不合理とはいえない。
5-× 合理的理由がある。

問題 1　正解 2

解説

謝罪広告を強制執行することは合憲

国民がいかなる思想を抱こうとも、それが内心にとどまる限りは絶対的に自由である。
よって国民が抱く思想について国家権力が露顕を強制することを許さない沈黙の自由も同時に保障される。

●**重要判例**

○謝罪広告強制事件…
謝罪広告を裁判所が命じ、代執行することも単に事態の真相を告白し陳謝の意を表明するにとどまる程度のものであれば、個人の良心の自由に反しないとされた。

○三菱樹脂事件…
企業者は原則として自由に労働者を雇用することができ、被用者の思想・信条を理由に雇入れを拒否しても当然に違法とはならないとされた。

○麹町中学内申書事件、○「君が代」ピアノ伴奏拒否事件…いずれも合憲判決が下された。

1-×　2-×　3-× 思想について沈黙の自由が保障される。
4-× 行動を伴う場合は他者との関係で制約に服する。
5-○

問題 2　正解 5

問題 3 信教の自由

憲法に定める信教の自由又は政教分離の原則に関する記述として、妥当なのはどれか。

1 信教の自由は、宗教を信仰し又は信仰しない自由及び信仰に反する行為を強制されない自由を保障することであるが、単に信仰の告白を強制することは、宗教に対する干渉の程度が低いため信教の自由を侵害するとまでは言えない。

2 政教分離の原則は、国の宗教的活動を禁止することのみならず、国が特定の宗教団体に対して特権を与えることを禁止することであるが、国がすべての宗教団体に対し宗教団体以外の団体と区別して特権を与えることは禁止していない。

3 最高裁判所は、加持祈祷事件において、被告人の行為は、一種の宗教行為としてなされたものであったとしても、違法な有形力の行使により被害者を死に致したものであるため、信教の自由の保障の限界を逸脱したものと判示した。

4 最高裁判所は、津地鎮祭事件において、地鎮祭を挙行し公金を支出したことは、神道を援助、助長、促進し又は他の宗教に対する圧迫、干渉を加えることになるため、政教分離の原則に反する宗教的活動にあたると判示した。

5 最高裁判所は、宗教法人オウム真理教解散事件において、当該事件の解散命令は、当該宗教団体及び信者らの宗教上の行為に支障を及ぼすものであるため、宗教法人法の目的に反し、信教の自由に反すると判示した。

問題 4 表現の自由

日本国憲法に規定する表現の自由に関する記述として、最高裁判所の判例に照らして、妥当なのはどれか。

1 新聞記事に取り上げられた者は、当該新聞紙を発行する者に対し、その記事の掲載により名誉毀損の不法行為が成立しない場合でも、人格権又は条理を根拠として、記事に対する自己の反論文を当該新聞紙に無修正かつ無料で掲載することを求める権利が認められるとした。

2 法廷メモ採取事件では、法廷で傍聴人がメモをとることの自由は、憲法が直接保障する表現の自由そのものにあたるため、いかなる場合であっても妨げられないものとした。

3 取材の自由は、憲法の保障の下にあるため、報道機関の取材の手段や方法がそそのかしにあたり、社会観念上是認することのできない態様のものであっても、その行為は、正当な取材活動の範囲内として認められるとした。

4 徳島市公安条例の規定は、通常の判断能力を有する一般人であれば、経験上、蛇行進、渦巻行進、座り込み等の行為が殊更な交通秩序の阻害をもたらすような行為にあたることは容易に判断できるから、明確性を欠くとはいえず、憲法に違反しないとした。

5 新聞が真実を報道することは、憲法の認める表現の自由に属し、また、そのための取材活動も認められなければならないことはいうまでもないため、公判廷の状況を一般に報道するための取材活動として行う公判開廷中における自由な写真撮影の行為を制限する刑事訴訟規則の規定は、憲法に違反するとした。

解説

宗教的行為の自由、政教分離原則の限界

●**重要判例**

○日曜日授業参観事件…
日曜日に行われた公立小学校の参観授業が宗教教団の集会と抵触することになったとしてもやむをえないとした。

○剣道実技拒否事件…
公立高校の必須科目の体育の剣道実技を信仰上の理由から参加しなかったことを理由に原級留置・退学処分とすることは、校長の裁量権の範囲を超える違法な行為であるとした。

○津地鎮祭事件…
政教分離原則によって禁止される宗教的活動とは、その行為の**目的が**宗教的意義**をもち、**その**効果が宗教に対する援助、助長、促進又は圧迫、干渉等になるような行為**を指すとして、市の行った地鎮祭をこれにあたらず合憲とした。

○空知太(そらちぶと)神社事件…
市が市有地を神社施設に無償で利用させたことが争われ、総合的に判断して政教分離原則に違反するとした。

1-×　信仰告白の自由も認められる。　2-×　3-○
4-×　最高裁は合憲と判示。なお、愛媛玉串料訴訟では同じ基準を用い違憲と判示。
5-×　信教の自由に反しない。

問題 3　正解 3

解説

報道の自由、取材の自由、取材源秘匿の自由

●**重要判例**

○博多駅フィルム提出命令事件…
報道の自由は国民の知る権利に奉仕するもので憲法21条により保障される、取材の自由は憲法21条の精神に照らして十分尊重されるとした。

○石井記者事件判決（刑事事件）…
取材源秘匿の自由に関して、取材源に関する新聞記者の証言拒絶権を否定した。

○嘱託証人尋問証言拒否事件判決（民事訴訟）…
証人が新聞記者である場合、取材源にかかる証言拒絶権は認められるとされた。

○外務省秘密漏洩事件…
取材が真に報道の目的であっても、取材の手段や方法について、取材対象者の人格の尊厳を著しく蹂躙した取材行為は違法性を帯びるとした。

1-×　サンケイ新聞事件では認めないとした。
2-×　「表現の自由そのもの」ではなく21条の精神に照らして尊重されるべきとした。
3-×　4-○　徳島市公安条例事件判決。
5-×　法廷内の写真撮影について裁判所の許可を必要とすることは憲法21条に反しない。

問題 4　正解 4

問題 5 検閲の禁止

憲法21条2項の検閲に関する最高裁判所の見解として、妥当なものは次のうちどれか。

1 裁判所が私人の請求により雑誌の出版前にその内容を審査し、プライバシー侵害のおそれありとして発売を差し止めることは、検閲にあたる。

2 行政によるいわゆる「教科書検定」は、検閲にあたるものではあるが、教育の公正・中立の確保の必要性から例外的に許容される。

3 マスメディアが、ある主張についてその内容が不適正として新聞への掲載やテレビへの出演を拒否することは、検閲にあたる。

4 出版物の表現内容について事後的に刑罰を科すことによってその公表に影響を与えることは、検閲にあたる。

5 地方公共団体が青少年に有害と考えられる図書を指定し、自動販売機での販売を禁止することは、検閲にあたらない。

問題 6 経済的自由権

日本国憲法に規定する職業選択の自由に関する記述として、最高裁判所の判例に照らして、妥当なのはどれか。

1 小売市場開設の規制は、小売市場の乱設に伴う小売商相互間の過当競争による共倒れから小売商を保護するためにとられた積極的な社会経済政策的措置であり、その規制の手段・態様において、著しく不合理であることが明白であるとは認められないことから、憲法に違反しないとした。

2 タクシー事業の免許制は、道路運送事業の適正な運営及び公正な競争の確保を目的とするものであるが、既存の事業者以外の競争者の出現を防止するにとどまり、公共の福祉を確保するために必要な制限とは解することができないことから、憲法に違反するとした。

3 薬局開設の距離制限は、主として国民の生命及び健康に対する危険の防止のための規制措置であり、薬局等の過当競争による不良医薬品の供給を防止するために必要かつ合理的な規制であることから、憲法に違反しないとした。

4 生糸の輸入制限は、国内の生糸生産業者保護のための積極的な社会経済政策的措置であるが、これによる輸入生糸価格の上昇が、絹織物業者の経済的活動を規制し、営業の自由を制限することから、憲法に違反するとした。

5 酒類販売の免許制は、租税の適正かつ確実な賦課徴収を図るという国家の財政目的のための職業の許可制による規制であるが、租税法体系の変遷に伴い酒税の国税全体に占める割合が低下し、その必要性と合理性を失っていることから、憲法に違反するとした。

解説

憲法21条2項の「検閲」に関する判例

○税関検査事件…

最高裁は憲法21条2項で禁止する「検閲」を以下のように定義し、絶対的禁止であるとした。

> 行政権が主体となって、思想内容等の表現物を対象とし、その全部又は一部の発表の禁止を目的として、対象とされる一定の表現物につき網羅的一般的に、発表前にその内容を審査したうえで、不適当と認めるものの発表を禁止すること。

- **税関検査…対象は国外で発表済みであるから合憲。**
- **教科書検定…発表自体を禁止するわけではないから「検閲」にあたらない。**

表現の自由が保障されている以上、事前抑制は禁止されるが上記「検閲」でない限り無制約ではない。

→わいせつ文書の頒布・販売罪、名誉毀損罪は表現行為の規制であるが認められている。

1-× 北方ジャーナル事件は裁判所（司法権）によるもので「検閲」にはあたらない。
2-× 3-× 「検閲禁止」は行政権が主体の場合。
4-× 検閲は発表前に行うものである。
5-○ 岐阜県青少年保護育成条例事件判決。

問題 5 正解 5

解説

消極目的規制・積極目的規制の意味と判例

経済的自由は、精神的自由より強度の規制を受ける。規制目的は大きく2つ。

①**消極目的規制**…国民の生命・健康・財産に対する危険を防止するための規制
違憲審査基準→規制の必要性・合理性及びより緩やかな規制手段の有無を審査（厳格な合理性の基準）

②**積極目的規制**…経済の調和的発展のため社会的・経済的弱者を保護するための規制
違憲審査基準→積極目的規制が著しく不合理なことが明白な場合のみ違憲（明白の原則）

- **重要判例**

○小売市場距離制限判決…積極目的規制とし明白の原則より合憲。
○薬局距離制限判決………消極目的規制とし厳格な合理性の基準により違憲。
○公衆浴場距離制限判決…消極・積極の両目的であるとして合憲。

1-○
2-× 競争者の出現を防止するにとどまらず、公共の福祉の範囲内の規制。
3-×
4-× 積極目的規制で、明白の原則により合憲。
5-× 租税の適正かつ確実な賦課徴収を図るための免許制は、合理性があり合憲。

問題 6 正解 1

問題 7 財産権の保障

財産権の保障に関するア～オの記述のうち、判例に照らし、妥当なもののみをすべて挙げているのはどれか。

ア 憲法第29条第1項は、「財産権は、これを侵してはならない。」と規定し、私有財産制度を保障しているのみではなく、社会的経済的活動の基礎をなす国民の個々の財産権につき、これを基本的人権として保障している。

イ 憲法第29条第2項は、「財産権の内容は、公共の福祉に適合するやうに、法律でこれを定める。」と規定しており、私有地に対する個人の権利の内容を法律によらずに条例で規制することは同項に違反する。

ウ 土地収用法上の収用における損失の補償については、収用の前後を通じて被収用者の財産価値を等しくならしめるような補償をなすべきであり、金銭をもって補償する場合には、被収用者が近傍において被収用地と同等の代替地等を取得することをえるに足りる金額の補償を要する。

エ 財産権について、憲法は正当な補償に関して規定するのみで、補償の時期については規定していないが、補償が財産の供与と交換的に同時に履行されるべきことは、憲法の保障するところであるといえる。

オ ある法令が財産権の制限を認める場合に、その法令に損失補償に関する規定がないからといって、その制限によって損失を被った者が、当該損失を具体的に主張立証して、直接、憲法第29条第3項を根拠にして補償を請求する余地がまったくないとはいえない。

1 ア、イ
2 ア、ウ、オ
3 ア、オ
4 イ、ウ、エ
5 ウ、エ

解説

条例による制約、補償の要否、正当な補償の意味

憲法は私有財産制度のみならず国民の個々の財産権を保障している。

○財産権の内容についての制限は憲法の明文上は「法律」ですることになっているが、地方の実情に応じて必要があれば「条例」でも制限できる（奈良県ため池条例事件）。

○強制的に財産権を制限したり収用したりする場合には「正当な補償」が必要である。相隣関係※上の制約には補償は不要。
※相隣関係：隣り合った土地の法的関係（民法で使われる用語）

○補償については完全補償説と相当補償説がある。
最高裁は相当補償説とされる一方、選択肢ウのような判例もある。

○個人の財産の供与と正当な補償が同時履行でなければならないことまで憲法は要求していない。

○補償請求は通常は関係法規の具体的規定に基づいて行われるが、法令上の規定がない場合に憲法29条3項を直接根拠にして補償請求をすることができるとした判例がある（河川附近地制限令事件）。

ア-妥当。
イ-妥当でない。
ウ-妥当。
エ-妥当でない。
オ-妥当。
よって正解は2。

問題 7　正解 2

問題 8 人身の自由

日本国憲法に規定する人身の自由に関する記述として、判例、通説に照らして、妥当なのはどれか。

1 憲法は、強制、拷問もしくは脅迫による自白又は不当に長く抑留もしくは拘禁されたあとの自白は、これを証拠とすることはできないと規定しているが、任意性のある自白であれば、これを補強する証拠が別になくても、有罪の証拠とすることができる。

2 法律の定める手続きによらなければその生命もしくは自由を奪われ、又はその他の刑罰を科せられないとの憲法の規定は、手続きが法律で定められることだけでなく、法律で定められた手続きが適正であることをも要求しているが、実体も法律で定められなければならないとする罪刑法定主義を要求するものではない。

3 最高裁判所の判例では、厳格な制約の下に、罪状の重い一定の犯罪のみについて、緊急やむをえない場合に限っても、逮捕後直ちに裁判官の審査を受けて逮捕状の発行を求めることを条件とし、被疑者の逮捕を認めることは、憲法の規定の趣旨に反するものであるとした。

4 最高裁判所は、いわゆる高田事件判決において、憲法の定める迅速な裁判の保障の規定は、審理の著しい遅延の結果、迅速な裁判を受ける被告人の権利が害せられたと認められる異常な事態が生じた場合には、その審理を打ち切るという非常救済手段がとられるべきことをも認めている趣旨であるとした。

5 最高裁判所の判例では、憲法は公費で自己のために証人を求める権利を有すると規定しているので、刑事被告人は裁判所に対して証人の喚問を請求するには、なんら財産上の出捐を必要とせず、その被告人が、判決において有罪の言渡を受けた場合にも、その被告人に訴訟費用の負担を命じてはならないとした。

解説

適正手続きの保障、被告人の権利を守るための規定

《罪刑法定主義》…法律の定める手続きによらなければ刑罰を科せられない(憲法31条)。

- 法律で定めた手続きが適正で、かつ手続きだけでなく実体も法定され、適正でなければならない。
- 憲法上は、現行犯逮捕の場合を除いては、裁判官の逮捕状がなければ逮捕されないと規定される。
  例外→重大犯罪に限り厳格な要件のもと、緊急逮捕が刑事訴訟法上規定され合憲。
- 被告人の権利保障のために、公平な裁判所の迅速な公開裁判を受ける権利、証人審問権・公費による喚問権、弁護人依頼権が認められる。
  また黙秘権が保障され、任意性のない自白は排除され、任意性のある自白でもその自白が唯一の証拠であるときは有罪にできない(補強証拠の法則)。
- すでに無罪とされた行為は刑事上の責任を問われない。
- 同一の犯罪について重ねて刑事上の責任を問われない。

1-×
2-×
3-× 緊急逮捕後、直ちに裁判官の審査を受けて逮捕状を求める。
4-○ 高田事件判決。
5-× 有罪判決を受けた場合は被告人に訴訟費用の負担を命ずることは差し支えない(判例)。

問題 8　正解 4

問題 9 社会権

日本国憲法に規定する生存権の法的性格に関する記述として、妥当なのはどれか。

1 プログラム規定説は、憲法の生存権の規定は、国民に法的権利を保障したものであるが、それを具体化する法律によってはじめて具体的な権利となるとするものである。

2 抽象的権利説は、憲法の生存権の規定は、個々の国民に対し法的権利を保障したものではなく、国に政治的・道義的義務を課したにとどまるとするものである。

3 堀木訴訟判決では、児童扶養手当法が、児童扶養手当と障害福祉年金の併給を禁止していることは、身体障害者や母子に対する諸施策や生活保護制度の存在などに照らして合理的理由があり、立法府の裁量の範囲内であるとした。

4 最高裁判所の判例では、憲法の生存権の規定は、すべての国民が健康で文化的な最低限度の生活を営みうるように国政を運営すべきことを国の責務として宣言したにとどまらず、直接個々の国民に対して具体的権利を賦与したものであるとした。

5 朝日訴訟判決では、限られた財源下での福祉的給付にあたっては、日本国民を在留外国人より優先的に扱うことが許されるため、障害福祉年金の支給対象者から在留外国人を除外することは、立法府の裁量の範囲内であるとした。

解説

生存権の法的性格

●**プログラム規定説(判例)**…
憲法25条は、国民の生存権の確保を国の責務として宣言したにとどまり、個々の国民に対して**具体的権利を保障したものではない。**

●**抽象的権利説**…
生存権の内容は法的な権利であるが抽象的で不明確であるから、それを**具体化する法律**によってはじめて具体的な権利となる。学説の中では通説である。

●**重要判例**
○朝日訴訟…
憲法25条はプログラム規定であると判示。また、生活保護受給権は**一身専属権**であり相続の対象とはならないとした。

1-×
2-×
3-○
4-×
5-× 本肢は、「朝日訴訟」ではなく「塩見訴訟」についての記述である。塩見訴訟では本肢のとおり判示した。

問題 9 正解 3

問題 10 教育を受ける権利

憲法に定める教育を受ける権利又は教育を受けさせる義務に関する記述として、妥当なのはどれか。

1　教育を受ける権利は、自由権的側面と社会権的側面とを有しており、このうち社会権的側面は、国民が受ける教育の内容に対して、国の介入又は統制を加えられないことを意味している。

2　教育を受ける権利には、教育の機会均等を実現するための経済的配慮を国家に対して要求する権利だけでなく、子どもが教育を通じて学習し、成長、発達する権利も含まれると解されている。

3　各人の適性や能力の違いによって異なる内容の教育を行うことは、教育の機会均等に反するとするのが通説であるが、心身障害児については、基準以上の条件整備を、国に積極的に要請することができる。

4　義務教育の無償について、最高裁判所は、授業料を徴収しないことを意味していると判示しているが、通説は、授業料のほか教科書代金、教材費等教育に必要ないっさいの費用を国が負担することであるとしている。

5　教育内容の決定権の所在について、最高裁判所は、限られた一定の範囲で、教師に決定権を認めるが、それ以外の領域については、親が必要かつ相当と認められる範囲において決定権を有すると判示した。

問題 11 外国人の人権

憲法の人権規定の外国人に対する適用についての最高裁判所の判決に関する記述として、妥当なのはどれか。

1　外国人の入国の自由について、今日の国際慣習法上、外国人に入国の自由を保障することが当然であり、憲法が規定する国際協調主義にかなうとした。

2　外国人の政治活動の自由について、外国人の地位にかんがみ認めることが相当でないと解されるものを除き、保障されるとした。

3　外国人の生存権の保障について、自国民を在留外国人より優先させ、在留外国人を福祉的給付の支給対象者から除くことは許されないとした。

4　外国人の選挙権について、定住外国人へ地方公共団体における選挙の権利を付与しないことは合憲であり、法律で定住外国人に地方公共団体における選挙の権利を付与することはできないとした。

5　外国人登録法で義務づけられていた指紋押捺制度について、何人もみだりに指紋の押捺を強制されない自由を有するとして、指紋押捺制度は違憲であるとした。

解説

教育権の所在の学説と判例

● 子どもの学習権…

国民各自が人格形成をするために必要な学習をする固有の権利がある。とくに、子どもは自ら学習することはできないので教育を自己に施すことを大人一般に対して要求する権利を有する。子どもに教育を受けさせる責務を負うのは、第一次的には親ないし親権者である。

・国家教育権説…教育内容について国が関与・決定する権能を有する。
・国民教育権説…教育内容は親及び教師が決定し、国は教育の条件整備を行う。

● 重要判例

○旭川学力テスト事件…

国家教育権説も国民教育権説も極端かつ一方的で、国、親、教師の3者に教育に関する権能があるとした。特に教師については、一定の範囲の教育の自由を保障しながら、児童に批判の能力がないこと等を理由に、その自由を完全に認めることはできないと判示した。

1-×　社会権的側面とは、国家介入を要請すること。　2-○
3-×　能力に応じて異なる教育を行うのは、教育の機会均等に反しない。基準以上の条件整備を要請できない。
4-×　無償の範囲は授業料不徴収のみ。　5-×

問題 10　正解 2

解説

権利の性質上、外国人に適用可能な人権と認められない人権

人権は、人間である以上当然に享有できる普遍的権利である以上、外国人にも権利の性質上適用可能な人権規定はすべて保障される。

入国の自由	今日の国際慣習法上、当然、認められない
在留の権利	保障されていない
再入国する自由	保障されていない
国政選挙権	国民主権である以上外国人には保障されない
地方選挙権	最高裁は法律で定住外国人に選挙権を付与することを憲法は禁止していないとする
社会権	外国人にも認められるが、財政事情等により自国民を在留外国人より優先的に取り扱うことは許される
政治活動の自由	原則として保障されるが、外国人在留制度の枠内でのみ認められているので、国政に影響する活動を行う場合は保障されない（マクリーン事件判決）

1-×　2-○
3-×　塩見訴訟では、在留外国人を福祉的給付の対象者から外すことは許されるとした。
4-×　5-×　指紋押捺制度は合憲と判示された。

問題 11　正解 2

問題12 私人間効力

憲法に定める基本的人権規定の私人間効力に関する判例についての記述として、妥当なものはどれか。

1 十勝女子商業事件においては、憲法が保障する基本的人権は絶対的なものであり、私立学校が教師の雇用に際して条件とした校内で政治活動をしないとする特約は、無効であるとした。

2 三井美唄労組事件においては、労働組合の団結維持の必要性と憲法に定める基本的人権の1つである立候補の自由の重要性とを比較衡量し、組合がその方針に反して立候補した組合員に対して行った処分は、合法であるとした。

3 三菱樹脂事件においては、会社が入社試験の際に行った応募者の思想・信条の調査は、社会的に許容しうる限度を超える人権侵害であり、憲法が保障する思想・良心の自由に直接違反するとした。

4 昭和女子大学事件においては、生活要録違反を理由とした学生の退学処分に関し、当該退学処分の直接の根拠となった生活要録の規定については、直接憲法の基本権規定に違反するかどうかを論ずる余地はないとした。

5 日産自動車事件においては、会社の就業規則の中で女性の定年年齢を男性より低く定めた部分は、性別のみによる不合理な差別であり憲法に定める法の下の平等の規定に直接違反するものとして、無効であるとした。

問題13 国会

日本の議会に関する次の記述のうち、妥当なものはどれか。

1 国会の常会を召集することは天皇の国事行為とはされていない。

2 臨時会は、いずれかの議院の総議員の4分の1以上の要求があった場合にのみ召集される。

3 衆議院の解散による総選挙が行われたときに国会が召集される手続きに関しては憲法に規定されているが、衆議院議員の任期満了による総選挙が行われたときに国会が召集される手続きに関しては憲法に直接の規定はない。

4 衆議院が解散されたときに開かれる参議院の緊急集会は、国に緊急の必要があるときに内閣が求める場合以外でも、参議院議員の総議員の3分の1以上の要求がある場合には開かれることになる。

5 普通地方公共団体の議会の議員の一定数の者が、当該普通地方公共団体の長に対して臨時会の招集を請求することにより、一定期間内に臨時会の招集を義務づける制度は、地方自治法上には存在しない。

解説

直接適用説の問題点と間接適用説

●直接適用**説**…憲法の人権規定が私人間にも直接効力を有するとする説。
→問題点　私人間に憲法を適用することは私的自治の原則が害される。
憲法の本質はあくまでも国家権力に対する制限規範である。

●間接適用**説**…
私法的効力をもつ人権規定を除いて憲法を私人間に直接適用はせずに民法1条（信義誠実の原則）、同90条（公序良俗）のような私法の一般条項の適用にあたって、憲法の趣旨をくんで解釈・適用することで、間接的に私人間の行為を規律しようとする説。判例・通説である。

●**重要判例**
男女で定年に差別を設けた就業規則は民法90条により無効とされた。（日産自動車事件）

1-×　私立学校が教師の雇用に際し校内で政治活動をしないとする特約を設けることも有効。
2-×　違憲である。
3-×　応募者の思想・信条を調査することは適法。
4-○　昭和女子大学は私立大学である。　5-×

問題 12　正解 4

解説

3種類の国会、召集要件、延長

《国会の種類》

常　会	毎年1回1月に召集
臨時会	内閣が召集。いずれかの議院の総議員の4分の1以上が内閣に要求した場合には、内閣は召集を決定しなければならない
特別会	衆議院が解散されたのち行われた総選挙の日から30日以内に召集される

・いずれの国会も内閣の助言と承認により天皇の国事行為により行われる。
・いずれも会期制〈常会：150日、臨時会・特別会：会期は両議院一致の議決で定める〉
※会期は両議院の一致で延長することができる。**常会は1回、臨時会・特別会は2回まで。**
・いずれも両議院の議決が一致しないとき、または参議院が議決しないときは衆議院の議決で決まる（衆議院の優越）。

1-×
2-×　内閣は必要に応じて召集できる。
3-○
4-×　衆議院が解散されている間に国に緊急の必要があるときは、参議院の緊急集会を内閣に限って求めることができる。
5-×　地方自治法101条に存在する。

問題 13　正解 3

問題14 予算の法的性質

予算の法的性質に関しては、次の3つの考え方がある。

A説：予算は国会が政府に対して1年間の財政計画を承認する意思表示である（予算行政説）
B説：予算に法的性格を認めるが、法律とは異なった国法の一形式である（予算法形式説）
C説：予算は法律それ自体である（予算法律説）

これらの説に関する次の記述のうち、妥当なものはどれか。

1　A説の立場では、国会は予算を修正できない。

2　B説によれば、予算と法律が矛盾するという問題が排除される。

3　予算は国を拘束するが国民を拘束するものではないとの主張は、B説の根拠となる。

4　C説に対しては、財政国会中心主義の原則に矛盾するとの批判があてはまる。

5　憲法は予算と法律とで議決方法を異にしているという主張は、C説の根拠となる。

解説

予算と法律の違い、予算の法的性格

- **法律…国会の議決が必要。**
  ※衆議院が議決しても参議院が否決・議決しないとき
  →衆議院の出席議員の3分の2以上で再議決すれば法律となる。
- **予算…国会の承認が必要。**
  ※衆議院が承認しても、参議院が否決し両院協議会を開いても一致しないとき又は議決しないとき→衆議院の議決だけで予算成立。

- **予算と法律に不一致が生じた場合を説明するためにその法的性格が議論される。**
  - 予算は内閣が作成するので問題の**A説**もあるが、予算は内閣を拘束するという意味では法的な拘束力がある。
  - 問題の**C説**は予算を法律と同じと考え、後法は前法を破るから両者に不一致という事態は生じないとする。
  - 問題の**B説**は国民を規律する法律とは違って予算は政府を規律するもので一会計年度限りであり、法律とは明らかに違う法形式であるとする。

1-× どの説からも国会が予算を修正することは認められる。
2-× C説の記述。
3-○
4-× 矛盾しない。
5-× C説とは矛盾する。

問題14　正解 3

問題15 内閣①

憲法に定める内閣の権能に関する記述として、妥当なのはどれか。

1　内閣は、法律を誠実に執行しなければならないが、国務大臣に憲法尊重擁護義務があるため、内閣は、自らが違憲と判断する法律の執行は拒否できる。

2　内閣は、外交関係を処理する権限を有し、条約の締結には、事前に国会の承認を経ることが必要であるが、条約の批准には、国会の承認は要しない。

3　内閣は、法律の規定を実施するために政令を制定することができるが、政令には、特にその法律の委任がある場合を除いては罰則を設けることができない。

4　内閣は、最高裁判所の長たる裁判官を任命し、最高裁判所の長以外の裁判官及び下級裁判所の裁判官を指名する。

5　内閣は、予見しがたい予算の不足にあてるため、予備費を設けることができるが、内閣は、予備費を支出する場合、事前に国会の承諾をえなければならない。

問題16 内閣②

内閣総理大臣に関する次の記述のうち、妥当なものはどれか。

1　内閣総理大臣は、最高裁判所の長たる裁判官を指名し、その他の裁判官を任命することができるが、裁判内容に関与することまではできない。

2　内閣総理大臣は、国会の指名に基づいて天皇から任命されるが、この任命についても内閣の助言と承認が必要とされている。

3　内閣総理大臣には、内閣の首長たる国務大臣としての地位のほかに、内閣府の長としての地位が認められているが、自ら各省大臣を兼務することまでは認められていない。

4　内閣総理大臣は、閣議の決定を経て各省大臣を罷免することができるが、当該罷免の効力は、天皇の認証をえてはじめて発生する。

5　内閣総理大臣の職務は、一般に他の者が代わって行うことのできないものであるので、内閣総理大臣の病気や事故に備えて、あらかじめ臨時代理者を定めておくことは許されない。

解説

内閣の権能を押さえる

内閣は行政権を担当する。

●行政権…国家作用から立法権、司法権を除いた作用をいう(控除説)。

《内閣の権能》

・予算の作成権、条約の締結権　→いずれも国会の議決、承認が必要
・法律を具体化する政令を策定する→法律の委任があれば政令で罰則を設けることもできる。
・最高裁判所の長たる裁判官の指名(任命は天皇)、その他の裁判官の任命
・国会の臨時会の召集
・予備費の支出　など。

内閣は閣議で職権を行い、議事は多数決ではなく全会一致で決める。
行政権の行使について国会に対して連帯して責任を負う。

●衆議院で内閣不信任決議が可決された場合
→内閣は総辞職するか衆議院を解散するかしなければならない。
※それ以外の場合でも内閣は衆議院を解散できる(7条説)。

1-×　法律を誠実に執行する。73条より内閣の判断のみでは執行を拒否できない。
2-×　時宜によっては事後の承認でもよい。
3-○　4-×　任命と指名が反対。
5-×　事前ではなく事後に国会の承認が必要。

問題15　正解 3

解説

内閣総理大臣の指名、権能

●**内閣**…首長たる内閣総理大臣及びその他の国務大臣で組織する合議体。

○内閣総理大臣：国会議員の中から国会の議決で指名され、天皇が任命する。
国務大臣の任命権・罷免権をもつ。
任免権は内閣総理大臣の一身専属的権利であり代理することはできない。

○国務大臣　：内閣法で原則14人以内(最大17人以内)とされる※。
国務大臣の過半数は国会議員でなければならない。
内閣総理大臣が国務大臣を兼務することもできる。

※内閣総理大臣及び国務大臣は文民でなければならない。

1-×　これは内閣の権能。
2-○　天皇の国事に関するすべての行為には、内閣の助言と承認を必要とする(3条)。
3-×　4-×
5-×　あらかじめ臨時代理を定めておく(内閣法9条)。

問題16　正解 2

※復興庁及び東京オリンピック競技大会、東京パラリンピック競技大会推進本部が置かれている間は19人

問題 17 裁判所①

日本国憲法に規定する裁判官に関する記述として、通説に照らして、妥当なのはどれか。

1 裁判官は、弾劾裁判により、職務上の義務に違反し、もしくは職務を怠り、又は裁判官としての威信を著しく失うべき非行があったと決定された場合、戒告又は過料に処される。

2 裁判官は、すべて定期に相当額の報酬を受け、この報酬は、行政機関が行う懲戒処分としての減俸の場合を除き、減額することができない。

3 裁判官は、分限裁判により、回復の困難な心身の故障のために職務をとることができないと決定された場合、罷免される。

4 下級裁判所の裁判官は、法律で退官の年齢が定められているが、最高裁判所の裁判官は、衆議院議員総選挙の際の国民審査に付されることから、法律で退官の年齢が定められていない。

5 下級裁判所の裁判官は、内閣の指名した者の名簿によって、最高裁判所が任命し、最高裁判所の長たる裁判官は、内閣の指名に基づいて天皇が任命する。

問題 18 裁判所②

日本国憲法に規定する違憲審査権に関する記述として、通説に照らして、妥当なのはどれか。

1 違憲審査制には、憲法裁判所が争訟と関係なく違憲審査を行う付随的違憲審査制と、通常の裁判所が訴訟事件を裁判する際に違憲審査を行う抽象的違憲審査制があり、日本は抽象的違憲審査制を採用している。

2 日本国憲法では、最高裁判所は、いっさいの法律、命令、規則又は処分が憲法に適合するかしないかを決定する権限を有する終審裁判所であると規定しているが、下級裁判所も違憲審査権を行使することができる。

3 最高裁判所がある事件である法律を違憲無効と判示した場合、当該事件に関する限りでその法律の適用が排除されるだけでなく、当然にその法律は一般的に無効とされる。

4 日本では、条約優位説をとっているため、違憲審査の対象は、法律、命令、規則又は処分だけに限られ、条約はいっさいその対象とならない。

5 裁判所が憲法上の争点に触れずに事件を解決することができるならば、憲法判断をしないとする憲法判断回避の準則は、日本では採用されていない。

解説

裁判官の身分保障

● 司法権独立の原則…裁判が公正に行われ人権保障を確保するため、議会、政府、その他のものによって判決を左右されないこと。
→その内容は①司法府の独立と②裁判官の独立である。

・すべて裁判官は、その良心に従い独立してその職権を行い、この憲法及び法律にのみ拘束される。
・裁判官は裁判により、心身の故障のために職務をとることができないと決定された場合を除いては、公の弾劾(国会によって設置された弾劾裁判所による裁判)によらなければ罷免されない。
・最高裁判所裁判官は国民審査によって罷免される場合もある。
・下級裁判所の裁判官の任期は10年とし、再任されることができる。但し、法律の定める年齢に達したときには退官する。
・裁判官はすべて定期に相当額の報酬を受ける。この報酬は在任中減額することができない。

1-× 弾劾裁判では罷免される。
2-× 3-○ 4-×
5-× 下級裁判所の裁判官は内閣が任命する。

問題 17 正解 3

解説

違憲審査権の性格、主体、対象、効力

● 付随的違憲審査制…裁判所は具体的事件を離れて合憲性を判断する権限を有しないとする方式。日本で採用。

※具体的な争訟とは関係なく、抽象的に違憲審査を行う方式(抽象的違憲審査制)を採用する国もある。

● **違憲審査権**

・最高裁判所だけでなく、下級裁判所も違憲審査権を行使できる。
・憲法81条では対象は「いっさいの法律、命令、規則又は処分」とされているが「条約」を含む。憲法と条約の関係について条約優位説もあるが憲法が最高法規であり憲法優位説が妥当である。
・立法不作為も対象となり、在外日本国民選挙権訴訟判決では立法不作為の違憲性を認めた。
・違憲判決の効力については一般的効力説ではなく、付随的違憲審査制が採用される日本では、具体的事件についてのみ及ぶとする個別的効力説をとる。

1-× 2-○ 3-×
4-× 通説は条約を違憲審査の対象になると解する。
5-× 憲法判断をしなくても事件が解決しうる場合には、違憲審査権を行使すべきではない、という憲法判断回避の準則が日本では採用されている。

問題 18 正解 2

法律分野

行政法

問題1 法律による行政の原理 ｜／｜／｜／｜

行政法学上の法律による行政の原理に関する記述として、妥当なのはどれか。

1 「法律の優位」とは、いかなる行政活動も、行政活動を制約する法律の定めに違反してはならないという原則である。

2 「法律の法規創造力」とは、行政活動には必ず法律の授権が必要であるとする原則である。

3 「法律の留保」とは、新たな法規の定立は、議会の制定する法律又はその授権に基づく命令の形式においてのみなされうるという原則である。

4 「権力留保説」とは、すべての公行政には具体的な作用法上の根拠が必要であるとするものである。

5 「重要事項留保説」とは、侵害行政のみならず、社会権の確保を目的として行われる生活配慮行政にも、法律の根拠が必要であるとするものである。

問題2 行政立法 ｜／｜／｜／｜

行政法学上の法規命令に関する記述として、通説に照らして、妥当なのはどれか。

1 法規命令は、私人の法的利益を個別的又は具体的に規律する行政行為であり、公定力を有する。

2 法規命令には、委任命令と執行命令があり、委任命令は法律の一般的授権に基づいて制定できるが、執行命令の制定には個別的な授権がなければならない。

3 法規命令のうち委任命令は、法律の委任に基づき、上級法令によってすでに創設された国民の権利及び義務を詳細に説明する命令である。

4 法規命令のうち執行命令は、上級法令の執行を目的とし、新たに国民の権利及び義務を創設する命令である。

5 法規命令は、当該命令と矛盾する上級法令が制定されたときや、当該命令に付された終期の到来又は解除条件の成就があった場合は、その効力を失う。

解説

用語の意味を覚える

- **法律による行政の原理**…行政活動はあらかじめ国会で定められた法律によって行われなければならない。

この原理は3つの意味を有する。

①法律の法規創造力の原則…国会の定める法律によってのみ国民の権利を制限したり、国民に義務を課す法規を創造しうるということ。

②法律優位の原則……………法律の規定と行政の活動が抵触するときは法律が優位に立ち、行政活動は取り消されたり、無効となる。

③法律留保の原則……………ある種の行政活動を行う場合に、事前に法律にその根拠が規定されていなければならない。

- **法律の留保の及ぶ範囲、すなわちどこまで法律の根拠が必要かという点では争いがある。**
国民に義務を課したり、国民の権利を制限したりするときは法律の根拠が必要とする侵害留保説、すべての公行政に必要とする全部留保説、権力留保説などがある。

1-○　2-×　3-×
4-×　権力留保説は、権力的な活動であれば、国民に権利を与え義務を免除するものでも法律の根拠を必要とする。
5-×　重要事項留保説は、基本的人権にかかわる重要事項には法律の根拠が必要とする説。

問題 1　正解 1

解説

行政立法の種類と法律との関係を押さえる

行政立法は法規命令と行政規則に分かれる。

- **法規命令**…相手方私人と行政主体の関係を規律するもので、これを定める場合には法律の根拠を必要とする。

・法規命令はさらに、私人との権利・義務の内容自体を定める委任命令と届け出の様式を定める執行命令に分類される。

- **行政規則**…制定に法律の根拠を必要としない。

法規命令	法律の根拠が必要	委任命令	個別具体的な法律の根拠（授権）が必要
		執行命令	個別具体的な法律の根拠までは不要
行政規則	法律の根拠は不要		

1-×　法規命令は行政立法であり行政行為ではない。
2-×
3-×　執行命令についての説明。　4-×　委任命令についての説明。
5-○　法規命令はあくまで上位の法令を具体化するものであるから当然。

問題 2　正解 5

問題 3 行政行為の種類

行政法学上の行政行為の分類に関する記述として、通説に照らして、妥当なのはどれか。

1 許可とは、国民が元来持っていない特定の権利や包括的な法律関係を設定する行為で、例として道路の占用許可や公有水面埋立ての免許があり、許可を要する法律行為が無許可で行われた場合は当然に無効である。

2 認可とは、第三者の行った法律行為を補充して、その法律上の効果を完成される行為で、例として農地の権利移転の許可や公共料金の認可があり、認可を要する法律行為に認可がなされない限り当該行為は効力を生じない。

3 特許とは、法令による一般的禁止を特定の場合に解除する行為で、例として自動車運転免許や医師免許があり、行政庁が自由裁量により特許を拒むことは原則として許されない。

4 確認とは、特定の事実又は法律関係の存在を公に証明する行為であり、例として証明書の交付や選挙人名簿への登録があり、法令の規定により決められた効果が生じるため、行政庁に裁量判断を認める余地はない。

5 下命とは、一定の不作為を命じる行為又は作為義務を特定の場合に解除する行為で、例として営業停止や納税免除があり、行政庁が特定の権利、能力を賦与又は剥奪する形成的行為である。

問題 4 行政行為の特質

行政法学上の行政行為の効力に関する記述として、妥当なのはどれか。

1 行政行為の自力執行力は、行政行為によって命ぜられた義務を国民が履行しない場合に、行政庁が裁判判決をえて義務者に対し強制執行を行うことができるが、強制執行を行うためには、法律の根拠が必要である。

2 行政庁は、不服申立てや取消訴訟を提起できる争訟提起期間を経過すると、当該行政行為に不可変更力が生じ、職権による行政行為の取消しや撤回をすることができない。

3 行政行為の公定力又は行政行為に対する取消訴訟の排他的管轄制度には、違法性がいかに甚だしい場合でも、相手方が適法に取消訴訟を提起し取消判決をえない限り、行政行為の事実上の適用に対して救済を求めることができない。

4 行政行為の公定力は、違法な行政行為によって損害を被ったことを理由とする損害賠償請求訴訟には及ばないので、裁判所が判決で行政行為を違法として損害賠償を認めても、行政行為の効力は存続する。

5 裁決庁がいったん下した裁決を自ら取り消して、あらたに裁決をやり直した場合、新たな裁決は、紛争を解決するための裁断作用に認められる不可争力に反する。

解説

行政行為の種類とその具体例を押さえる

●許可…すでに法令又は行政行為について課されている一般的禁止を、特定の場合に解除する行為。申請が法定の拒否事由に該当しない限り、行政庁は許可を拒むことができない(原則許可の原則)。先願主義。
例：公衆浴場設置の許可、風俗営業の許可

●特許…人が生まれながらには有していない新しい権利その他法律上の力ないし地位を特定人に付与する権利。特許は行政庁に大幅な自由裁量あり。
例：電気事業法上の許可、河川や道路の占有許可

●認可…私人間で締結された契約、合同行為などの法律行為を補充してその法律上の効果を完成させる行為。
例：農地の権利移転の許可、公共料金の認可

1-×　特許の記述。
2-○
3-×　許可の記述。
4-×　確認とは特定の事実又は法律関係の存否について公に認め確定し、宣言する行為。当選人の確定。建築確認など。本肢は公証の説明。
5-×　下命とは国民に一定の作為・不作為の義務を命ずる行為であり、命令的行為。課税処分、営業停止処分。

問題 3　正解 2

解説

行政行為の効力の用語とその意味

●公定力………法律や条例に違反していても、権限ある機関が正式にこれを取り消さない限り、有効とされ国民を拘束する力。

●不可争力……不服申立期間ないし出訴期間が経過してしまうと、もはや争訟を提起して行政行為の取消しを求めることができない。

●自力執行力…行政行為によって命ぜられた義務を国民が履行しない場合、行政庁が裁判判決をえることなく、行政行為自体を法的根拠(債務名義)とし強制執行を行い、義務の内容を実現することができること。ただし、その旨の法律の規定が必要。

●不可変更力…権限ある機関がいったん判断を下した以上は、自らその判断を覆しえないこと。

1-×　裁判判決は不要。　2-×　不可争力の記述。
3-×　違法が重大かつ明白な場合は行政行為に公定力は及ばず、無効となる。
4-○
5-×　不可争力ではなく不可変更力に反する。

問題 4　正解 4

行政法

問題5 行政手続法

行政手続法に関する記述として、妥当なものはどれか。

1　行政手続法の目的は、行政運営における公正の確保と透明性の向上のための手続き及び公法上の権利関係に関する訴訟の手続きを定め、もって公法上の権利関係の保護に資することである。

2　行政手続法は、処分に関する手続きについて、申請に対する処分と不利益処分に区分し、それぞれについてその手続きを規定している。

3　行政手続法は、処分を行う場合の手続きに関し、処分の名あて人の意見を聴く手続きとして、聴聞と弁明の機会の付与の2つの手続きを定めているが、不利益処分を行う場合には、必ず聴聞を行わなければならないこととしている。

4　行政手続法は、処分、行政指導及び届出に関する手続きに関して規定しているものであり、府省令又は規則を定める際の意見公募に関する手続きについては規定していない。

5　地方公共団体の機関が行う処分についても、行政手続法に定める手続きは適用される。

問題6 行政指導

行政手続法に規定する行政指導に関する記述として、妥当なのはどれか。

1　申請の取下げ又は内容の変更を求める行政指導にあっては、行政指導に携わる者は、行政上特別の支障があるときに限り、申請者が当該行政指導に従う意思がない旨を表明しても当該行政指導を継続しなければならない。

2　行政指導は、相手方に対して、当該行政指導の趣旨及び内容並びに責任者を明確に示さなければならないので、行政指導を行う場合は、口頭ではなく、書面を交付しなければならない。

3　行政指導とは、行政機関がその任務において一定の行政目的を実現するため、特定の者に一定の作為又は不作為を求める指導、勧告、処分、助言に該当する行為である。

4　行政指導の最大の効用は、法律の不備や欠陥を補って新しい行政需要に機敏に対応するところにあるため、行政機関の所掌事務の範囲外の事項でも行政指導を行うことができる。

5　同一の行政目的を実現するため一定の条件に該当する複数の者に対し行政指導をしようとするときは、行政機関はあらかじめ事案に応じ、行政指導指針を定め、かつ、行政上特別の支障がない限り、これを公表しなければならない。

解説

行政手続法が適用される範囲を押さえる

●**行政手続法の目的…**

処分、行政指導及び届出に関する手続き並びに命令等を定める手続きに関し、共通する事項を定めることによって、行政運営における**公正の確保と透明性**（行政上の意思決定について、その内容及び過程が国民にとって明らかであることをいう）**の向上**を図り、もって国民の権利利益の保護に資すること。

※国の行政機関が行う活動についての手続きであり、国会、裁判所の処分、地方公共団体の機関が条例又は規則に基づいて行う処分には適用されない。

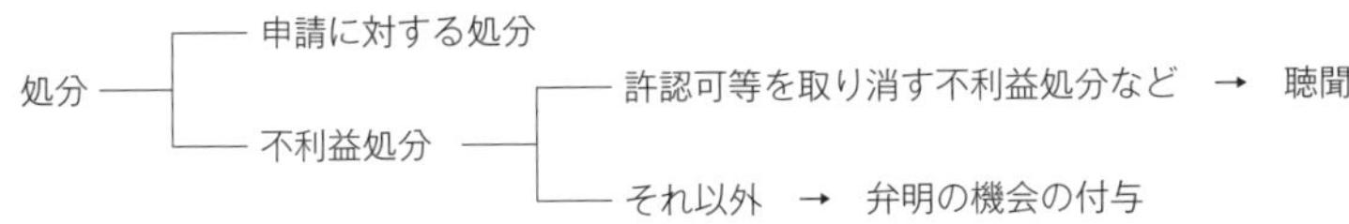

1-×　2-○　3-×

4-×　命令等とは法律に基づく府省令又は規則、審査基準、処分基準、行政指導指針をいう。

5-×　地方公共団体の機関が条例又は規則に基づいて行う処分については、適用されない。

問題 5　正解 2

解説

行政指導には行政手続法でルールが定められている

●**行政指導…**

行政機関が、その任務又は所掌事務の範囲内において、一定の行政目的を実現するため、特定の者に、一定の作為又は不作為を求める指導、勧告、助言その他の行為であって、処分に該当しないものをいう。

※あくまでも相手方の任意の協力によってのみ実現されるものであり、強制力を伴わず、よって法律の根拠は不要である。

・相手が行政指導に従わないことを理由に不利益処分してはならない。

・申請の取下げ又は内容の変更を求める行政指導では、申請者が当該行政指導に従う意思がない旨を表明したにもかかわらず当該行政指導を継続すること等により、当該申請者の権利の行使を妨げるようなことをしてはならない。

・許認可等をする権限を行使しうる旨をことさらに示すことにより、相手方に当該行政指導に従うことを余儀なくさせるようなことをしてはならない。

1-×　2-×　口頭でもよい。相手が書面を求めたときは行政上の差し支えがない限り書面を交付しなければならない。

3-×　処分ではない。　4-×　あくまで所掌事務の範囲内。　5-○

問題 6　正解 5

問題 7 行政上の義務の履行の確保

行政上の義務の履行確保等に関する1～5の記述のうち、妥当なのはどれか。

1 義務の賦課を内容とする行政行為の権限を授権する法律は、同時に行政上の強制執行の権限をも授権するものであるから、この義務を直接的に実現させる強制執行を行うに際しては、独自の授権は必要とされない。

2 行政代執行は、他の手段によってその履行を確保することが困難であることが要件の1つとなっているが、この場合の「他の手段」にあたるものとして、行政罰、他の強制執行手段及び民事上の強制執行が挙げられるとする点で学説は一致している。

3 行政上の勧告や命令に従わない者がある場合に、社会的制裁を期待して、その事実を情報公開の一環として公表し、行政への協力を促す手法がとられることがあるが、その公表は、公表される者にとっては実質的に不利益処分にあたるので、これらの者に対して弁明等の事前手続きを行うことが義務づけられている。

4 行政上の義務の違反に対して制裁を行うことを行政罰というが、そのうち、行政刑罰については原則として刑事訴訟法の適用があるが、他方、行政上の秩序罰は、行政上の秩序に障害を与える危険のある義務違反に対して科される罰であり、刑事訴訟法の適用はない。

5 即時執行は、行政上の義務が履行されないことを前提として人又は物に対して実力を行使する制度であり、典型的な公権力の発動といえるので、いわゆる比例原則が適用され、即時執行を行う目的とそれを実現する手段との間の均衡を図るべきことが求められる。

解説

行政行為の権限付与の法律とは別に強制執行を行う権限を与える法律が必要

- 行政上の義務の履行確保
  - 将来に向かって実現を図る制度
    - 代執行 → 行政代執行法が一般法
    - 直接強制 → 法律はごくわずかを認めるのみ
    - 執行罰（間接強制）→ ほとんどない
    - 強制徴収 → 課税債権などの金銭債権
  - 過去の義務違反に対する制裁
    - 行政刑罰
    - 行政上の秩序罰
- 即時執行（行政上の義務が課されていない場合）

1-× 行政上の強制執行には、それ独自の法的根拠が必要。
2-× 学説は一致していない。
3-× 公表は、国民の権利を剥奪したり、義務を課したりする行為ではないので不利益処分にはあたらない。
4-○
5-× 即時執行は目前急迫の必要があって義務を命じる暇さえない場合である。

問題 7　正解 4

問題 8 行政代執行

行政代執行法に規定する代執行に関する記述として、妥当なのはどれか。

1　行政庁は、他の手段によって履行を確保することが容易にできる場合であっても、不履行を放置することが著しく公益に反するときには、第三者にその履行をさせ、要した費用を義務者から徴収することができる。

2　代執行のために現場に派遣される執行責任者は、その者が執行責任者たる本人であることを示すべき証票を携帯する必要はなく、要求があったときには、事後にこれを呈示すればよい。

3　行政庁は、期限までに履行がなされないときは代執行をなすべき旨を、あらかじめ文書で戒告しなければならないが、この戒告に対して不服のある者は、行政不服申立てをすることはできるが、取消訴訟を提起することはできない。

4　行政庁は、代執行に要した費用については、義務者に対し文書でその納付を命じなければならないが、義務者がこれを履行しないときは、国税滞納処分の例により徴収することができ、国税及び地方税に次ぐ順位の先取特権を有する。

5　非常の場合又は危険切迫の場合において、代執行の急速な実施について緊急の必要があり、代執行令書を義務者に通知する手続きをとる暇がないときでも、その手続きを経ないで代執行をすることはできない。

解説

行政代執行の要件を覚える

●**行政代執行法**…代替的かつ作為義務に関して、義務の履行の確保をするための一般法。
次のように規定される。
①他人が代ってなすことのできる行為について義務者がこれを履行しない場合、
②他の手段によってその履行を確保することが困難であり、かつ
③その不履行を放置することが著しく公益に反すると認められるとき
→当該行政庁は、自ら義務者のなすべき行為をなし、又は第三者をしてこれをなさしめ、その費用を義務者から徴収することができる。
※本人にしかできない非代替的義務、または不作為義務については代執行できない。

1-× 他の手段によってその履行を確保することが困難な場合のみ可能。
2-× 執行責任者は証票を携帯し、要求があるときは、何時でもこれを呈示しなければならない。
3-× 取消訴訟もできる。
4-〇
5-× このような場合はその手続きを経ないで代執行をすることができる。

問題 8　正解 4

問題 9 行政不服審査法

/ / /

行政不服審査法に関するア～オの記述のうち、妥当なものはどれか。

1 行政庁の処分に対して審査請求を行った場合において、当該審査請求に対する決定に不服があるときは、当該行政庁の上級行政庁に対して常に再審査請求をすることができる。

2 審査請求をされた場合において、審査請求人又は参加人から申立てがあったときは、審査庁は、口頭で意見を述べる機会を与えなければならず、この場合において、審査請求人又は参加人は、審査庁の許可をえて、補佐人とともに出頭することができる。

3 処分についての審査請求に理由があるときは、審査庁は当該処分の全部もしくは一部を取り消し、又は処分を変更することができる。この場合においては、権限ある行政庁が処分を変更することになるので、審査請求人の不利益に処分を変更しても差し支えない。

4 行政不服審査法は、補則(第6章)において、教示についての規定を置いているが、この教示の規定は、同法の規定が適用される場合に限らず、他の法律に基づく不服申立てにも原則として適用されるわけではない。

5 処分庁が当該処分の理由となった事実を証する書類その他の物件を審査庁に提出した場合において、審査請求人又は参加人からそれらの閲覧の求めがあったときは、審査庁は、閲覧を拒むことができない。

問題 10 取消訴訟

/ / /

行政事件訴訟法に規定する取消訴訟に関する記述として、妥当なのはどれか。

1 行政庁は、法律に処分についての審査請求に対する裁決に対してのみ取消訴訟を提起できる旨の定めがある処分をするときに、処分を口頭でする場合を除き、相手方に対し法律にその定めがある旨を書面で教示しなければならない。

2 裁判所は、処分の取消訴訟が提起され、その処分により生じる回復の困難な損害を避けるために必要があるときは処分の効力を停止できるが、当該損害が生じるか否かを判断する場合に、その損害の性質や程度を勘案する必要はない。

3 取消訴訟は、原則として処分又は裁決をした行政庁を被告として提起しなければならないが、処分又は裁決をした行政庁が国又は公共団体に属する場合には、当該行政庁の所属する国又は公共団体を被告として提起することもできる。

4 取消訴訟は、処分をした行政庁の所在地を管轄する裁判所に提起しなければならず、また、国を被告とする場合には、原告の普通裁判籍の所在地を管轄する高等裁判所の所在地を管轄する地方裁判所に提起しなければならない。

5 取消訴訟は、処分又は裁決のあったことを知った日から6か月を経過したときは、いっさい提起することができず、また、処分又は裁決のあった日から1年を経過したときは、正当な理由があるときを除き、提起することはできない。

解説

平成26年に50年ぶりに行政不服審査法が抜本改正

行政庁の処分、法令に基づく申請に対しての不作為について、行政不服申立てができる。
審査庁は、審査請求人の不利益に処分を変更することはできない。

- **平成26年に制定後50年ぶりに抜本的な改正が行われた。**
  公正性の向上のためになされた改正点は以下の通り。
  ①新たに職員のうち処分に関与しない者（審理員）が公正に審理を行うことになった
  ②第三者機関への諮問手続きが導入された
  ③審査請求人に証拠書類等の閲覧・謄写請求権、口頭意見陳述時に処分庁に質問することができる
  また国民の利便性の観点から
  ①不服申立期間を60日から3か月に延長し、
  ②処分に対する「異議申立」手続きを廃止し、「審査請求」に一元化した。

1-× 再審査請求は例外的に法律で特に定めた場合のみできる。 2-○
3-× 申立人にとって不利益に変更することはできない。 4-× 原則として適用される。
5-× 第三者の利益を害するおそれ、その他正当な理由があるときは、その閲覧を拒むことができる。

問題 9 正解 2

解説

処分の取消しの訴えの訴訟要件

- **被告適格**……処分をした行政庁が国又は公共団体に所属する場合には、当該処分をした行政庁の所属する国**又**は公共団体。
- **管轄裁判所**…①被告の普通裁判籍の所在地を管轄する裁判所又は処分をした行政庁の所在地を管轄する裁判所の管轄に属する。
  ②国を被告とする取消訴訟は、原告の普通裁判籍の所在地を管轄する高等裁判所の所在地を管轄する地方裁判所にも、提起することができる。
- **出訴期間**……処分があったことを知った日から6か月を経過したときは提起することができない。取消訴訟は、処分の日から1年を経過したときは、提起することができない。ただし、いずれも正当な理由があるときはこの限りでない。正当な理由には個人的都合は含まれない。
- **教示義務**……被告、出訴期間については書面で教示しなければならない。ただし処分を口頭でする場合教示は不要。

1-○
2-× 「回復の困難な損害」ではなく「重大な損害」を避けるために緊急の必要があるとき。その判断は、損害の回復の困難の程度、損害の性質及び程度並びに処分の内容及び性質をも勘案する。
3-× 4-× 5-×

問題 10 正解 1

処分の取消しの訴え 処分性の要件

行政事件訴訟の処分性に関する記述のうち、判例に照らし、妥当なものはどれか。

1　森林法に基づく保安林指定及び保安林指定の解除は、名あて人が具体的に特定されておらず、直接国民の権利義務を形成し、又はその範囲を確定するものとはいえないから、抗告訴訟の対象となる行政処分にあたらない。

2　土地区画整理法に基づく土地区画整理組合の設立の認可は、単に設立認可申請に係る組合の事業計画を確定させるだけのものではなく、その組合の事業施行地区内の宅地について所有権又は借地権を有する者をすべて強制的にその組合員とする公法上の法人たる土地区画整理組合を成立せしめ、これに土地区画整理事業を施行する権限を付与する効力を有するものであるから、抗告訴訟の対象となる行政処分にあたる。

3　市町村の施行に係る土地区画整理事業の事業計画の決定は事業の青写真にすぎず、施行地区内の宅地所有者等の法的地位に変動をもたらすものであっても、抗告訴訟の対象となる行政処分にはあたらない。

4　供託関係が民法上の寄託契約の性質を有することにかんがみると、供託事務を取り扱う行政機関である供託官のする行為は、もっぱら私法上の法律行為と解するのが相当であるから、供託官が弁済供託における供託金取戻請求を理由がないと認めて却下した行為は、抗告訴訟の対象となる行政処分にあたらない。

5　国有財産法上の国有財産の払下げは、売渡申請書の提出、これに対する払下許可という行政手続きを経て行われる場合は、行政庁が優越的地位に基づいて行う公権力の行使ということができ、抗告訴訟の対象となる行政処分にあたる。

解説

処分性の有無については判例の結論を覚える

①処分性	処分の対象になるか	本問で解説
②原告適格 ③訴えの利益	訴える者の資格 取消訴訟によって回復する利益があるか	P78問題12で解説
④管轄裁判所 ⑤出訴期間 ⑥被告適格	訴訟を提起する場所の要件 訴訟を提起する時間的な制約 訴えられる側の条件	P74問題10で解説

●行政事件訴訟法3条に規定する「処分」…

公権力の主体たる国又は公共団体が行う行為で、直接国民の権利義務を形成し又はその範囲を確定することが法律上認められているものをいう。

※ただしこの定義を覚えているだけでは、選択肢は選べない。判例を覚える必要がある。

●選択肢以外で覚えておきたい重要判例

○処分性が認められたもの

・所得税法に基づく税務署長の納税の告知
・関税定率法に基づく輸入禁制品である税関長の通知
・県知事の告示による建築基準法42条2項の一括指定
・医療法に基づき知事が行う病床数削減の勧告

○認められなかったもの

・知事の建築許可に際してなされる消防法に基づく消防庁の同意
・通達
・都市計画法に基づく工業地域指定の決定
・都市計画法に基づく地区計画の決定
・地方公務員の採用内定取消処分
・警察本部長の行う反則金納付の通告
・市立中学校の「生徒心得」の男子生徒の丸刈りとする定め

1-× 処分性あり。
2-○
3-× 平成20年9月に判例変更され、この場合には事業計画の処分性を認めた。
4-× 処分性あり。
5-× 国有財産の払下げは私法上の売買であり、処分性はない。

問題11 正解 2

問題12 処分の取消しの訴え　訴えの利益の要件

行政事件訴訟の原告適格及び訴えの利益に関する記述のうち、判例に照らし、妥当なものはどれか。

1　文化財保護法は、史跡等の文化財の保存・活用を目的とするものであり、史跡指定された遺跡を研究の対象としてきた学術研究者は、当該遺跡の史跡指定解除処分の取消しを求める法律上の利益を有することから、当該学術研究者は指定解除処分の取消しを求める原告適格を有する。

2　新たに付与された定期航空運送事業免許に係る路線を航行する航空機の騒音によって社会通念上著しい障害を受けることとなる飛行場周辺住民に、当該免許の取消しを求める原告適格は認められない。

3　土地改良事業施行の認可処分の取消しを求める訴訟の係属中に、当該土地改良事業計画に係る工事及び換地処分がすべて完了したため、当該認可処分が取り消された場合に、事業施行地域を事業施行以前の原状に回復することが、社会的、経済的損失の観点からみて、社会通念上不可能であるとしても、そのような事情は行政事件訴訟法第31条の適用に関して考慮されるべき事柄であって、当該認可処分の取消しを求める原告の法律上の利益を消滅させるものではない。

4　自動車の運転免許効力停止処分の記載のある免許証を所持することは、警察官に当該処分の存した事実を覚知され、名誉、感情、信用等を損なう危険性が常時継続して存在することになり、その排除は法の保護に値するといえるから、運転免許効力停止期間が経過した場合であっても、当該処分を受けた者は当該処分について取消しを求める訴えの利益を有する。

5　原子炉設置許可処分の取消訴訟において、「核原料物質、核燃料物質及び原子炉の規制に関する法律」の規定は、周辺住民の個別的利益を保護するものではないから、設置が予定されている原子炉から約29キロないし58キロメートルの範囲に居住している住民には、原告適格は認められない。

解説

訴えの利益の判例を覚える

訴えの利益が認められるためには、次の2つの要件がある。

①当該処分の取消しを求めるにつき法律上の利益を有すること（原告適格） ②当該処分を取り消す実際上の必要性があること（狭義の訴えの利益）

①原告適格

この判断は、当該処分を定めた行政法規が、不特定多数者の具体的利益をもっぱら一般的公益の中に吸収解消させるにとどめたか、それが帰属する個々人の個別的利益としても保護すべきものとするかで決まる。

※例えば果汁0%の表示を「香料使用」という表示にすることに対する公正取引委員会の認可の制度については、消費者団体は**反射的利益を受ける**にすぎず、**消費者1人1人に対して法律が個別の利益を認めていない**として原告適格を否定した。

●選択肢のほかに覚えておきたい重要判例

○距離制限を伴う許可制が採用されている公衆浴場業の許可の無効確認を既存業者が求めた訴訟では既存業者に「法律上の利益」があるとした。

○競願関係において、免許処分と免許申請拒否処分が表裏一体のものとしてなされた場合には、拒否処分を受けた者は、競願者に対しての免許処分の取消しを争える。

○住居表示の変更の取消しを求めて争った住民には法律上の利益はない。

○近鉄特急料金改正認可処分に対して特急を利用している乗客の原告適格は否定された。

○森林法による保安林の指定が違法に解除され、それによって自己の権利を害された場合には、当該解除処分に対する取消しの訴えを提起する原告適格を有する。

○開発区域内の土地が崖崩れのおそれの多い土地等にあたる場合、崖崩れ等による被害が直接的に及ぶことが予想される範囲に居住する住民は、開発許可の取消しを求める原告適格を有する。

②狭義の訴えの利益

○建築確認の取消係属中に建築工事が完了した場合、建築確認の取消しを求める訴えの利益は失われる。

○森林法による保安林指定解除処分についての原告適格が認められるとしても、保安林に代替する代替施設が設置されたときは狭義の訴えの利益は失われる。

1-×　文化財の遺跡指定解除処分を争った学術研究者には原告適格はない。
2-×　新潟空港事件では原告適格を認めた。
3-○
4-×　名誉・感情などは取消訴訟によって回復すべき法律上の利益にあたらない。
5-×　当該法律は個別的利益を保護するとして選択肢のような場合も原告適格を認めた。

問題 12　正解 3

問題13 国家賠償法1条

国家賠償法に規定する公務員の公権力の行使に係る損害賠償責任に関する記述として、判例、通説に照らして、妥当なのはどれか。

1 代位責任説とは、国の賠償責任の性質について、公権力の行使として行われる公務の執行には違法な加害行為を伴う危険が内在しているので、この危険の発現である損害は、危険を引き受けた国が自ら責任を負うと解する説である。

2 国家賠償法で規定する公務員には、身分上の公務員である国家公務員又は地方公務員だけでなく、国又は地方公共団体から権力的な行政の権限を委任された民間人も含まれる。

3 国又は公共団体の公権力の行使にあたる公務員が、重大な過失によって違法に他人に損害を加えたときは、国又は公共団体はこれを賠償しなければならないが、国又は公共団体はその公務員に対して求償権を有しない。

4 最高裁判所の判例では、公権力の行使にあたる知事の職務行為に基づく損害については、公共団体が賠償の責に任ずるのではなく、知事が個人として、その責任を負担するものであるとした。

5 最高裁判所の判例では、国会議員は立法行為に関して、個別の国民の権利に対応した法的義務を負うものとし、在宅投票制度を廃止して復活しない立法行為は、選挙権の行使を妨げるため国家賠償法にいう違法な行為にあたるとした。

解説

要件を覚える

国家賠償法　第1条

> ①　国又は公共団体の公権力の行使にあたる公務員が、その職務を行うについて、故意又は過失によって違法に他人に損害を加えたときは、国又は公共団体が、これを賠償する責に任ずる。
> ②　前項の場合において、公務員に故意又は重大な過失があったときは、国又は公共団体は、その公務員に対して求償権を有する。

●国又は公共団体が賠償責任を負う場合の要件を押さえよう。

○公権力の行使…
行政行為や強制執行だけでなく、行政指導や公立学校教師の教育活動など、非権力的なものも含む。

○公務員…国会議員、裁判官も含む。

○職務を行うについて…
判例ではその行為が客観的に職務行為の外形を備えていればよいという外形標準説が採用されている。
→誰の目から見ても公務中であると思われる場合では、公務員の主観的意図は問われない。
警察官が非番の日に制服を着用して行った強盗事件では、外形上職務執行とみられる行為は「職務として行う」に該当するとされた。

●賠償責任は国又は公共団体が負い、公務員個人は直接被害者に対して賠償責任を負わない。

●違法行為を行った公務員に故意又は重大な過失がある場合、賠償した国又は公共団体は当該公務員に求償することができる。

1-×　自己責任説の内容。代位責任説は国の責任は公務員の責任を肩代わりしているとする。
2-○
3-×　故意又は重大な過失があったときは求償権を有する。
4-×
5-×　違法にはあたらないとした。外国にいる日本人の選挙権行使に関しての立法不作為を違法とした判例あり。

問題 13　正解 2

問題14 国家賠償法2条

国家賠償法に規定する公の営造物の設置管理の瑕疵(かし)に関する記述として、妥当なのはどれか。

1 国家賠償法という公の営造物とは、道路、公園のような人工公物のみをいい、河川、湖沼、海浜等の自然公物については、設置の観念があてはまらないため除外される。

2 国家賠償法にいう公の営造物の設置又は管理に該当するには、法律上の管理権又は所有権等の法律上の権限を有することが必要であり、事実上管理している状態はこれにあたらない。

3 最高裁判所の判例では、高知落石事件において、国家賠償法の営造物の設置又は管理の瑕疵とは、営造物が通常有すべき安全性を欠いていることをいい、これに基づく国及び公共団体の賠償責任については、その過失の存在を必要としないとした。

4 最高裁判所の判例では、奈良赤色灯事件において、国家賠償法の責任は無過失責任であるから、道路の安全性に欠陥があり、時間的に原状に復し道路を安全良好な状態に保つことが不可能であったとしても、道路管理に瑕疵があるものとした。

5 最高裁判所の判例では、大東水害事件において、未改修河川の管理の瑕疵の有無については、河川管理の特質に由来する財政的、技術的及び社会的諸制約の下でも、過渡的な安全性ではなく、通常予測される災害に対応する安全性を備えていると認められるかどうかを基準として判断すべきであるとした。

解説

判例による3要件。道路と川を押さえる

国家賠償法　第2条

> ①　道路、河川その他の公の営造物の設置又は管理に瑕疵があったために他人に損害を生じたときは、国又は公共団体は、これを賠償する責に任ずる。
> ②　前項の場合において、他に損害の原因について責に任ずべき者があるときは、国又は公共団体は、これに対して求償権を有する。

●**判例による要件**

①営造物の設置又は管理の瑕疵とは、**通常の安全性**に欠けること。
②これに基づく国及び自治体の賠償責任については、**無過失責任**である。
③**予算の抗弁**（例：予算がないため瑕疵を修繕できない）は免責事由にならない。

●**道路**…道路管理の瑕疵は、事故発生地点に局限せず、道路全般を見て判断。
大型貨物が長時間道路に放置され事故が起きたとき
→道路管理に瑕疵があるといえる。
道路の騒音が住民に精神的苦痛を与えている場合→賠償対象になりうる。

●**河川**…未改修河川の場合→原則的に過渡的安全性で足りる。
改修完了河川の場合
→行政計画に基づき予測される災害を防止するに足る安全性が求められる。

1-×　河川なども含まれる。
2-×　事実上の管理も含まれる。
3-○
4-×　無過失責任といっても不可能を強いるものではない。本件の場合は道路の管理に瑕疵はないとされた。
5-×　過渡的安全性で判断する。

問題14　正解 3

問題15 情報公開法

行政機関の有する情報の公開に関する法律(以下「情報公開法」)に関するア～オの記述のうち、妥当なもののみをすべて挙げているのはどれか。

1　情報公開法は、開示請求者に対して開示請求の理由や目的の記載を求めている。

2　情報公開法において請求を受けた行政機関は、請求時点において保有していない行政文書は開示請求に応ずるためにあらたに作成する必要がある。

3　情報公開法第5条各号に規定する不開示情報は、不開示にすることが私人の権利利益の保護のために必要なものであるから、行政機関の長は、開示請求に係る行政文書に不開示情報が記録されている場合にはいっさい開示は許されない。

4　情報公開法において開示請求の対象となるのは、行政機関の職員が組織的に用いる行政文書であり、少なくとも、供覧、決裁という事案処理手続きを経ていることがその要件である。

5　情報公開・個人情報保護審査会は、開示請求の対象となっている行政文書を諮問庁に提示させ、実際に当該行政文書を見分して審理するいわゆるインカメラ審理の権限を有しており、情報公開・個人情報保護審査会から当該行政文書の提示を求められた場合には、諮問庁は拒否することができない。

問題16 行政庁の権限の委任

行政法学上の行政庁の権限の委任に関する記述として、妥当なのはどれか。

1　権限の委任とは、自己に与えられた権限の全部又は主要な部分を他の機関に委任して行わせることをいう。

2　権限の委任は、法律上定められた処分権者を変更するものであるから、法律の根拠が必要である。

3　権限の委任を受けた受任者は、民法上の委任とは異なり、代理権の付与を伴わないため、当該権限の行使を委任者の名で行う。

4　行政不服審査法に基づく再調査の請求を行う場合には、権限の委任が行われていれば、委任者に対して行わなければならない。

5　権限の委任が上級機関から下級機関に対して行われたときは、権限が委譲されるため、委任者は、受任者に対して指揮監督権を有することはない。

解説

開示請求できる文書の条件を押さえる

●**情報公開法**…

国民主権の理念にのっとり、行政文書の開示を請求する権利につき定めること等により、行政機関の保有する情報の一層の公開を図り、もって政府の有するその諸活動を国民に説明する責務がまっとうされるようにするとともに、国民の的確な理解と批判の下にある公正で民主的な行政の推進に資することを目的とする。

●**行政文書とは**…

①行政機関の職員が職務上作成・取得した文書・図画・電磁的記録であって、
②行政機関の職員が組織的に用いるものとして、
③行政機関が保有しているもの。
※決裁・供覧された文書である必要はない。

行政機関の長は、開示請求があったときは、不開示情報が記録されている場合を除き、開示請求者に対し、当該行政文書を開示しなければならない。

1-× 請求目的は問わない。
2-× 請求時点で保有している文書が対象である。
3-× 公益上特に必要があると認めるときは行政機関の裁量で開示することができる。
4-× **5-○**

問題 15 正解 5

解説

権限の代理と権限の委任の違い

●権限の代理…法定代理と授権代理がある。
授権代理は法律の根拠は不要。あくまで代理なので顕名が必要であり、代理行為は本人である行政庁に効果は帰属する。
代理の範囲は法定代理では法律で決められ、授権代理では授権行為で決められる。

●権限の委任…権限が委譲され、委任を受けた行政庁はその処分を自己の行為として行う。
権限の委任は法律上定められた処分権者を変更するものであるから、法律より下位の法形式で行うことはできず、法律の根拠が必要である。

1-× 権限の全部を委任することは許されない。
2-○ **3-×** 受任者の名で行う。
4-× 再調査の請求は受任者に対して行う。
5-× 権限の委任の場合権限が委譲されるから委任機関は受任機関に対して指揮監督権を有しないが、上級機関としての指揮監督権は残る。

問題 16 正解 2

民　法

問題 1 能力①

民法上権利能力を有しないものはどれか。

1　社団法人

2　未成年者

3　胎児

4　財団法人

5　株式会社

問題 2 能力②

民法に規定する制限行為能力者に関する記述として、通説に照らして、妥当なのはどれか。

1　未成年者が法律行為をするには、必ずその法定代理人の同意を得なければならないが、同意を得ないで行った法律行為をあとで取り消すことはできない。

2　成年後見人の同意を得て行った成年被後見人の法律行為は、取り消すことができないが、日用品の購入その他日常生活に関する行為については、取り消すことができる。

3　保佐人の同意を得なければならない行為について、保佐人が被保佐人の利益を害するおそれがないにもかかわらず同意をしないときは、家庭裁判所は、被保佐人の請求により、保佐人の同意に代わる許可を与えることができる。

4　家庭裁判所は、被補助人の補助開始の審判を、本人、配偶者、四親等内の親族等の請求によりすることができるが、本人以外の者の請求により補助開始の審判をする場合に、本人の同意を得る必要はない。

5　制限行為能力者が行為能力者であることを信じさせるため詐術を用いたときは、その行為は当然に無効となる。

解説

権利能力と行為能力の違いを押さえる

〈能力の類型〉

●権利能力…**権利の主体となりうる資格。**「人」であれば権利能力を有する。人には自然人のほか法人を含む。

権利能力がないものは民法上、契約を結んだり、権利を取得したりしえない。権利能力がない場合は契約は無効になる。※例…胎児など。

●行為能力…**単独で有効に法律行為をなしうる資格。**

権利能力があっても、判断能力が不十分な人に単独で契約を結ばせると、損をしやすい。

そこで、行為能力がない人を制限行為能力者とし、4つに類型化した（次問参照）。

→制限行為能力者が単独で行った行為は取り消しうる。ただし詐術を用いたとき（相手をだましたとき）は取り消しえない（21条）。

1-× 法人は権利能力を有する。
2-× 未成年者も「人」である以上権利能力を有する。
3-○
4-× 1と同様。
5-× 株式会社も法人ゆえ権利能力を有する。

問題 1 正解 3

解説

制限行為能力者の4類型を押さえる

未成年者	満18歳未満の者。 一部の例外を除き法律行為には親権者の同意が必要で、同意のない行為は取消し可（5条）。 ※2022年4月から成人年齢が20歳から18歳に引き下げ。
成年被後見人	精神上の障害により事理弁識能力を欠くもの。心神喪失者。 日用品の購入や身分行為といった例外を除き、同意があっても単独で法律行為ができない。成年被後見人の行為は常に取消し可（9条）。
被保佐人	精神上の障害により事理弁識能力が著しく不十分な精神耗弱者。 原則、単独で法律行為ができるが、民法13条が定める所定の行為をなすには保佐人の同意が必要。同意のない行為は取消し可（13条）。
被補助人	精神上の障害により事理弁識能力が不十分なもの（15条、17条）

1-× 同意のない行為は取消し可。
2-× 3-○ 13条3項。この選択肢を暗記しておくとよい。
4-× 17条。本人の同意が必要。
5-× 21条。詐術を用いたときは取消し不可となる。

問題 2 正解 3

問題 3 意思表示

民法上の意思表示に関する次の記述のうち、妥当なものはどれか。

1 現代社会にあっては、取引の安全が優先されるから、法律行為に錯誤があっても、取り消し得ない。

2 表意者が、真意でないことを知りながら意思表示をした場合、相手方がこれを知っていたとしても、表意者を保護する必要はないから意思表示は有効である。

3 相手方と通じてした虚偽の意思表示は、当事者間においては有効であるが、善意の第三者に対して有効を主張することはできない。

4 詐欺による意思表示は、意思形成過程に瑕疵があるから無効である。

5 強迫による意思表示は、瑕疵ある意思表示であるから取り消すことができる。

問題 4 代理

民法に規定する代理に関する記述として、通説に照らして、妥当なのはどれか。

1 他人の代理人として契約をした者が、自己の代理権を証明できず、かつ、本人の追認をえられず、相手方の選択に従い履行又は損害賠償の責任を負う場合、この責任は、他人の代理人として契約した者の過失の有無を問わずに生じる。

2 権限の定めのない代理人は、代理の目的である物又は権利の性質を変えない範囲において、その利用を目的とする行為についての権限は有するが、改良を目的とする行為についての権限は有しない。

3 代理権は、本人と代理人との間に本人の意思による代理権授与行為があった場合にのみ生じるので、本人から代理権を授与されていない者が代理人として行った行為は、すべて無権代理となる。

4 無権代理人と契約をした、締結した相手方は、本人に対し相当の期間を定めて、その期間内に追認をするかどうかを確答すべき旨の催告をすることができるが、本人がその期間内に確答しないときは、追認したものとみなす。

5 第三者に対して他人に代理権を与えた旨を表示した者は、その代理権の範囲でその他人が第三者との間でした行為については、第三者が、その他人が代理権を与えられていないことについて、善意・無過失でなくてもその責任を負う。

解説

意思表示の瑕疵の5類型の要件・効果を覚える

意思表示の瑕疵の5類型

心裡留保	単独で故意に意思と異なる内容の表示をすること。	心裡留保による意思表示は原則有効。相手方が悪意（知っていること）・有過失の場合は無効となる（93条）。但し、善意の第三者に無効を対抗できない
通謀虚偽表示	2人が通謀して故意に意思と異なる内容の表示をすること。	通謀虚偽表示による意思表示は原則無効。第三者が善意の場合は有効となる（94条）。
錯誤	過失により意思と異なる内容の表示をすること。	錯誤による意思表示は重要なものに限り取り消しうる。表意者が重過失の場合は取り消しえない（95条）。
詐欺	だまされて意思表示をすること。	詐欺による意思表示は原則取り消しうる。第三者が善意・無過失の場合は有効となる（96条）。
強迫	脅されて意思表示をすること。	強迫による意思表示は常に取り消しうる（96条）。

1-×　錯誤が重要なものであれば取り消しうる。
2-×　相手方が知っている場合には、無効。
3-×　当事者間では無効だが、善意の第三者には無効主張できない。
4-×　取り消しうるが無効ではない。　5-○

問題 3　正解 5

解説

無権代理の効果を押さえる

- 代理…法律又は本人の授権により、本人に対して効果が帰属する契約を代理人が本人に代わって行う行為（99条）。
- 代理の要件

①顕名（本人の名を示すこと）の存在。
②代理権の存在が必要であり、これらの要件を欠く代理行為は**無権代理行為**となる（113条）。

- 無権代理行為でも、本人が追認するか、表見代理※が成立すれば本人に効果が帰属する。
- 無権代理人に行為能力が認められる場合、契約の相手方は善意・無過失であれば無権代理人に履行責任又は損害賠償責任を追及できる（117条）。

※**表見代理**…代理権があるかのような外観が存在し、相手方がそれを善意・無過失で信じた場合、有権代理と同様の効果を生じさせる制度。

1-○　無過失でも責任を負う。　2-×　103条。改良の権限も有する。
3-×　法律で代理権が定められている場合あり。
4-×　追認拒絶とみなす（114条）。
5-×　第三者が悪意・有過失の場合は表見代理不成立（109条）。

問題 4　正解 1

民法

問題 5 物権変動①

民法に規定する物権に関する記述として、通説に照らして、妥当なのはどれか。

1 契約自由の原則から、物権は民法その他の法律に定めるもののほか、契約によって自由に創設することができるが、物権法定主義により、物権の内容を民法その他の法律に定められているものとは違ったものとすることはできない。

2 物権と債権とは同等であるから、同一物につき物権と債権が併存する場合には、先に成立したものが優先する。

3 民法上の物権を分類すると、自分の物に対する物権である所有権と他人の物に対する物権である制限物権に分けられるが、制限物権のうち他人の物を利用する用益物権には、占有権、永小作権及び地役権が含まれる。

4 物権は絶対的・排他的な支配権であるが、物権と債権が衝突するときに、債権が物権に優先する場合がある。

5 物権変動の効力が生ずるには当事者の意思表示のみでは足らず、さらに登記、引渡しが必要である。

問題 6 物権変動②

甲と乙は、乙所有の土地について売買契約を締結したが、所有権移転登記を済ませていない。この場合の法律関係に関する以下の1から5の記述の中で、判例・通説に照らし妥当なものはどれか。

1 甲が土地を買い受けたことを知っているXが、乙から同じ土地を買い受ける契約をした場合、甲は、登記がなくてもXに所有権を主張することができる。

2 この土地について乙と賃貸借契約を締結して自己名義の建物登記を有する丙がいる場合、甲は、登記がなくても丙に対して賃料を請求することができる。

3 甲がこの土地を買い受けたとき、すでにこの土地につき取得時効が完成したYがいる場合、Yは登記がなければ甲に所有権を主張することができない。

4 乙が死亡して丁がこの土地を相続した場合、甲が売買代金を支払っていないときは、甲は、相続人丁に対して登記がなければ所有権を対抗できない。

5 無権限でこの土地に建物を建てて住んでいる戊がいる場合、甲は、登記がなければ戊に建物収去・土地明渡請求をすることができない。

解説

物権の意義、性質を押さえる

●**物権**…物を排他的に支配して利益を享受しうる権利。物に対する完全な支配権(使用・収益・処分権能をもつ)である所有権のほか、権能が一部に制限されている制限物権、物を事実上支配することから生じる占有権がある。

・物権法定主義…物権は万人に対して主張できる**絶対性**を有するため、法律で定められたものに限られ、契約によって物権を自由に創設することは認められていない(175条)。

・物権は債権に対して原則的に優先的効力が認められている(不動産賃借権等の例外あり)。

・これに対して物権同士が衝突した場合、対抗問題となり、対抗要件(不動産の場合は登記、動産は引渡し)により優劣を決することになる(177、178条)。

1-×
2-× 物権が優先する。
3-× 占有権は用益物権には含まれない。
4-○ 不動産賃借権等がある。
5-× 意思表示のみで足りる。詳しくは問題6参照。

問題 5 正解 4

解説

不動産物権変動における登記の役割を押さえる

●意思主義

・民法は、所有権移転のために必要な行為は意思表示のみで足りるという意思主義を採用している(176条)。

・売買契約時の意思表示により所有権は移転するが、取得した不動産の所有権を契約当事者以外の第三者に対抗するためには登記が必要である(177条)。

・売主が不動産を二重譲渡した場合には、買主のうちどちらに登記があるかにより優劣を決する(対抗問題)。このとき、あとで買った買主が先の売買について知っていた(悪意)でも構わないが、悪質な背信的悪意者※は登記があっても勝つことはできない。

※背信的悪意者…相手方を害する目的を有する等、信義に反する悪意者をいう。

1-× 単なる悪意者に対抗するには登記が必要。
2-× 賃料請求には登記が必要。
3-○ 時効取得後は登記が必要。
4-× 甲と相続人丁は当事者なので登記は不要。
5-× 不法占拠者に対しては登記不要。

問題 6 正解 3

問題 7 占有権

占有権に関する次の記述のうち、妥当なものはどれか。ただし、争いのあるものは判例の見解による。

1　占有権は、物の事実的支配に基づいて認められる権利であるから、被相続人の支配の中にあった物であっても、相続人が実際に物を支配していなければ、占有権は相続の対象とはならない。

2　占有者が占有を妨害されたときは、占有保持の訴えにより、妨害の停止を請求することはできるが、損害の賠償を請求することはできない。

3　占有者が占有を妨害されるおそれがあるときは、占有保全の訴えにより、妨害の予防又は損害の賠償を請求することができる。

4　占有者が占有を奪われたときは、占有回収の訴えにより、損害の賠償を請求することができるが、悪意の占有者は占有回収の訴えを提起することはできない。

5　相手から占有の訴えを提起された場合、被告が本権を理由とする防御方法を主張することは許されないが、被告が本権に基づいて反訴を提起することは許される。

問題 8 所有権

民法に定める共有に関する記述として、妥当なのはどれか。

1　共有者の1人が持分を放棄した場合、その持分は他の共有者に帰属し、共有者の1人が相続人なくして死亡した場合も、最高裁判所は、特別縁故者の有無にかかわらず、死亡した者の持分が他の共有者に直ちに帰属するとした。

2　共有物の管理に関する事項は、共有物の変更の場合を除いて、共有者総数の過半数で決定し、共有物の管理の費用は、各共有者が持分に応じて負担する。

3　各共有者は、他の共有者全員の同意をえない限り共有物の分割を請求することはできないが、特別の事情があれば分割請求の訴えを裁判所に提起することができる。

4　各共有者は、他の共有者に対し単独で持分権を主張することができるが、第三者に対しては、共有者全員で持分権の主張を行わなければならない。

5　共有物を裁判によって分割する場合は、現物分割が原則であるが、最高裁判所は、特段の事情があるときには、共有者の1人が単独所有し他の共有者は持分の価格の賠償を受ける方法によることが許されるとした。

解説

3つの占有訴権の内容を押さえる

物を事実上支配している占有権者は、占有権を侵害されたとき、占有訴権を行使しうる。

占有権の種類	内　容	行使期間(201条)
占有回収の訴え(200条)	占有を侵奪された場合に、返還＋損害賠償を求める	侵奪時から1年以内
占有保持の訴え(198条)	侵奪以外の占有妨害に対し、停止＋損害賠償を求める	妨害の存する間又は妨害の止(や)んだあとの1年以内
占有保全の訴え(199条)	占有妨害のおそれがある場合に、予防又は損害賠償の担保を求める	妨害の危険の存する間

1-× 判例・通説によれば占有権は相続の対象となる。
2-× 賠償も請求できる。
3-× 予防または損害賠償の担保を請求できるが、賠償は請求できない。
4-× 悪意の占有者でも損賠請求可。
5-○ 判例の立場である。

問題 7　正解 5

解説

共有物の利用と決まりを覚える

《共有物の持分権(持分について)》各共有者は持分に応じて物の全体を使用可能(249条)。
①単独で持分の処分可。
②単独で持分権の確認請求、侵害者への損害賠償請求可。
③持分について管理費用負担。
④いつでも分割請求可(256条)。

《共有物の利用・管理(共有物全体について)》
①保存行為(修繕、全体についての妨害排除請求、返還請求) → 単独で可(252条但書)。
②利用・改良行為(賃貸、賃貸契約の解除) → 持分過半数の合意で可(252条)。
③変更行為(売却、売買契約の解除、改造) → 全員の合意で可(251条)。

1-× 他の共有者より特別縁故者が優先する。
2-× 共有者総数ではなく持分過半数の合意で足りる。
3-× 分割の請求はいつでもできる。
4-× 第三者に対しても単独で可。
5-○ この選択肢を暗記するとよい。

問題 8　正解 5

問題 9 担保物権①

留置権、先取特権、質権及び抵当権に共通する性質に関する次の1から5のうち、正しいものはどれか。

1　これらの担保物権は価値権であるから、目的物が担保権者の占有下にある場合であっても、担保権者は目的物の使用収益権を有しない。

2　これらの担保物権は不可分性を有するから、被担保債権が弁済により減縮しても、担保権者は目的物の全部について権利を行使することができる。

3　これらの担保物権は優先弁済権を有するから、目的物が競売されたときは、担保権者は他の債権者に優先して弁済を受けることができる。

4　これらの担保物権は物上代位性を有するから、担保目的物の価値変形物に対しても権利を行使しうる。

5　これらの担保物権は附従性を有するから、目的物が第三者に譲渡された場合であっても、被担保債権から独立して消滅時効にかかることはないというのが判例である。

問題 10 担保物権②

Aは、Bから100万円借りる際の担保として、A所有の宝石に質権を設定した。これに関する次の記述のうち、妥当なものはどれか。

1　AB間の質権設定には、質権設定の合意のほか引渡しがあればよいから、引渡しの方法は占有改定でもよい。

2　Bがこの宝石を任意にAに渡した場合、質権は消滅しないと解することに異論はない。

3　BがAの承諾を受けずにこの宝石を転質した場合、Bは不可抗力による損失についての責任までは負担しない。

4　BがAの承諾を受けてこの宝石を転質した場合、Bは不可抗力による損失についての責任まで負担する。

5　Bがうっかりこの宝石を遺失した場合、Bは、宝石の拾得者Dに対して質権に基づく返還請求権を行使することはできない。

解説

担保物権の効力と性質を覚える

●担保物権…債務者又は第三者の所有物につき、債権の履行確保のために、債権者が優先的に権利を行使しうる権利。

●担保物権の効力

①優先弁済的効力(一般債権者に優先して弁済を受けられる)

②留置的効力(担保目的物を留置して間接的に弁済を促す)

●担保物権の性質

③附従性(債権がなければ担保も存在しえない)

④随伴性(被担保債権の移転に伴い担保も移転する)

⑤不可分性(債権全部の弁済を受けるまで目的物全部につき権利行使可)

⑥物上代位性(担保目的物の価値変形物に対しても権利行使可)

留置権には②③④⑤が認められる	**先取特権**には①③④⑤⑥が認められる
質権には①～⑥すべてが認められる	**抵当権**には①③④⑤⑥が認められる

1-× 不動産質権者には使用収益権がある。
2-○ 3-× 留置権には優先弁済的効力はない。
4-× 留置権には物上代位性がない。 5-× 附従性とは関係がない。

問題 9 正解 2

解説

質権の仕組みを押さえる

●質権…担保目的物の占有を債権者に移転し、弁済がない場合に、債権者がその物を処分して優先的に弁済を受けうる権利である(342条)。

●**質権の成立要件**…目的物の引渡である(344条。ただし、占有改定は含まない)。

●**第三者に対する質権の対抗要件**…
動産質の場合は占有の継続であり、不動産質の場合は登記である。

●対抗力喪失説…
判例によると、占有の取得は、**質権の成立要件であって存続要件ではない**ので動産質の占有を失った場合にも対抗力が喪失するにすぎない。

→その場合、質権者は、質権設定者に対しては質権に基づく返還請求ができるが、第三者に対しては占有回収の訴えにより占有を回復するしかない。

●転質(てんしち)…質権を持つ者が、さらに質物を他の債権者に質入れすること。
質権者(問題文のB)は転質権を設定できる。Aの承諾を得た場合を承諾転質。
承諾を得ず、自己責任で設定した場合を責任転質という。

1-× 2-× 判例は対抗力喪失説をとるが学説上、質権消滅説と対立あり。
3-× 責任転質という。不可抗力での損失についても負担する。
4-× 承諾転質という。不可抗力での損失について責任を負担しない。 5-○

問題 10 正解 5

問題 11 売買

民法に規定する売買に関する記述として、妥当なのはどれか。

1 売買は債権行為であるので、売主に所有権がない物であっても売買することができるが、契約が成立すると売主は所有権を取得して買主に移転する義務を負うため、売主が買主に所有権を移転できない場合は、売買が無効になる。

2 買主が売主に解約手付を交付した場合、当事者の一方が契約の履行に着手しても契約の履行を完了するまでは、買主はその手付を放棄し、売主はその倍額を償還して契約の解除ができる。

3 契約時に売買の対象たる権利が売主に属さないことを知っていた買主は、契約の解除ができない。

4 一方の当事者が予約完結権を有する予約は、その行使により本契約たる売買の効力を生じさせるので、一方の当事者の相手方に対する予約完結の意思表示とともに、改めて相手方の承諾がなければ、本契約たる売買は成立しない。

5 数量を指示して売買した物が不足していた場合又は物の一部が契約締結前に滅失していた場合、買主は、その事実を知っていたか否かを問わず、その不足する部分や滅失した部分の割合に応じて、代金の減額を請求することができる。

問題 12 賃貸借

民法に規定する賃貸借に関する記述として、妥当なのはどれか。

1 最高裁判所の判例では、家屋賃貸借契約の終了後、明渡し前にその所有権が他に移転された場合には、敷金に関する権利義務の関係は、新所有者と旧所有者の合意のみによって、新所有者に承継されるとした。

2 最高裁判所の判例では、建物の賃借人が有益費を支出した後、建物の所有権譲渡により賃貸人が交替したときは、特段の事情のない限り、新賃貸人において旧賃貸人の権利義務一切を承継するため、新賃貸人は、当該有益費の償還義務を負うものとした。

3 最高裁判所の判例では、賃借人が賃貸人の承諾なく第三者をして賃借物の使用又は収益をなさしめた場合、賃借人の当該行為を賃貸人に対する背信的行為と認めるに足らない特段の事情があるときにおいても、賃貸人は契約の解除をすることができるとした。

4 当事者が建物の賃貸借の期間を定めなかったときは、賃借人の側からは、いつでも解約の申入れをすることができるため、賃借人から解約の申入れがあった場合、賃貸借契約は直ちに終了する。

5 賃貸借契約は、有償・双務・要物契約であるとともに、継続的契約の一つの典型である。

解説

売買で起きる契約不適合事例の処理を覚える

●追完請求権…
引き渡された目的物が、種類、品質又は数量に関して契約の内容に適合しない場合、買主には、目的物の修補、代替物又は不足分の引渡しによる追完請求権が認められる(562条)。ただし買主に帰責性がある場合には追完請求はできない(同条2項)。

●代金減額請求権…
引き渡された目的物が契約の内容に適合しない場合、買主は相当期間を定めて履行の追完を催告し、その期間内に追完がないときは代金の減額を請求できる(563条1項)。一方、①履行の追完が不能であるときや②売主が追完を拒絶する意思を明確にした場合等には、無催告で代金の減額を求めることができる(同条2項)。

●損害賠償請求・解除…
買主は債務不履行に基づく損害賠償請求・解除ができる(564条)。

1-× 他人物売買も有効。
2-× 契約の履行に「着手」するまで解除できる(557条)。
3-× 買主の善意は要件とされていない(564条)。
4-× 相手方の承諾は不要(556条)。
5-○ 563条。

問題 11 正解 5

解説

賃貸借契約の当事者が交代する場合を押さえる

●賃貸人の地位の移転…
賃借権が対抗要件を備えていれば、賃貸不動産の譲渡とともに、不動産**賃貸人の地位も譲受人に当然に移転**する(605条の2第1項)。ただし、譲渡人と譲受人の間で賃貸人たる地位を譲渡人に留保する合意をすることができる(同条2項前段)。

●敷金…
賃料債務等を担保する目的で賃借人が賃貸人に交付する金銭をいう。
賃貸人は、**①賃貸借が終了し、かつ、賃貸物の返還を受けたとき**又は、**②賃貸人が適法に賃借権を譲り渡したとき**に、受け取った敷金の額から賃貸借に基づいて生じた賃借人の賃貸人に対する金銭の給付を目的とする債務の額を控除した残額を、賃借人に返還しなければならない(622条の2)。

1-× 契約終了後に所有権が移転した場合には、敷金は旧所有者に対して請求する。
2-○
3-× 背信的行為と認めるに足らない特段の事情がある時は契約の解除ができない。
4-× 申入れから3カ月が経った時点で終了(617条)。
5-× 賃貸借契約は要物契約ではなく諾成契約(601条)。

問題 12 正解 2

民法

問題 13 危険負担

危険負担に関する次の記述のうち、妥当なものはどれか。

1 Aは、BにAの所有する別荘を売却したが、当該別荘は、その直前に類焼により焼失していた。この場合、Bは売買契約を解除することができる。

2 AがBに対して、中古車1台を売却する旨の契約を締結し、BがAの店に引取りに行く日時を定めていたが、Bが約定の日時に引取りに行かなかったところ、その後、Aの店は放火にあい、保管されていた自動車とともに焼失した。この場合、Bの売買代金支払義務は存続する。

3 Aが、Bに対して、A所有の建物を売却したが、自己の責めに帰すべき事由により約定の日に所有権移転登記手続きと引渡しをしなかったところ、地震により建物が倒壊してしまった。この場合、Bの売買代金の支払義務は当然に消滅する。

4 歌手AがB劇場との間で出演契約を締結していたが、不可抗力によって公演日のAの出演が不可能となった場合、Aは出演義務を免れるが、報酬請求権は失わない。

5 AがBに対して、新車1台を売却する旨の契約を締結し、BがAの店に引取りに行く約束になっていた。Aは約束の日の前日に、Bに引き渡すべき新車を他から分離して準備を整え、Bにもその旨連絡したが、その日の深夜にAの店は放火にあい、Bに引き渡すべき新車も焼失した。この場合、Bの売買代金支払義務は消滅しない。

問題 14 弁済

弁済に関する次の記述のうち、妥当なものはどれか。

1 判例によると、債務者が賃料の支払いをなすにあたり債権者の受領拒絶が明らかな場合であっても、債務者は弁済の提供をしなければ債務不履行の責を免れることはできない。

2 判例によると、預金者以外の者が無断で預金証書と印章を持ち出し、預金者と偽って銀行から預金の払戻しを受けた場合、銀行の過失の有無にかかわらず、その払戻しは無効である。

3 判例によると、借地上の建物の賃借人はその敷地の賃貸借については直接の当事者ではないので、その敷地の地代について、敷地の賃借人の意思に反して弁済することはできない。

4 民法は弁済の充当の方法について定めているので、当事者は弁済するに際して、合意によって民法と異なる充当をすることはできない。

5 判例によると、金銭債務の弁済のため、取引きにおいて通常現金と同様に取り扱われている銀行の自己宛振出小切手を提供した場合は、特別の事情のない限り、債務の本旨に従った弁済の提供があったと認められる。

解説

危険負担の債務者主義と債権者主義の違いを押さえる

- 危険負担…**双務契約締結後**、一方の債務が債務者の**帰責事由なし**に履行不能となった場合に、他方の債務もまた消滅するかという問題。
- ・例：建物の売買契約を締結したあと、建物が落雷のため焼失したときは、売主の負う建物引渡債務は消滅するが、買主の代金債務はどうなるかという問題。
- 民法は公平の観点から、他方の債務も消滅させる債務者主義を原則とする(536条1項)。
- 例外的に以下の場合には、他方の債務が存続する(債権者主義)。
  履行不能につき債権者の責に帰すべき事由のある場合(536条2項)

1-× 契約締結前に焼失しているため、当該契約は無効。
2-○
3-× Aに(帰責事由があるため)債務不履行責任が認められ、危険負担の問題にならない。
4-× 5-×

問題 13 正解 2

解説

第三者弁済の要件を押さえる

- 弁済…債権の内容を履行して債権を消滅させること。
- 弁済の提供方法

原則：現実の提供
例外：以下の場合は、口頭の提供で足りる(493条)。
①債権者が受領をあらかじめ拒否したとき
②債務の履行につき債権者の行為を要する場合

第三者による弁済も、下表のように一定の条件下で認められる。

第三者弁済(474条)	弁済の条件	第三者の例
正当な利益を有する第三者 ＝債務者が弁済しないと法律上不利益を被るもの	債務者の意思に反しても可能 ただし、債務の性質上許されない場合、当事者が禁止・制限した場合を除く	物上保証人 抵当不動産の第三取得者
正当な利益を有しない第三者	債務者の意思に反する場合は不可 但し意思に反することを債権者が知らなかったときを除く	債務者の親族、友人

1-× この場合は口頭の提供も不要。
2-× 無過失が必要。 3-×
4-× 法定充当は当事者の合意のない場合に適用(任意規定)。
5-○

問題 14 正解 5

問題 15 相殺

相殺に関する以下の記述のうち、民法上、妥当なものはどれか。

1 自働債権が時効によって消滅した場合は、消滅前に相殺適状にあったとしても相殺することができない。

2 債権者及び債務者は相殺することを禁止する特約を締結できない。

3 自働債権が弁済期に達したとき以後に相殺の意思表示があった場合は、その相殺の意思表示の時点において相殺の効力が生じる。

4 相殺とは、債務者が債権者に対して同種の債権を有する場合に、その債権と債務を対当額において消滅させる意思表示をいう。

5 受働債権は弁済期に達していないと相殺することができないが、自働債権は弁済期に達していなくても相殺することができる。

解説

相殺が禁止されるケースを覚える

●相殺…相互の債権を一方の意思表示により消滅させる制度。
●**相殺の要件**…①相互の債務が同種で、
②双方の債務が弁済期にあること(相殺適状)(505条)。
※自働債権…自己(相殺する側)が有する債権。受働債権はその逆。

相殺禁止の類型	場面	例外
当事者の意思表示	相殺禁止特約付債権	善意・無重過失の第三者に対抗不可(505条2項但書)
債権の性質	自働債権に抗弁権が付着	受働債権に付着している場合には可
政策上禁止	❶悪意の不法行為及び生命・身体侵害による損害賠償請求権が受働債権(509条) ❷差押禁止債権が受働債権	自働債権としてなら可
	❸支払差止めを受けた債権の相殺	受働債権差押前に自働債権を取得したときは可

1-× 508条。
2-× 505条2項。
3-× 相殺の効力は相殺適状時に遡る(506条2項)。
4-○
5-× 説明が逆(136条2項)。

問題 15 正解 4

問題16 連帯債務・保証債務

連帯債務及び保証債務に関する次の記述のうち、妥当なものはどれか。

1 保証債務は主たる債務を担保することに意義があるから、保証債務の金額が主たる債務の金額を下回ることは許されない。

2 保証債務は主たる債務に対して補充性を有することから、保証人及び連帯保証人は、債権者からの請求に対して、まず主たる債務者に催告すべき旨の請求をする権利(催告の抗弁権)を有する。

3 保証契約締結当時、主たる債務者が制限能力者であることを知っていた保証人は、主たる債務が制限能力を理由に取り消されたときは同一内容の独立の債務を負担したものと推定される。

4 1個の契約により成立した連帯債務の債務者の1人について無効又は取消しの原因があった場合には、他の債務者も当該原因に基づいて自己の債務の無効を主張し又はこれを取り消すことができる。

5 連帯債務における各債務者は主従の関係にないことから、債権者は債務者全員に対して請求を行う場合には、同時に請求しなければならない。

解説

連帯債務、保証債務の絶対効事由を暗記する

●連帯債務…数個の独立した債務を、数人の債務者が独立して全部の履行義務を負い、1人が履行すれば総債務者の債務が消滅する場合をいう。

内部的には、各債務者に**負担部分**(通常は平等割合)があり、これを超えて弁済した場合は他の連帯債務者に求償することができる(442条)。

対外的効力	債権者は、どの連帯債務者に対しても全部又は一部の履行を求めることができる(432条)。
絶対効事由	1人に生じた事由の効力は、原則として他の連帯債務者に影響しない(相対効)。しかし、債務自体を絶対的に消滅させる行為等は**絶対効**を有し、また、1人に対して**更改**(438条)や**相殺**(439条)、**混同**(440条)が行われた場合にも、他の連帯債務者は債務を免れる。

●保証債務…主たる債務者が債務を履行しない場合に、保証人が代わって履行する義務を負う場合。

保証債務には以下の性質がある。

・附従性…主たる債務が消滅すれば保証債務も消滅し、主たる債務より重い債務を負うことはない(448条)。

・随伴性…主たる債務が移転すれば、保証債務も移転する。

・補充性…保証人は主債務者が債務を履行しない場合に限り、履行の責めを負う(446条)。

対外的効力	保証債務は担保であるから、保証人は債権者に対して、 まず主たる債務者に催告せよという抗弁(催告の抗弁権、452条)と、まず主たる債務者の財産から執行せよという抗弁(検索の抗弁権、453条)を有する。 ただし、主たる債務者と連帯して債務を保証した連帯保証人には、補充性がないため**抗弁権**がない。
絶対効事由	主債務者に生じた事由は、すべて保証人に対し効力を生ずる(457条)。これに対し、保証人に生じた事由は、主たる債務を消滅させる行為以外は**相対効**である。 連帯保証では、連帯債務と同様となる(458条)。
求償関係	保証人は弁済した全額につき主債務者に求償できる。

1-×　**2-×**　**3-○**　(449条)。
4-×　連帯債務者の1人に生じた無効・取消原因は他の債務者に影響しない(437条)。
5-×　同時でなくてよい。

問題 16　正解 3

民法

問題17 不法行為

法で定める不法行為に関する次の記述のうち、判例に照らし、妥当なものはどれか。

1 過失により一時的に自己の行為の責任を弁識する能力を欠く状態になった者が他人に加えた損害は、責任能力のない状態でなされた行為によるものであるから、その不法行為者に対して責任を問うことはできない。

2 請負人が注文者の過失ある指示によって第三者に与えた損害は、請負人が注文者から一応独立して業務を実施する者であるため、第三者は注文者に対して責任を問うことはできない。

3 土地の工作物の所有者は、その工作物の前所有者の所有の際の設置又は保存により瑕疵が生じた場合には、その瑕疵によって生じた損害について責任を負うことはない。

4 胎児は、不法行為による損害賠償の請求権についてすでに生まれたものとみなされるため、母親又はその他の親族が胎児のために加害者との間で行った和解は、胎児を拘束することとなる。

5 業務上自動車使用を許されていた被用者が、勤務時間終了後遊びに行くため会社の自動車を運転中起こした事故であっても、使用者に対し責任を問うことができるとするのが判例である。

解説

不法行為の類型と要件を覚える

● 不法行為…故意又は過失により他人の権利を侵害した場合、生じた損害を賠償する制度。

○ **不法行為の要件**

①責任能力（自己の行為の責任を認識しうる能力で、12歳くらいが基準）
②故意過失（失火の場合は故意・重過失に軽減）
③権利侵害
④損害の発生（財産的損害＋精神的損害）
⑤相当因果関係

● 過失相殺…被害者側に過失がある場合、損害額を減額する制度（全額免除は不可）（722条2項）。

○ **過失相殺の要件**

①裁判官の裁量により**任意的**に行われる
②被害者には**事理弁識能力**（4～5歳程度）が必要
③被害者と**身分上・生活上一体をなす者**の過失は、被害者の過失と同視される
（例：○一緒にいた母親　×引率の保母）
④**身体的疾患や心的素因**が原因で損害が拡大した場合、722条2項を類推適用し賠償額を減額

《一般不法行為についてその他の重要事項》

故意・過失の立証責任	被害者（債権者）※特殊不法行為の場合は加害者
被害者が死亡した場合	遺族が相続（711条）
遅延利息発生時期	不法行為時より発生
消滅時効	損害及び加害者を知ったときから3年（724条）又は行為時から20年

《特殊不法行為の種類》

	内　容	免責される場合
監督者責任（714条）	責任無能力者（12～3才以下）が加害行為を行った場合、監督者（親権者等）が負う責任	監督者が監督義務を怠らなかったことを立証したとき
使用者責任（715条）	被用者が使用者の**事業執行**につき他人に損害を加えた場合、使用者が負う責任	使用者が被用者の選任・業務監督義務を守ったことを立証したとき
工作物責任（717条）	土地の工作物の設置・保存の瑕疵によって損害が生じた場合、工作物の占有者・所得者が負う責任	占有者が損害防止に必要な注意をしたことを証明したとき →この場合所有者が責任を負う
共同不法行為（719条）	数人が共同の不法行為により他人に損害を加えたとき、その中で誰が実際に損害を加えたのか明らかでなくとも、各自全額について連帯責任を負う	

1-×　故意又は過失により一時的に責任能力を欠いた場合も不法行為責任を負う（713条但書）。
2-×　この場合、注文者に不法行為責任を問える。
3-×　717条1項但書。
4-×　胎児に権利能力はないため示談契約は無効。　**5-○**

問題 17　正解 5

問題 18 親族

親等の計算に関する次の1から5の記述のうち、妥当なものはどれか。

1　2人姉妹の間の親等は2親等である。

2　3人兄弟の長兄と末弟の間の親等は3親等である。

3　夫と妻の間の親等は1親等である。

4　夫の母と妻の間の親等は2親等である。

5　養親の父と養子の間の親等は3親等である。

問題 19 相続

X・Y夫婦が事故にあい病院に運ばれたが、夫Xはその日に死亡し、妻Yは翌日死亡した。Xには父甲、Yには母乙、妹丙しかいない。この場合の相続分の組合せとして次の1から5のうち正しいものはどれか。

1　甲の相続分は2分の1、乙の相続分は4分の1、丙の相続分は4分の1

2　甲の相続分は3分の1、乙の相続分は3分の2、丙の相続分は0

3　甲の相続分は3分の1、乙の相続分は3分の1、丙の相続分は3分の1

4　甲の相続分は4分の1、乙の相続分は2分の1、丙の相続分は4分の1

5　甲の相続分は4分の1、乙の相続分は4分の3、丙の相続分は0

解説

姻族の概念を正確に把握する

●**親族関係**…6親等内の血族、配偶者、3親等内の姻族をいう(725条)。
・配偶者は、血族でも姻族でもなく、親等もない。
・血族…出生によって血縁につながる者。
・姻族…婚姻を媒介とする配偶者の一方と他方の血族との関係。
《注意点》
・姻族関係は、離婚及び婚姻の取消しによって終了する。
・婚姻により、一方の血族と他方の血族との間には親族関係は生じない。
・養子の法定血族関係は養子縁組により発生し、離縁及び縁組の取消しにより終了する。
・親等の数え方は、血族、姻族、養子関係で変わりはない。

1-○ 兄弟姉妹間は、1親等の両親を介して2親等となる。
2-× 兄弟姉妹間の親等は同じで、いずれも2親等である。
3-× 夫婦間の親等は数えない。
4-× 姻族でも親は1親等である。
5-× 2親等である。

問題18 正解 1

解説

法定相続分の計算方法を暗記する

●**相続関係の決定**…被相続人死亡後3か月以内に承認・放棄を決定(915条)する。
●**相続分の決定**…遺言により指定されていればそれに従い、なければ法律の規定による(下表参照)。ただし、相続人に**欠格**事由(891条)がある場合や、**廃除**(892条)を受けた場合は相続することができない。

❶ 子がいれば、子が相続＋配偶者(1/2ずつ)
❷ 子がいなければ、孫が**代襲相続**(取り分は、❶と同じ)
❸ 子も孫もいなければ、**親**が相続(1/3)＋配偶者(2/3)
❹ 子・孫・親がいなければ、**兄弟**が相続(1/4)＋配偶者(3/4)
❺ 兄弟がいなければ、兄弟の子が代襲相続(取り分は、❹と同じ)

1-×
2-○ Xの死亡により、配偶者YとXの父である甲が相続人となる。取り分はYが3分の2、甲が3分の1。次にYが死亡すると、直系尊属たる乙が相続人となる。妹の丙は相続しない。
3-×
4-×
5-×

問題19 正解 2

法律分野

刑　法

問題1 因果関係

甲は乙の頭部を殴打したが、乙にはもともと脳に重大な疾患があり、甲の殴打により死亡した。甲の行為と乙の死亡との間の因果関係に関する次の記述のうち、条件説の立場から妥当なものはどれか。

1　乙の死亡の原因となった脳の病変が甲の行為を原因とするものであると明らかになった場合、甲が乙の脳の疾患を知らず、また一般人でも予見できなかった場合、因果関係は否定される。

2　乙の死亡の原因となった脳の病変が甲の行為を原因とするものであると明らかになった場合、甲も一般人もその障害が予期できなかったとしても因果関係は否定されない。

3　乙の死亡の原因となった脳の病変が甲の行為を原因とするものであると明らかになった場合、脳の疾患という特殊事情も影響して乙が死亡した以上、甲の殴打が唯一の原因ではないので因果関係は否定される。

4　乙の死亡の原因となった脳の病変が甲の行為を原因とするものであると明らかになった場合、甲が乙の脳の疾患を知らず、また容易に知ることもできなかった以上、因果関係は否定される。

5　乙の死亡の原因となった脳の病変が甲の行為を原因とするものであると明らかにならなかった場合、甲が乙の脳の疾患を知っていた場合は因果関係が肯定される。

解説

因果関係に関する学説を理解する

●条件説：**条件関係（あれなければこれなし）さえあれば足りる。**
「その行為がなければ、結果が発生しなかった」という条件が成り立てば、行為が結果に対して、**直接的な原因ではなく間接的な影響にとどまったとしても、因果関係は成立する**とする説。

●原因説：**原因と結果の間にだけ因果関係を認める。**
結果に対する諸条件のうち、最有力の条件や最終の条件など、重要なものと認めた原因と結果との間にだけ因果関係を認める説。ただし、実際には諸条件から一つを摘出して、原因とすることは不可能である。

●相当因果関係説：社会生活上の経験則に照らして、**通常その行為からその結果が生ずることが「相当」であると認められる場合に因果関係の存在を認めよう**とする説。
何を基礎に相当性を判断するかで以下の3つに分かれる。
①主観説：行為者が行為時に認識していた事情及び認識可能な事情を基礎として判断。
②客観説：行為時に存在した全事情及び一般人に予見可能な行為後の事情を基礎として判断。
③折衷説：行為当時に一般人が認識可能な事情及び行為者が特に認識していた事情を基礎として判断。

1-× 行為時に行為者である甲が特に認識していた事情（甲が乙の脳の疾患を知らなかったこと）と、一般人が認識可能な事情（一般人でも予見できなかったこと）を基礎としているので、折衷説の見解である。
2-○
3-× 乙の死亡の原因に着目しているので、原因説の見解である。
4-× 行為時に行為者が認識していた事情及び認識可能な事情（甲が乙の脳の疾患を知らず、容易に知ることもできなかったこと）を基礎としているので、主観説の見解である。
5-× 条件関係が存在しないので、条件説の立場に反する。

問題 1　正解 2

刑法

問題 2 不作為犯 ／ ／ ／

不作為犯に関する次の記述のうち、妥当なものはどれか。

1 甲は残業中、タバコの始末を行わずにいたところ、書類に引火し、建物までもが消失した。甲がこの火を容易に消すことができ、放置すれば建物が燃えることを認識していた場合、甲には不作為による放火罪が成立する。

2 甲は面識のない子ども乙が溺れているのを発見したが、救助も通報もせずにいたところ、乙は溺死した。この場合、甲には不作為の殺人罪が成立する。

3 甲は乙の運転する車に同乗していたところ、乙が事故を起こし乙が重傷を負ったが、甲は長年乙に恨みを抱いていたため、死んでもかまわないと思い放置した結果、乙は死亡した。この場合、甲には不作為の殺人罪が成立する。

4 甲は木炭を製造中のかまどの中に少年乙が落ち焼死したのを知りながら、死体を搬出せず、穴をふさいで放置した。乙が面識のない少年であった場合、甲には死体遺棄罪が成立する。

5 甲は所持金がないにもかかわらず、無銭飲食をする意図をもってレストランで食事をした。この場合、甲には不作為の詐欺罪が成立する。

問題 3 被害者の同意 ／ ／ ／

被害者の同意がある場合に傷害罪が成立するかどうかについて、以下のA～Cの見解がある。

A説　同意があれば傷害罪は成立しない。

B説　同意があれば、生命にかかわるような重大な傷害の場合を除いて傷害罪は成立しない。

C説　同意があっても、国家・社会的倫理規範に照らして相当でなければ傷害罪が成立する。

これらに関する記述として、次のうち妥当なものはどれか。

1 A説は、身体の安全は生命に次いで尊重されるべき重要な法益であることを根拠とする。

2 B説に対しては、「人の身体を傷害した」場合に処罰すると規定する傷害罪について、その一部を同意だけで不処罰とし、それ以外は通常の傷害罪として扱うことは解釈上困難であるとの批判が可能である。

3 甲と乙が共謀して、保険金を詐取する目的で双方の自動車を追突させ、甲に軽いむちうちの傷害を発生させた場合、A説からは傷害罪が成立する。

4 C説は、被害者本人の意思を最大限尊重しようとする立場である。

5 やくざの指詰め行為は、A説では傷害罪が成立しないが、B・C説ではいずれも傷害罪が成立する。

解説

ツボ! 不作為犯の成立要件と判例の結論

- 不作為…期待される作為(積極的行動)をしないこと。
- 不作為犯…不作為によって成立する犯罪。
  不退去罪、母親が乳児に授乳しないで餓死させる行為など。

〈不作為犯の成立要件〉

①作為義務の存在

ⅰ.法令　　　　　(例:子に対する監護義務など)
ⅱ.契約・事務管理(例:事務管理によって病人を引き取った場合など)
ⅲ.条理・慣習　　(例:先行行為に基づく防止義務、管理者の義務、信義則上の義務、慣習上の保護義務など)

②作為の可能性・容易性

③作為との構成要件的同価値性　その不作為が犯罪の実行行為として認めうるだけの価値をもつ。

1-○　**2-×**　甲には作為義務がない。
3-×　先行行為である事故は乙が起こしているため甲には作為との構成要件的同価値性が認められない。
4-×　甲には作為義務がない。
5-×　無銭飲食をする意図で注文しているので、作為による欺罔行為である。

問題 2　正解 1

解説

ツボ! 被害者自身が傷害に同意していることをどう評価するか

- **否定説**…傷害罪は成立しない。
  (∵法益性の欠如により、違法性、構成要件該当性が阻却。自己決定権を尊重)
- **肯定説**…傷害罪は成立する。(∵同意殺人のような減刑規定が存在しないから)
- **社会的相当性説**…
  傷害の部位や程度、行為の態様、動機、目的等の諸般の事情を考慮し、社会的に相当であれば違法性が阻却され、傷害罪は成立しない。
  (∵被害者の同意は行為の社会的相当性判断の一要素にすぎない。他の事情と総合考量し、社会的相当性の有無を判断すべきであるから)
- **生命危険説**…
  生命にかかわるような重大な傷害以外は違法性が阻却され、傷害罪は成立しない。
  (∵自己決定権と生命を比較考量すると、生命の方が優越するから)

A説は否定説、B説は生命危険説、C説は社会的相当性説である。
1-×　A説に対する批判である。　**2-○**
3-×　同意があるので、傷害罪が成立しない。
4-×　A説の立場である。　**5-×**　B説の場合、傷害罪は成立しない。

問題 3　正解 2

問題 4 教唆・幇助

教唆犯及び幇助犯に関する次の記述のうち妥当なのはどれか。

1 AはBに書店で窃盗をするように勧めたところ、Bは窃盗の犯意が生じて書店に向かったが、書店の前に急に怖くなり窃盗をすることを断念した。この場合、Aには窃盗罪の教唆犯が成立する。

2 AはBに、書店で窃盗をするようCをそそのかせ、と勧めた。Aの勧めに従ってBはCに書店での窃盗を教唆したところ、CはBの教唆した通り窃盗をした。この場合、Aには窃盗罪の教唆犯は成立しない。

3 Aは、X書店の警備が甘いことを知り、もともと書店での窃盗を企図していたBに、警備が甘いX書店で窃盗をするのがよいと勧めたところ、BはX書店で窃盗をした。この場合、Aには窃盗罪の教唆犯が成立する。

4 Aは、Bが書店で窃盗をしてきたことを知って、Bが盗品を売るのを手助けしようと思い、盗品を扱う業者Dを紹介した。この場合、Aには窃盗罪の幇助犯が成立する。

5 Aは、Bが書店で窃盗をしようとしているのを発見し、Bの手助けをしようと思って店主が来ないよう見張りをしていた。しかし、BはAの存在に気づかないまま窃盗を遂げた。この場合、Aには窃盗罪の幇助犯が成立する。

解説

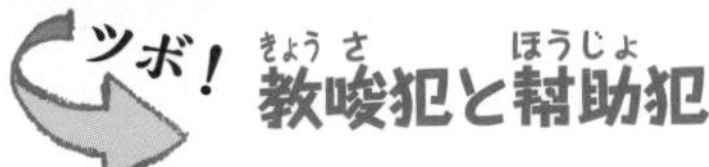

教唆(きょうさ)犯と幇助(ほうじょ)犯

●**教唆犯**…人を教唆（他人をそそのかして犯罪を実行する決意を生じさせること）して犯罪を実行させた場合をいう。

・**教唆犯の成立要件**…①教唆者が人を教唆　②被教唆者が犯罪を実行

・間接教唆…教唆者を教唆した場合であり、教唆犯と同じように正犯の刑が科せられる。

●**幇助犯**…正犯を幇助（構成要件に該当する実行行為以外の方法によって正犯者の実行行為を容易にすること）した者をいう。従犯ともいう。

・**幇助犯の成立要件**…①幇助犯が正犯を幇助
②それに基づいて被幇助者（正犯者）が実行行為を行うこと

犯罪の意思がない者をそそのかして犯罪を実行する決意を生じさせると教唆犯となるが、すでに犯罪の意思がある者に犯罪を勧め、後押しした場合は、幇助犯となる。

1-×　要件②を満たさず、Aには教唆犯は成立しない。
2-×　間接教唆の事例であり、Aには窃盗罪の教唆犯が成立する。
3-×　Bは「もともと書店での窃盗を企図していた」ので、この場合は幇助犯が成立する。
4-×　要件②を満たさず、幇助犯は成立しない。
5-○

問題 4　正解 5

刑法

問題 5 窃盗罪の保護法益

窃盗罪がどのような場合に成立するかについて、次の2つの見解があるものとする。

Ⅰ説：窃盗罪は、物に対する他人の所有権その他の本権を侵害することによって成立する。

Ⅱ説：窃盗罪は、物に対する他人の占有を侵害することによって成立する。

これらの見解に関する次のア〜エのうち、妥当なもののみをすべて挙げているのはどれか。

ア　Aは、BがCから借りて所持している物を盗取した。この場合、Ⅱ説では窃盗罪が成立するが、Ⅰ説では窃盗罪は成立しないという結論になる。

イ　Aは、Bに盗取されたAの所有物をBから自力で取り戻した。この場合、Ⅱ説では窃盗罪が成立するが、Ⅰ説では窃盗罪は成立しないという結論になる。

ウ　BはCの所有物を盗取し、Aはその物をさらにBから盗取した。この場合、Ⅰ説・Ⅱ説のいずれの立場でも窃盗罪は成立しないという結論になる。

エ　Aは、法が私的所有を禁じている覚せい剤をBから盗取した。この場合、Ⅰ説・Ⅱ説のいずれの立場でも窃盗罪は成立しないという結論になる。

1　ア
2　ア、ウ
3　イ
4　イ、エ
5　ウ、エ

解説

窃盗罪の保護法益の学説を押さえる

刑法235条　他人の財物を窃取した者は、窃盗の罪とし、10年以下の懲役又は50万円以下の罰金に処する。

他人の財物を窃取することで成立する犯罪であるが、下記の①②のとき窃盗罪が成立するかが問題となる。
①AがBに盗まれたパソコンをBから取りかえした場合
②AがBに貸していたパソコンをBに無断で持ち帰った
そこで、そもそも窃盗罪が何を保護法益とするものかについて争いがある。

〈窃盗罪の保護法益〉

●**本権説**…占有の基礎となっている本権(所有権)を保護法益とする。
→①②ともに窃盗罪不成立(所有権は侵害されていない)

●**占有説**…占有(所持)状態そのものを保護法益とする。
→①②ともに窃盗罪成立(それぞれ占有はBにあるから)

●**平穏占有説**…平穏(一応適法)な占有を保護法益とする。
→①は不成立、②は成立

なお、窃盗罪の客体である財物は、麻薬などのように法律上その所持を禁じられているいわゆる禁制品であっても財物にあたるとされるので、**違法に所持されている麻薬でも盗めば窃盗罪が成立する。**

Ⅰ説は本権説、Ⅱ説は占有説である。
ア-×　賃借権や使用借権も本権に含まれる。
イ-○
ウ-×　Ⅰ説の場合、Aに窃盗罪が成立しないが、Ⅱ説の場合、Aには窃盗罪が成立する。
エ-×　両説でも、窃盗罪は成立しうる。

問題 5　正解 3

法律分野

労働法

問題1 労働基準法　賃金 ｜／｜／｜／｜

賃金に関する次の記述のうち妥当なものはどれか。

1　賃金は、その全額を支払わなければならないから、使用者が労働者に対して不法行為に基づく損害賠償債権を有する場合でも、当該債権をもって賃金債権と相殺できないというのが判例である。

2　賃金は、通貨で支払われなければならず、通勤定期券などによる賃金の現物支給は、労働協約の定めに基づく場合であっても違法である。

3　賃金は直接労働者に支払われなければならないが、未成年の労働者に代わって、親権者が賃金を受けとることは許される。

4　賃金はその全額を支払わなければならないから、ある月の賃金について過払いをした場合であっても、別の月の賃金から当該過払い分を控除することはできない。

5　賃金は、その全額を支払わなければならないから、労働者が賃金債権を放棄した場合でも、使用者は、放棄された賃金を当該労働者に支払わなければならない。

問題2 労働基準法　就業規則 ｜／｜／｜／｜

労働基準法に規定する就業規則に関する記述として、通説に照らして、妥当なのはどれか。

1　使用者は、労働者を常時1人でも使用していれば、就業規則を作成し、行政官庁に届け出なければならない。

2　使用者は、就業規則の作成又は変更にあたり、当該事業場に労働者の過半数で組織する労働組合がある場合においては、その労働組合と協議し同意をえなければならない。

3　就業規則には、始業及び終業の時刻、賃金の決定に関する事項及び安全衛生に関する事項はいかなる場合にも必ず記載しなければならないが、解雇の事由を含む退職に関する事項は記載する必要がない。

4　使用者は、就業規則を、常時各作業場の見やすい場所に掲示し、又は備えつけるなどの方法によって、労働者に周知させなければならない。

5　就業規則で定める基準に達しない労働条件を定める労働契約は、当該労働条件がその労働契約の一部分であっても、すべて無効となる。

解説

賃金支払いの原則5つを押さえる

〈賃金払いの5原則〉

①**通貨払い**の原則………国内で通用する通貨で支払う。
②**直接払い**の原則………労働者本人に直接支払う。本人の同意のもと銀行振込は可能。また、入院中の労働者の代わりに受取りに来た妻など、使者に該当する者への支払いは可能である。
③**全額払い**の原則………例外的に法律に基づく所得税の源泉徴収や労働協約に基づくチェックオフなどは許される。
④毎月1回以上の原則…毎月1回以上、支払われなければならない。
⑤一定期日払いの原則…一定の期日に支払われなければならない。

1-○　損害賠償債権と賃金との相殺は禁止である。
2-×　労働協約の定めがある場合は可。
3-×　未成年者の法定代理人であっても賃金を代理受領することはできない。
4-×　金額・時間的接着性などによっては過払賃金の調整的相殺は認められる。
5-×　労働者が放棄した場合は支払わなくてもよい。

問題 1　正解 1

解説

就業規則の作成・変更の手続き

常時10人以上の労働者を使用する使用者は、就業規則を作成し、行政官庁に届け出なければならない。

- **就業規則に必ず記載しなければならない事項(絶対的必要記載事項)**
  ①始業及び終業の時刻、休憩時間、休日、休暇並びに労働者を2組以上に分けて交替に就業させる場合においては就業時転換に関する事項
  ②賃金の決定、計算及び支払の方法、賃金の締切り及び支払いの時期並びに昇給に関する事項
  ③退職に関する事項(解雇の事由を含む)
- 使用者は、就業規則の作成又は変更について、

・労働者の過半数で組織する労働組合がある場合→その労働組合の、
・労働者の過半数で組織する労働組合がない場合→労働者の過半数を代表する者の、
意見を聴かなければならないが、同意は不要。
使用者はこの意見を記した書面を行政官庁への届出に際し添付しなければならない。

1-×　**2-×**　協議や同意までは要求されていない。
3-×　**4-○**
5-×　就業規則で定める基準に達しない労働条件を定める労働契約は、その部分については、無効とし、その部分は、就業規則で定める基準による。

問題 2　正解 4

労働法

問題 3 労働基準法　解雇

解雇に関する次の記述のうち、妥当なのはどれか。

1　使用者は、労働者を解雇しようとする場合、少なくとも30日前にその予告(解雇予告)をしなければならず、対象労働者が日々雇用の者であるときを除き、季節的業務従事者や試用期間中の者であるときでも、この解雇予告義務は免除されない。

2　使用者の解雇予告義務は、懲戒解雇の場合を除き、天災事変その他やむをえない事由のために事業の継続が不可能となったからといって免除されるものではない。

3　解雇予告を欠いた解雇通知は、即時解雇としては無効であるが、その後30日を経過するか、または予告手当の支払いがあれば、そのときから効力を生ずるとするのが判例である。

4　労働者が業務上負傷し又は疾病にかかり、その療養のために休業する期間、女性の産前産後の休業期間及びその後30日間は解雇してはならず、打切補償を支払ってもこの義務は解除されない。

5　使用者は、産前産後・業務災害の場合の解雇制限期間内は、解雇の意思表示をすることはもちろんであるが、解雇予告をすることをも含めて禁じられているとするのが判例である。

問題 4 労働基準法　働き方改革

働き方改革のための法制度についての記述のうち、妥当なのはどれか。

1　労働基準法で定められた所定の手続きさえすれば、法定時間を超えて上限なく労働をさせることができる状況にあり、労働者に過剰な負担がかかる事態が発生したので、改正法では時間外労働の上限を大臣告示によって示すことにした。

2　改正法では、労働者の十分な生活時間や睡眠時間を確保するため、1日の勤務時間終了後、翌日の出社までの間に一定時間以上の休息時間(インターバル)を確保することを使用者に義務付けた。

3　改正法では、健康管理の観点から、労働時間の状況を客観的な方法その他適切な方法で把握するよう使用者に義務付けたが、裁量労働制が適用される人や管理監督者については除外されている。

4　年次有給休暇の権利は、労働者が6か月間の継続勤務と全労働日の8割以上出勤という要件を充足すれば法律上当然生じるものであると改正法で明確化されたが、具体的な年休はその労働者が自ら申し出ることで取得できるものである。

5　高度の専門的知識等を有し、職務の範囲が明確で一定の年収要件を満たす労働者を対象として労働委員会の決議及び労働者本人の同意を前提として、一定の措置をしたうえで労働基準法に定められた労働時間、休憩、休日及び深夜の割り増し賃金に関する規定を適用しない「高度プロフェッショナル制度」が新設された。

解説

いつからいつまでを正確に覚える

●**解雇の制限**

使用者は、①労働者が業務上傷病にかかり療養のために休業する期間及びその後30日間、②産前産後の女性が産休により休業する期間及びその後30日間は、解雇してはならない。

→ただし、使用者が打切補償を行う場合及び天災事変その他やむをえない事由のため事業を継続することが不可能になった場合はこの規定は適用されない。

●**解雇**

使用者は、労働者を解雇しようとする場合においては、少なくとも30日前にその予告をしなければならない。30日前に予告をしない使用者は、30日分以上の平均賃金を支払わなければならない。

→ただし、天災事変その他やむをえない事由のために事業の継続が不可能となった場合又は労働者の責めに帰すべき事由に基づいて解雇する場合においては、この限りでない。

1-× ある程度の期待を労働者がもつに至ったときは(日々雇用者は1か月を超えて使用されるに至った場合)予告義務がある。

2-×

3-○　**4-×**　**5-×** 解雇予告は許される。

問題 3　正解 3

解説

新しい制度を押さえる

●働きすぎを防ぎながらワーク・ライフ・バランスを実現できるような労働時間法制の見直し

●同一企業内における正社員と非正規社員の間にある不合理な待遇の差をなくし、どのような雇用形態を選択しても「納得」できる「多様で柔軟な働き方」の実現を目的として、2019年に労働基準法などが改正された。

〈代表的な改正部分〉

1　残業時間の上限を原則として月45時間・年360時間と法律で定めた。
2　勤務間インターバル制度の導入を努力義務とした。
3　1人当たり5日間の年次有給休暇の取得を、企業に義務付けた。
4　高度プロフェッショナル制度の新設。

1-× これまでは大臣告示による行政指導であったのを法律で残業時間の上限を定めた。

2-× 法定義務ではなく努力義務とした。

3-× 裁量労働制が適用される人や管理監督者も含めすべての人の労働時間を把握するよう義務付けた。

4-× 使用者は、10日以上の年次有給休暇が付与される全ての労働者に対し、毎年5日、時季を指定して有給休暇を与えることが義務付けられた。

5-○

問題 4　正解 5

問題 5 労働組合法　不当労働行為の禁止

労働組合法に規定する不当労働行為に関する記述として、判例、通説に照らして、妥当なのはどれか。

1　労働組合が特定の工場事業場に雇用される労働者の過半数を代表する場合において、労働者がその労働組合の組合員であることを雇用条件とすることを黄犬契約と呼び、不当労働行為に該当する。

2　労働者が労働時間中に賃金カットされることなく使用者と協議し、又は交渉することを使用者が許すことは、労働組合法で禁止する経費の援助にあたるため、不当労働行為に該当する。

3　労働者が労働委員会に対し不当労働行為の申立てをしたことを理由として、その労働者を解雇することは許されないが、不利益な配転及び出向などを命令しても、経済的な不利益を伴わないときは、不当労働行為に該当しない。

4　最高裁判所の判例では、雇用主以外の事業主でも、雇用主から労働者の派遣を受けて自己の業務に従事させ、その者の基本的な労働条件等につき雇用主と部分的とはいえ同視できる程度に現実的かつ具体的に支配、決定できる地位にある場合には、その限りにおいて、労働組合法上の使用者にあたるとした。

5　使用者は、労働者の代表者との団体交渉を正当な理由なく拒否することができないので、交渉の行き詰まりに到達したとして交渉を一時的に中断することは、不当労働行為にあたる。

問題 6 労働協約

労働協約に関する次の記述のうち、妥当なのはどれか。

1　労働協約は、3年を超える有効期間の定めをすることができず、3年を超える有効期間の定めをした労働協約は無効となる。

2　労働協約は、書面を通じての合意のほかに、口頭による合意であっても、その内容が明確である限り有効に成立する。

3　一時的に組織された労働者の集団であっても、代表者を選んで交渉の態勢を整えれば使用者と団体交渉ができ、そこで合意された事項を書面に記載すれば、それには労働協約としての効力が認められる。

4　一の事業場に常時使用される同種の労働者の4分の3以上の数の労働者が一の労働協約の適用を受けるに至ったときは、その事業場に使用される他の同種の労働者についても、その労働協約が適用される。

5　労働協約の平和義務に違反する争議行為をした者について、そのことを理由に使用者が懲戒することは、正当な理由に基づく懲戒権の行使として認められる。

解説

人・金による会社支配を排除することで組合活動を守る

使用者側が組合活動をしていることを理由に組合員を賞与などで不利益に扱うなどの行為をした場合には、労働委員会に救済申立てができる。

- **使用者側の以下のような妨害活動を不当労働行為という。**
  ①労働者を雇用する際、労働組合に加入しないこと・労働組合から脱退することを条件とすること。(**黄犬契約**)
  ②使用者が労働者の代表者と団体交渉をすることを正当な理由がないのに拒否すること。(**団体交渉拒否**)
  ③労働者が労働組合を結成し、もしくは運営することを支配・介入すること(**支配介入**)。
  ④使用者が労働組合の運営経費を経理上援助すること。
  (ただし、使用者と協議・交渉した時間分の賃金、福利厚生のための支出、最小限の広さの事務所の供与は、経理上の援助に該当しない)
  ⑤労働者が不当労働行為を申し立てた等の理由で行う**報復的不利益**取扱い。

1-× これはユニオンショップ協定の説明。要件を満たせば有効。
2-× 3-× 不利益な配転・出向等の不利益取扱も禁止。
4-○ 5-×

問題 5 正解 4

解説

労働協約の成立要件と有効期間

- **労働協約…**
  労働組合と使用者との間で結ばれる労働条件等に関する取決め。労働協約は、書面に作成し、両当事者が署名又は記名押印して効力を生じる。それゆえ、口頭でなした合意には規範的効力がない。
- 労働協約は、**3年**を超える有効期間の定めをすることができない。それを超える定めをした場合は、**3年**の有効期間の定めをした労働協約とみなす。
- 労働協約を締結した以上、その内容についてはそれ以上争わない平和義務を負う。
  →それに違反して**争議行為**を行えば協約違反になる。
- 労働者が労働組合から除名されたとしても、その除名行為自体が無効である場合には、使用者はユニオンショップ協定上の解雇義務は負わない。

1-× 無効ではなく3年の有効期間を定めたものとみなされる。 2-×
3-× 労働協約の当事者となりうるのは労働組合法上の労働組合に限られている。
4-○ このように規定されている。
5-× 本肢のような理由だけで直ちに懲戒事由になるものではない。

問題 6 正解 4

経済分野

ミクロ経済学

問題 1 予算制約線と無差別曲線

次の図は、正常財であるX財とY財との無差別曲線をU_0、U_1、U_2で、消費者の予算制約線を直線A_0B_0、A_0B_2、A_1B_1で表したものであるが、この図に関する記述として、妥当なのはどれか。ただし、直線A_0B_0と直線A_1B_1とは平行である。

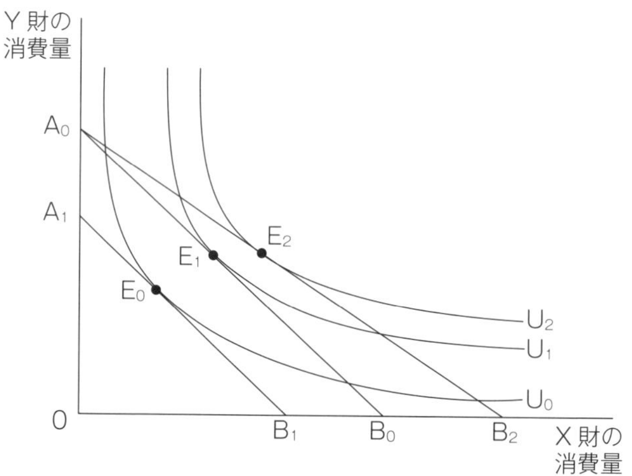

1　無差別曲線は効用の大きさが同一になるX財及びY財の組合せを次々と結んだもので、無差別曲線U_0上では、いずれの点も限界代替率は一定である。

2　X財の価格上昇のみによりX財とY財の相対価格比が変化したとき、予算制約線がA_0B_0からA_1B_1にシフトし、両財の消費量は減少する。

3　両財の価格が変わらないまま、所得が増加したとき、予算制約線A_0B_0は、A_0B_2にシフトし、最適消費点E_1はE_2へ移動する。

4　両財の価格が変わらないまま、所得が減少したとき、予算制約線がA_0B_2からA_1B_1にシフトし、X財の消費量が減少する。

5　予算制約線がA_0B_0のとき、無差別曲線U_1との接点である点E_1では、Y財のX財に対する限界代替率は、X財とY財の価格比に等しい。

解説

ツボ！ 効用最大化点、予算線と無差別曲線の接点、限界代替率＝価格比

●予算制約線（予算線）…
2つの財の消費量の組合せのうち、消費可能な領域と消費不可能な領域を区別する直線。予算線の内側が消費可能領域。

○**予算線の位置**…
両財の価格と所得の大きさによって決定される。予算線の傾き（絶対値）は両財の価格比を表す。

○**所得のみの変化**…
・両財の価格が一定で、所得のみが**増加**→予算線は外側に平行移動（A_1B_1→A_0B_0）。
・両財の価格が一定で、所得のみが**減少**→予算線は内側に平行移動（A_0B_0→A_1B_1）。

○**一方の財の価格のみが変化**…
・横軸にとった**X財の価格のみが上昇**
→予算線は縦**軸の切片を軸として内側に移動**し消費可能領域は狭まる（A_0B_2→A_0B_0）。逆の場合、外側に移動し領域は広がる。
・縦軸にとった**Y財の価格のみが上昇**
→予算線は横**軸の切片を軸として内側に移動**し消費可能領域は狭まる。逆も同様。

●無差別曲線…
・2つの財の消費量の組合せのうち、同じ効用水準（満足度）を表す組合せをつないだもので、原点から遠くに位置する無差別曲線ほど、より高い効用水準を表す（$U_2>U_1>U_0$）。
・無差別曲線のある点における接線の傾き（絶対値）は限界代替率を表す。
・原点に対して凸型の無差別曲線（反比例のグラフと同じ形）は、限界代替率逓減（ていげん）の仮定の下で描かれる。

○限界代替率…２つの財の主観的交換比率(限界効用の比)。一方の財を1減らす(増やす)とき、効用水準を維持するには、他方の財をどれくらい増加(減少)させる必要があるかを指す。

○**効用最大化点**…
予算制約下の効用最大化となる財の組合せは、予算線と無差別曲線の接点となる。

○**効用最大化条件**…効用最大化点では、限界代替率と価格比が等しくなっている。

1-× U_0上で限界代替率は一定ではなく、X財の消費量の増加とともに減少する。
2-× 予算線はA_0B_0から縦軸の切片A_0を軸として内側に移動する。
3-× A_0B_0からA_0B_2ではなく外側に平行移動する。
4-× A_0B_2からA_1B_1ではなく内側に平行移動する。
5-○

問題 1　正解 5

問題 2 代替財と補完財

次の文は、X財の価格の上昇が、Y財の需要量に及ぼす影響に関する記述であるが、文中の空所A～Dに該当する語の組合せとして、妥当なのはどれか。

X財の価格の上昇が、Y財の需要を［ A ］させるような関係にあるとき、この2財を［ B ］と呼び、その例としては、コーヒーと砂糖が挙げられる。また、X財の価格の上昇が、Y財の需要を［ C ］させるような関係にある場合、この2財を［ D ］と呼び、その例としては、コーヒーと紅茶が挙げられる。

	A	B	C	D
1	増加	代替財	減少	補完財
2	増加	補完財	減少	代替財
3	減少	補完財	増加	代替財
4	減少	ギッフェン財	増加	補完財
5	増加	代替財	減少	ギッフェン財

問題 3 消費者の効用最大化行動（2財モデル）

ある消費者が、貨幣所得のすべてをX財、Y財の購入に支出し、この消費者の効用関数は、

$U=X(2+Y)$ 〔U：効用水準　X：X財の消費量　Y：Y財の消費量〕

で示されるとする。

この消費者の貨幣所得は120、X財の価格を8、Y財の価格が4であるとき、消費者が効用を最大にするように行動するならば、貨幣1単位あたりの限界効用はどれか。

1　2
2　4
3　6
4　8
5　10

解説

代替財、補完財、ギッフェン財

2つの財が、消費において何らかの関係性をもっている場合、両財は連関関係にある(連関財)という。

- 代替財…両財が代替可能である(代替関係)。
- 補完財…両財を同時に消費して便益が得られる(補完関係)。

厳密には一方の財の価格変化に対する、他方の財の消費量(需要量)の反応で定義づけられる。

○代替財→**一方の財の価格**上昇(下落)によって、**他方の財の需要量**は増加(減少)

○補完財→**一方の財の価格**上昇(下落)によって、**他方の財の需要量**は減少(増加)

- ギッフェン財…
  下級財であって、かつ代替効果より所得効果が大きいという特徴をもつ財で、需要曲線が右上がりに描かれる財。連関財の概念とは無関係である。

コーヒーと砂糖の例から、最初のケースは補完財のケースで、X財の価格上昇は、Y財の需要を減少させる。次のコーヒーと紅茶の例は代替財のケースで、X財の価格上昇は、Y財の需要を増加させる。

問題 2　正解 3

解説

効用最大化条件、限界効用の比＝価格比、貨幣1単位あたりの限界効用

予算制約式は、$P_X \times X + P_Y \times Y = M$($P_X$はX財の価格、$P_Y$はY財の価格、Mは貨幣所得)で示される。2財の価格と貨幣所得を代入すると

　8X＋4Y＝120、すなわち、2X＋Y＝30…①

また、効用最大化条件は、限界効用の比＝価格比、

つまり$\frac{MU_X}{MU_Y}=\frac{P_X}{P_Y}$である(ここで$MU_X$はX財の限界効用、$MU_Y$はY財の限界効用)。

X財の限界効用は、効用関数をXで偏微分して$MU_X=\frac{\partial U}{\partial X}=2+Y$となり、Y財の限界効用は、効用関数をYで偏微分して$MU_Y=\frac{\partial U}{\partial Y}=X$であるから、2つの財の限界効用と価格を最大化条件に代入すると

$$\frac{2+Y}{X}=\frac{8}{4}=2 \cdots ②$$

①と②を連立させて解くと、X財とY財の最適消費量はX＝8、Y＝14となる。

貨幣1単位あたりの限界効用は、X財の限界効用を価格で割った$\frac{MU_X}{P_X}$であるから、

$$\frac{2+Y}{8}=\frac{16}{8}=2$$

と求められる(Y財についても同様)。よって正解は1。

問題 3　正解 1

問題 4 消費者の効用最大化行動（最適労働供給量）

ある個人の効用関数が次のように与えられている。

$$u = x(12 - L)$$

ここでuは効用水準、xはX財の消費量、Lは労働供給量を表す。X財の価格は10であり、労働1単位あたりの賃金率は20とする。この個人が効用を最大化するときの労働供給量はいくらになるか。
なお、この個人は労働によって得た所得のすべてをX財の消費に使うものとする。

1　4
2　6
3　8
4　10
5　12

問題 5 需要の価格弾力性

ある財の需要量をx、価格をpとすると、その財の需要関数が$x = 180 - 4p$で表されるとき、その財の需要量が100単位の場合の需要の価格弾力性はどれか。

1　0.6
2　0.8
3　1.0
4　1.2
5　1.4

解説

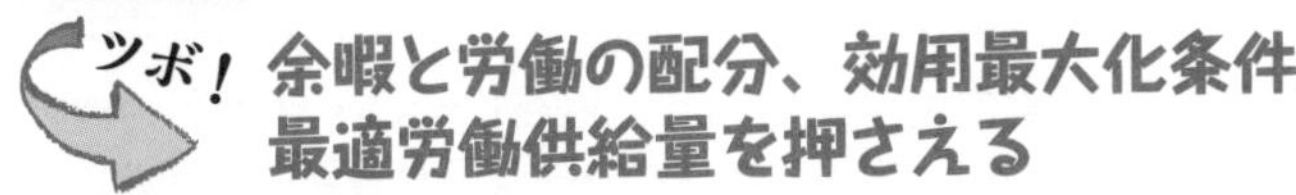

ツボ！ 余暇と労働の配分、効用最大化条件、最適労働供給量を押さえる

M：労働によって得られる貨幣所得　w：労働1単位あたりの賃金率　L：労働供給量
とすると、貨幣所得は$M=w\times L$で表される。したがって$M=20L$となる。
貨幣所得のすべてはX財の消費に使われるため、X財の価格をP_x、X財の消費量をxとすると、
$M=P_x\times x=10x$となる。
したがって**予算制約式は**、$M=wL=P_x\times x$で示されるので、$M=20L=10x$、$2L=x$…①となる。
また、効用関数が$u=x(12-L)$で与えられているので、①式を代入すると、
$u=2L(12-L)=24L-2L^2$…②となり、効用水準uが労働供給量Lのみの関数として示される。
効用最大化条件は、②式をLで微分して0とおく。

$\frac{du}{dL}=24-4L=0$となるので、$L=6$が求められる。よって正解は**2**。

問題 4　正解 2

解説

ツボ！ 需要の価格弾力性、価格の変化に対する需要量の反応度、必需品と奢侈（しゃし）※（ぜいたく）品

●**需要の価格弾力性(e)**…価格の変化に対する需要量の反応の大きさのこと。

$$e=\frac{需要量の変化率}{価格の変化率}=-\frac{\frac{\Delta x}{x}}{\frac{\Delta p}{p}}\cdots①\ となる。$$

ここでpは価格、xは需要量を表し、Δは変化分を表す。
変化分Δを微分の概念にすると、

①式は$e=-\frac{\Delta x}{\Delta p}\times\frac{p}{x}=-\frac{dx}{dp}\times\frac{p}{x}$…② となる。

この定義式を使って、需要量$x=100$を需要関数に代入してpを求めると$p=20$。

需要関数をpで微分すると$\frac{dx}{dp}=-4$となる。

したがって、②式より、$e=-(-4)\times\frac{20}{100}=0.8$となる。よって正解は**2**。

問題 5　正解 2

※需要の価格弾力性の値が小さい財$(e<1)$を必需品、大きい財$(e>1)$を奢侈品という。

問題6 完全競争企業の短期の費用曲線と利潤最大化

次の図は、完全競争の下での短期の生産において、縦軸に価格・費用を、横軸に生産量をとり、ある企業の生産する製品についての平均可変費用曲線をAVC、平均費用曲線をAC、限界費用曲線をMC、限界収入曲線をMRで表したものであるが、この図に関する記述として妥当なのはどれか。
ただし、点B、C及びDはそれぞれ平均費用曲線、平均可変費用曲線、及び限界費用曲線の最低点である。

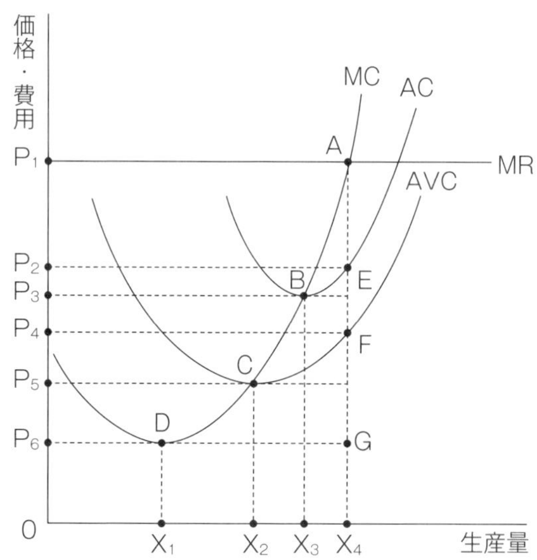

1 製品の価格がP_1からP_3に低下した場合、平均費用は価格を下回り、利潤がゼロになる点Bを損益分岐点という。

2 製品の価格がP_5で生産量がX_2の場合、損失は発生するが可変費用と固定費用は賄うことができるので、企業は生産の継続を選択する。

3 製品の価格がP_6で生産量がX_1の場合、企業の最適生産量は0になり、この時の点Dを操業停止点という。

4 短期供給曲線は、縦軸上の原点からP_5の部分と、点Cより右上の限界費用曲線MC上の部分によって示される。

5 製品の価格がP_1で生産量がX_4の場合、固定費用は平均固定費用に生産量X_4を掛けたものであるから、面積P_4FGP_6に等しい。

解説

短期の費用構造と費用曲線、利潤最大化条件、損益分岐点、操業停止点を押さえる

短期の費用構造	総費用＝固定費用＋可変費用 **固定費用**…生産量に依存しない費用(生産機械の設備費など)。 **可変費用**…生産量に依存する費用(原材料費など)。
平均費用曲線	**平均費用(総費用／生産量)**を生産量の関数として描いたもの(AC)。
平均可変費用曲線	**平均可変費用(可変費用／生産量)**を生産量の関数として描いたもの(AVC)。
平均固定費用	**固定費用／生産量。** ＊分析上、平均固定費用曲線はとくに描かれない。
限界費用曲線	限界費用(追加的費用：総費用もしくは可変費用を生産量で微分)を生産量の関数として描いたもの。生産物を1単位変化させたとき、費用がどれだけ変化するかを表す(MC)。
限界収入曲線	限界収入(追加的収入)を生産量の関数として描いたもの。 ＊プライス・テイカー（価格受容者）である完全競争企業の場合、限界収入は価格に等しい(限界収入＝価格)。
完全競争企業の利潤最大化条件	価格＝限界費用(MC)で生産量を決定。
利潤の大きさ	利潤＝総収入(価格×生産量)－総費用。
損益分岐点	利潤がゼロとなるような価格と生産量の組合せ。 価格＝限界費用＝平均費用が成り立ち、図では平均費用曲線の最低点Bとなる。
操業停止点	総収入を総費用が上回り、利潤がマイナス(負)となる(固定費用の全額が損失となる)価格と生産量の組合せ。 価格＝限界費用＝平均可変費用が成り立ち、図では平均可変費用曲線の最低点Cとなる。

完全競争企業の短期の費用構造(総費用＝固定費用＋可変費用)から、縦軸に平均費用、平均可変費用及び限界費用を、横軸に生産量をとると、それぞれの費用曲線は問題の図のように描かれる。
価格がある大きさに与えられた場合、企業は利潤最大化条件(価格＝限界費用)にしたがって生産量を決定する。
○損益分岐点…与えられた価格の下で生産量を決定した場合、利潤がゼロとなるケースのこと。
○操業停止点…固定費用全額が損失となるケース。これよりさらに価格が低くなると、企業は可変費用も回収できないため生産を停止する。

1-× 損益分岐点で、平均費用と価格が等しい。
2-× 可変費用は賄えるが固定費用全額が赤字(負の利潤)で、操業停止点。
3-× 価格P_6は操業停止価格を下回り、生産は行わない。
4-○
5-× 固定費用は平均固定費用(線分EF)に生産量X_4を掛けた面積P_2EFP_4。

問題 6　正解 4

問題 7 完全競争企業の利潤最大化 ／ ／ ／

完全競争市場において生産物を販売している、ある企業の平均可変費用が次のように示されている。

$AVC=x^2-9x+30$　(AVC：平均可変費用、x：生産量$(x>0)$)

この企業の固定費用が40、市場における生産物の価格が30であるとき、この企業の利潤が最大となる生産量はいくらか。

1　3
2　6
3　9
4　12
5　15

問題 8 損益分岐点と操業停止点 ／ ／ ／

完全競争市場において、ある企業の短期の総費用関数が

$TC=7x^3-14x^2+28x+56$　　(TC：総費用、x：生産量)

で示されるとき、この企業の損益分岐点と操業停止点における価格の組合せとして、妥当なのはどれか。

	損益分岐点価格	操業停止点価格
1	2	1
2	56	21
3	21	56
4	77	28
5	28	77

解説

価格＝限界費用（利潤最大化条件）、総費用＝固定費用＋可変費用、限界費用関数

問題文の平均可変費用関数(AVC)から、以下の式が導き出せる。

● **可変費用関数(VC)**：可変費用×生産量。

VC＝AVC×x＝x^3-9x^2+30x

● **限界費用(MC)**：総費用関数もしくは可変費用関数を生産量xで微分したもの。

$$MC=\frac{dVC}{dx}=3x^2-18x+30$$

(＊総費用TC＝可変費用＋固定費用＝$x^3-9x^2+30x+40$からMCを導いても同じ。)

利潤最大化条件である価格＝MCより

30＝$3x^2-18x+30$を解くと、x＝6が求められる。よって正解は2。

問題 7　正解 2

解説

損益分岐点は平均費用曲線の最低点、操業停止点は平均可変費用曲線の最低点

与えられた総費用関数から平均費用関数AC(総費用／生産量)を求めると、

$$AC=7x^2-14x+28+\frac{56}{x} \quad \cdots①$$

可変費用関数は、総費用関数から固定費用56を引いて、

VC＝$7x^3-14x^2+28x$　…②

②式から平均可変費用関数AVC(**可変費用／生産量**)を求めると

AVC＝$7x^2-14x+28$　…③

損益分岐点は平均費用曲線の最低点であることから、①式の最小化を図るためxで微分して0をおくと、

$$\frac{dAC}{dx}=14x-14-56\frac{1}{x^2}=0$$

これを変形すると、$14x^3-14x^2-56=14(x^3-x^2-4)=0$

$x^3-x^2-4=0$を解くと、x＝2が求められる。

損益分岐点では、価格＝平均総費用であるから、x＝2を①式に代入してAC＝56。

したがって損益分岐点価格は56となる。

次に、操業停止点は平均可変費用曲線の最低点であるから、③式の最小化を図るためxで微分して0をおくと、

$$\frac{dAVC}{dx}=14x-14=0$$となり、x＝1が求められる。

操業停止点では、価格＝平均可変費用であるから、x＝1を③式に代入すると、AVC＝21。

したがって操業停止点価格は21となる。よって正解は2。

問題 8　正解 2

問題 9 不完全競争市場

| / | / | / |

不完全競争市場に関する記述として妥当なのはどれか。

1 グラフの縦軸に価格、横軸に供給量とした場合、独占企業は右下がりの需要曲線に直面し、供給量を増加させるなら、その販売価格は低下せざるをえない。

2 不完全競争市場の形態には、独占、複占、寡占、独占的競争があり、少数の企業が同質の財を生産するものである。

3 グラフの縦軸に価格、横軸に供給量とした場合、独占企業の需要曲線は限界収入曲線の下方に位置し、限界収入曲線の傾きは需要曲線の傾きよりも小さい。

4 独占市場の場合には、利潤を最大化する産出量では販売価格と限界費用が一致する。

5 独占企業は、価格支配力をもち、供給曲線にそって価格を変化させることができるプライス・テイカーである。

問題 10 独占企業の利潤最大化行動

| / | / | / |

一企業により独占的に供給されるある財の価格をP、生産量をQとする。
その企業の
　総費用曲線が、$TC=Q^3-5Q^2+15Q+80$
　需要曲線が、　$P=90-5Q$
で表されるとき、この企業の利潤を最大にする財の価格はどれか。

1 5
2 25
3 45
4 65
5 85

解説

独占、複占、寡占、独占的競争では価格支配力をもつ

●**不完全競争の形態**…独占、複占、寡占、独占的競争**がある。**
○完全競争企業がプライス・テイカーであるのに対し、不完全競争企業は価格支配力をもつ。
○ある産業で企業が1つの場合が独占、2つが複占、少数だと寡占である。
○製品の差別化が考慮されると、各企業が独占的ながら他と競合する独占的競争という形態が生じる。

価格支配力	不完全競争企業は価格支配力をもつ（プライス・テイカーではない）。
独占企業の需要曲線	右下がりの市場の需要曲線に直面する。 限界収入曲線はその下方に位置し、その傾きは需要曲線の傾きの2倍となる。
独占企業の利潤最大化条件	限界収入＝限界費用となるところで生産量を決定し、その生産量の下での独占価格は、需要曲線上で求められる。

1-○
2-× 同質の財が生産されるのは完全競争市場で、独占的競争の場合は製品の差別化によって多数の企業が競合する。
3-× 需要曲線は限界収入曲線の上方に位置し、傾きは限界収入曲線の方が大きい。
4-× 販売価格は限界費用を上回る。
5-× 価格支配力をもち、プライス・テイカーではない。

問題 9 正解 1

解説

独占企業の利潤最大化条件は限界収入＝限界費用、需要関数から独占価格を求める

与えられた総費用関数を生産量Qで微分して、限界費用関数（MC）を導き出すと

$$MC=\frac{dTC}{dQ}=3Q^2-10Q+15$$ …①となる。

縦軸に価格、横軸に生産量をとって需要関数を図示した場合、限界収入関数（MR）は、縦軸の切片が同じで傾きが2倍として描かれるので、与えられた需要関数から

$MR=90-10Q$ …②となる。

利潤最大化条件（MR＝MC）から、①式と②式より

$90-10Q=3Q^2-10Q+15$

$3(Q^2-25)=0$

$Q=5$となる。

これを需要関数に代入すると

$P=90-5Q=90-25=65$となり、

独占価格=65と求められる。よって正解は4。

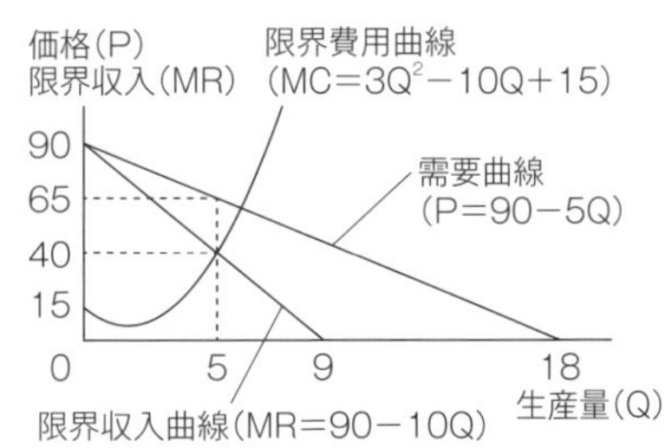

問題 10 正解 4

問題11 エッジワース・ボックスとパレート最適

次の図は、2人の消費者A、BとX財、Y財の2つの財からなる交換経済のエッジワース・ボックスである。
図において、横軸と縦軸の長さは、それぞれX財とY財の全体量を表す。
図中のU_1、U_2、U_3は消費者Aの無差別曲線を表し、V_1、V_2、V_3は消費者Bの無差別曲線を表している。
この図の説明として妥当なのはどれか。

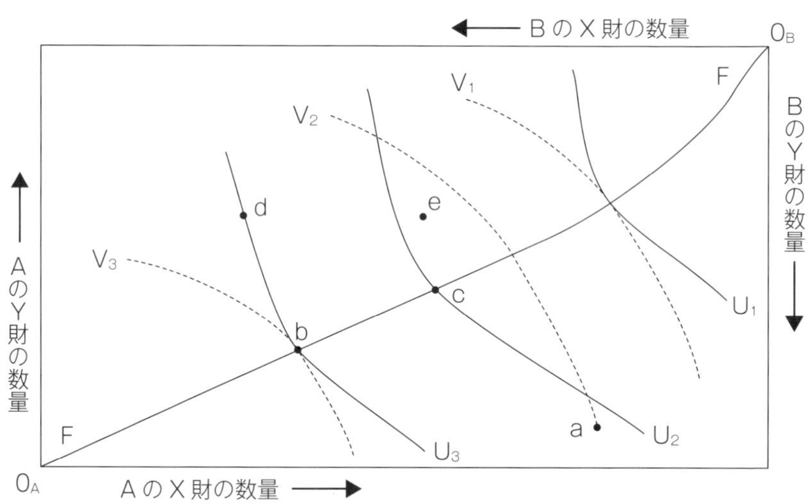

1 a点からd点への移行は、パレート改善である。

2 曲線FFは契約曲線と呼ばれ、曲線FF上では、A、Bのそれぞれの資源配分は効率的であるとともに、常に公平な分配が実現される。

3 a点からe点への移行は、パレート改善である。

4 b点からc点への移行は、パレート改善である。

5 b点では、Aの限界代替率は、Bの限界代替率より小さく、X財、Y財をより多くAに配分すれば、社会厚生は増加する。

解説

ツボ！ 効率的資源配分、パレート最適、パレート改善、契約曲線、限界代替率均等の意味を理解する

●エッジワース・ボックス…
2人の消費者の無差別曲線群を描いたもの。2つの財(X財とY財)の両者への配分状態を表している。
各消費者の無差別曲線の位置から、原点からより遠くの無差別曲線へと配分が変化することで、効用水準(満足度)が高まるため、状態はより良くなる。※無差別曲線(P123)解説を参照

●パレート最適な状態…
効率的資源配分が達成されている状態であり、もはや改善の余地がない状態。
資源配分が効率的でない場合に、配分状態を変えることでより効率的な資源配分が可能となることをパレート改善という。
※パレート最適の概念は効率性の基準を示したもので、分配の公平性については何もいうことはできない。

パレート最適	誰かの状態を悪くすることなしに、他の誰かの状態を良くすることはもはやできない配分状態。効率的資源配分が達成されている。
パレート改善	誰かの状態を悪くすることなしに、他の誰かの状態を良くすることが可能であること。効率的でない資源配分から、より効率的な資源配分への配分の改善。
限界代替率	消費者にとっての主観的交換比率を表し、無差別曲線上のある点における接線の傾き(絶対値)で示される。
2人の消費者A、B間でのパレート最適	Aの限界代替率＝Bの限界代替率(限界代替率均等)。左ページの図では両者の無差別曲線が接している点。
契約曲線	エッジワース・ボックスにおいて、2人の消費者の無差別曲線の接点を結んだものを契約曲線という。**効率的資源配分状態**を表している。

1-× Aの効用水準は減少し、Bの効用水準は増加しているので、これはパレート改善ではない。
2-× 契約曲線上では効率的資源配分が達成されているが、公平な分配であるかどうかはわからない。
3-○ A、B両者の無差別曲線をa上、e上を通るように描くと、aからeへの配分の変化によって、Aの効用水準もBの効用水準も増加する。つまり両者ともに状態は良くなるので、パレート改善である。
4-× b、cともに契約曲線上にありパレート最適な状態である。契約曲線上での移動はパレート改善とはいわない。
5-× b点は両者の無差別曲線の接点であり、両者の限界代替率は等しい。X財、Y財をより多くAに配分すると、Aの状態はより良くなるが、Bの状態はより悪くなるので、全体としての社会厚生は増加しない。

問題 11　正解 3

問題 12 自由貿易と関税の影響

ある小国におけるX財の需要曲線と供給曲線がそれぞれ

$d=400-5p$　（d：需要量、s：供給量、p：価格）

$s=3p-100$

で与えられている。この国は当初、X財の国際価格が50の下で自由貿易を行っていた。

いま、この国の政府が、X財1単位あたり10の関税をかけたとする。

このとき、自由貿易均衡の場合と比べ、社会的余剰はいくら減少するか。

ただし、社会的余剰は消費者余剰、生産者余剰、政府の税収の合計とする。

1　200
2　250
3　300
4　350
5　400

●生産者余剰…

ある財に関して、**生産者が売っても良いと考える金額から、価格を差し引いた金額**。取引価格と生産者の限界費用との差額の合計で、取引から得られる企業の便益を指す。

生産者余剰＝(収入－可変費用)＝(利潤＋固定費用)。

⇒グラフでは**価格の平行線と供給曲線によって囲まれる三角形の面積**で表される。

●消費者余剰…

ある財に関して、**消費者が払っても良いと考える金額からその財の価格を差し引いた金額**。消費者の限界効用(貨幣表示額)から取引価格を引いたもので、取引から消費者が得る便益を指す。

⇒グラフでは**価格の平行線と需要曲線によって囲まれる三角形の面積**で表される。

●社会的余剰(社会的厚生)…

社会を構成する経済主体(生産者、消費者、政府)が市場取引により得る便益(＝余剰)の合計。経済活動の成果の効率性や、政策の効果を測る指標として利用され大きいほど望ましい。

求め方：社会的余剰＝生産者余剰＋消費者余剰＋税収

解説

自由貿易の際の社会的余剰、関税が余剰に与える影響、関税による社会的余剰の減少を押さえる

需要曲線を$p=-\frac{1}{5}d+80$、供給曲線を$p=\frac{1}{3}s+\frac{100}{3}$と変形すると、下の図のように描かれる。

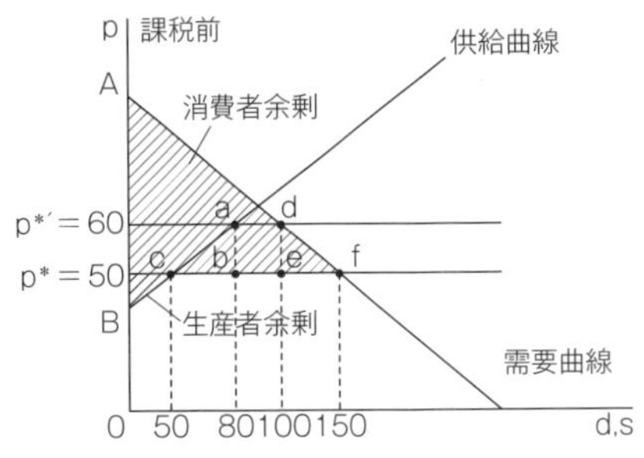

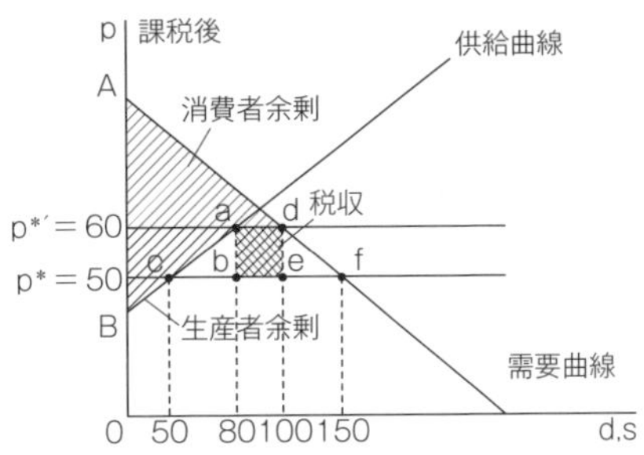

X財の国際価格をp^*と置く。$p^*=50$を需要曲線と供給曲線にそれぞれ代入すると、課税前の需要量は$d=400-5\times50=150$、課税前の供給量は$s=3\times50-100=50$(国内生産量)となる。
このとき、供給量(国内生産量)と需要量の差である100(150－50)が輸入量となる。

次に、X財1単位あたり10の関税課税後の国際価格を$p^{*\prime}$とすると　$p^{*\prime}=50+10=60$となり、課税後の需要量は$d=400-5\times60=100$、課税後の供給量は$s=3\times60-100=80$(国内生産量)となる。
このとき、供給量(国内生産量)と需要量の差である20(100－80)が輸入量となる。

課税前の社会的余剰は、国際価格p^*の下で、消費者余剰(面積$\triangle Afp^*$)と生産者余剰(面積$\triangledown cp^*B$)をあわせた面積($\triangle Afp^*+\triangledown cp^*B$)となる。
課税後は、関税後の国際価格$p^{*\prime}$の下で、消費者余剰(面積$\triangle Adp^{*\prime}$)と生産者余剰(面積$\triangledown ap^{*\prime}B$)、さらに政府の税収(輸入量×関税)が面積□abedとなるので、社会的余剰はそれらをあわせた面積($\triangle Adp^{*\prime}+\triangledown ap^{*\prime}B+$□abed)となる。

課税前と課税後を比べると、社会的余剰の面積は、面積△abcと面積△defの分だけ減少している。
2つの三角形の面積は、

$$\triangle abc=(80-50)\times(60-50)\times\frac{1}{2}=30\times10\times\frac{1}{2}=150$$

$$\triangle def=(150-100)\times(60-50)\times\frac{1}{2}=50\times10\times\frac{1}{2}=250$$

となるので、社会的余剰の減少分は150＋250＝400と求められる。よって正解は5。

問題 12　正解 5

問題 13 従価税の影響

ある財の市場の需要曲線と供給曲線がそれぞれ

D＝−P+74　(D：需要量、S：供給量、P：価格)

S＝P−10

で示されるとき、この財に10％の従価税を賦課した場合の超過負担(死荷重)の値はどれか。

1　0

2　4

3　8

4　16

5　25

解説

ツボ！ 従価税と供給曲線、従価税が余剰に与える影響、超過負担（死荷重）とは何かを押さえる

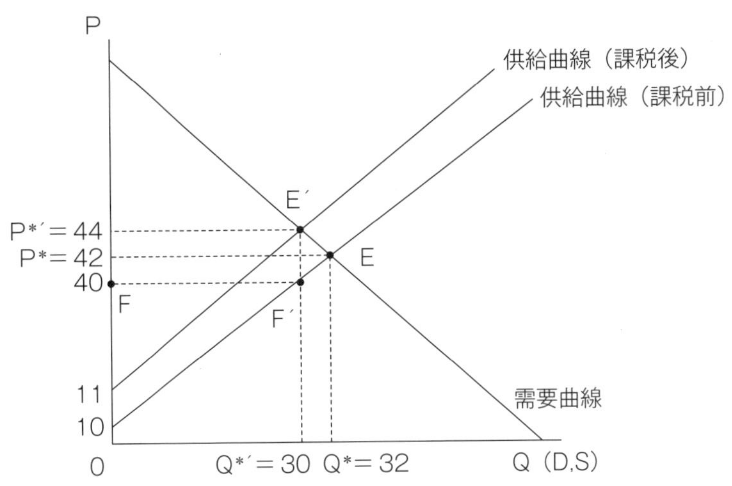

需要曲線を**P＝−D＋74**、供給曲線を**P＝S＋10**と変形すると、上の図のように描かれる。
従価税が課される前の市場均衡点Eにおいて、均衡条件式（S＝D）から均衡価格P*と均衡取引数量Q*を求めると、P*＝42、Q*＝32となる。

この財に10%の従価税が課されると、課税後の供給曲線は
　P´＝(1＋0.1)(S＋10)＝1.1S＋11　…①となり、課税後の供給曲線は図のように描かれる。

需要曲線と課税後の供給曲線との市場均衡点E´において、
均衡条件式（S＝D）から課税後の均衡価格P*´＝44、均衡取引数量Q*´＝30となる。

課税による社会的余剰の減少分、つまり**超過負担（死荷重）**は**三角形の面積△E´EF´**となる。
課税前の供給曲線上のF´における価格水準は、課税前の供給曲線P＝S＋10から、数量30の時の価格を求めると40となる。

したがって、超過負担である三角形の面積△E´EF´は

$$\triangle E'EF' = (44-40)\times(32-30)\times\frac{1}{2} = 4\times2\times\frac{1}{2} = 4$$ と求められる。

よって正解は**2**。

● **超過負担（死荷重）**…課税などの市場のゆがみから生じる総余剰の減少。

問題 13　正解 2

課税の負担

完全競争市場において、

需要曲線$D=-\frac{2}{3}P+200$、供給曲線$S=P-50$

（D：需要量、S：供給量、P：価格）が与えられている。

このとき、供給される生産物に対して1単位あたり10の従量税が課された場合、課税後の均衡において、従量税10のうち買手の負担は生産物1単位あたりいくらになるか。

1　4

2　5

3　6

4　7

5　8

解説

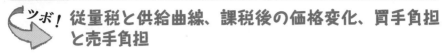

ツボ！ 従量税と供給曲線、課税後の価格変化、買手負担と売手負担

需要曲線を$P=-\frac{3}{2}D+300$、供給曲線を$P=S+50$と変形すると、下の図のように描かれる。

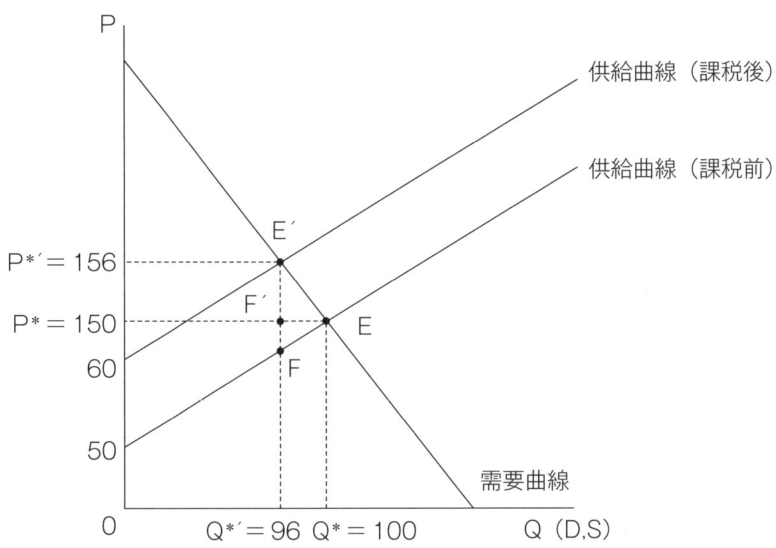

従量税が課される前の市場均衡点Eにおいて、**均衡条件式（S＝D）**から均衡価格P^*と均衡取引数量Q^*を求めると、$P^*=150$、$Q^*=100$となる。

生産物に対して1単位当たり10の従量税が課されると、課税後の供給曲線は従量税の分だけ**上方へ平行移動**する。
つまり、課税後の供給曲線は、$P=S+(50+10)=S+60$となる（変形すると$S=P-60$）。

課税後の市場均衡点E´において、均衡条件式（S＝D）から均衡価格$P^{*\prime}$と均衡取引数量$Q^{*\prime}$を求めると、$P^{*\prime}=156$、$Q^{*\prime}=96$となる。

生産物1単位あたりの従量税10（線分E´F）のうち、
・買手の負担は**価格上昇分**（P^*から$P^{*\prime}$）。つまり線分E´F´で表される。
・売手の負担は**残りの線分F´F**で表される。

したがって、買手の負担は、価格上昇分$\Delta P=P^{*\prime}-P^*=156-150=6$となり、正解は**3**。

問題 14　正解 3

問題 15 公共財の性質

次の文は、公共財に関する記述であるが、文中の空所A～Dに該当する語の組合せとして、妥当なのはどれか。

公共財は、私的財と異なり、消費における［　A　］と［　B　］という性質をもつ財として定義される。
消費における［　A　］とは、ある人の消費が他の人の消費可能性を減らさないことをいい、消費における［　B　］とは、対価を支払わない人の消費を妨げることが著しく困難であるということである。この2つの性質をあわせ持った財は、純粋公共財といわれ、例として、［　C　］や［　D　］がある。

	A	B	C	D
1	競合性	排除性	国防	交通
2	非競合性	非排除性	国防	消防
3	排除性	競合性	教育	保健
4	非排除性	非競合性	警察	交通
5	競合性	排除性	警察	保健

問題 16 公共財の最適供給

個人A、Bからなる経済において、公共財に対する需要曲線がそれぞれ

$$x_A = 2 - 3p_A$$
$$x_B = 3 - 2p_B$$

で示されている。ここで、x_Aは個人Aの公共財の需要量、p_Aは個人Aの公共財に対する限界評価、x_Bは個人Bの公共財の需要量、p_Bは個人Bの公共財に対する限界評価を表す。
また、公共財供給の限界費用曲線は

$$MC = S + \frac{1}{3}$$

で示されている。ここで、MCは限界費用、Sは公共財の供給量を表す。
このとき、パレート最適な公共財の供給量はいくらか。

1　1
2　2
3　3
4　4
5　5

解説

公共財の特徴、非競合性、非排除性、純粋公共財

- 公共財…政府が国民(あるいは住民)からあらかじめ税金を徴収し、それを財源として国民生活に必要なものとして提供されるもの。
- 私的財(もしくは経済財)…市場において、ある価格で取引されるもの。

公共財の特徴…非競合性と非排除性の2つがある。

- 非競合性…ある人の消費が他の人の消費を減らさないこと。**共同消費可能性**ともいう。
- 非排除性…対価を支払わない人の消費を妨げることが困難もしくは不可能であること。**排除不可能性**ともいう。

この2つの性質を兼ね備えたものを純粋公共財といい、国防・消防などがある。

問題 15　正解 2

解説

公共財の最適供給、社会的限界評価曲線（需要曲線)、社会的限界評価＝限界費用

問題文の個人Aと個人Bの公共財に対する需要曲線は、それぞれ以下のように変形できる。

$$p_A=-\frac{1}{3}x_A+\frac{2}{3}$$

$$p_B=-\frac{1}{2}x_B+\frac{3}{2}$$

公共財の性質である共同消費可能性(非競合性)から$x_A=x_B=S$(Sは社会全体の供給量)。

$$p_A=-\frac{1}{3}S+\frac{2}{3}$$

$$p_B=-\frac{1}{2}S+\frac{3}{2}$$

各個人の限界評価を足して社会全体の限界評価曲線P_Sを求めると、

$$P_S=p_A+p_B$$

$$=\left(-\frac{1}{3}S+\frac{2}{3}\right)+\left(-\frac{1}{2}S+\frac{3}{2}\right)$$

$$=-\frac{5}{6}S+\frac{13}{6} \quad \cdots①$$

公共財の最適供給量のための条件は、限界費用＝社会的限界評価であるから、
①式と限界費用関数から

$$MC=P_S$$

$S+\frac{1}{3}=-\frac{5}{6}S+\frac{13}{6}$を解いて、S＝1が求められる。よって正解は1。

問題 16　正解 1

問題17 市場均衡の安定性（ワルラス的調整過程）

次の図ア～オは、縦軸に価格を、横軸に需要量・供給量をとり、市場におけるある商品の需要曲線をDD、供給曲線をSSで表したものであるが、このうちワルラス的調整過程において、均衡が安定であるものを選んだ組合せとして、妥当なのはどれか。

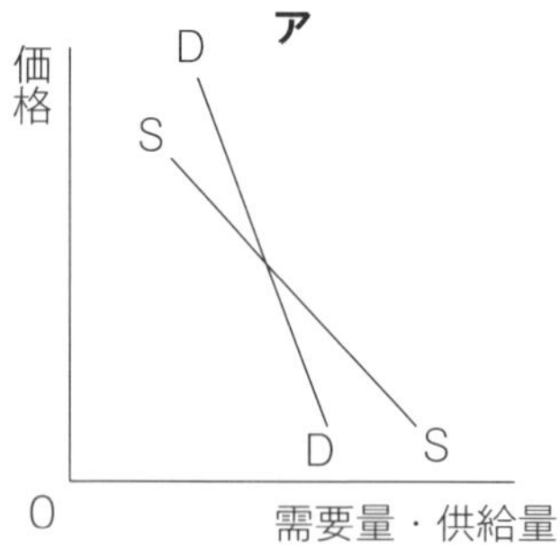

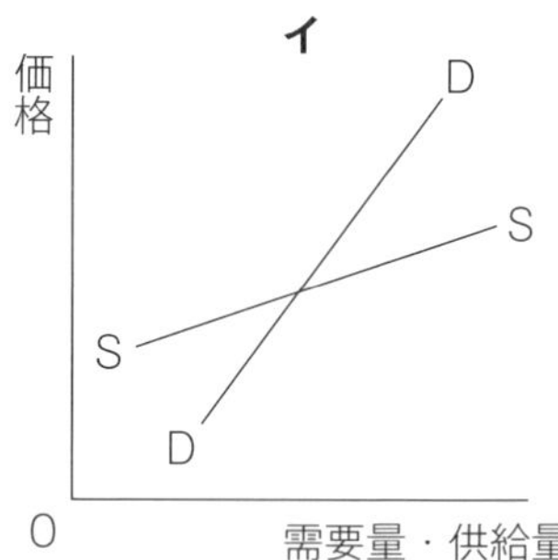

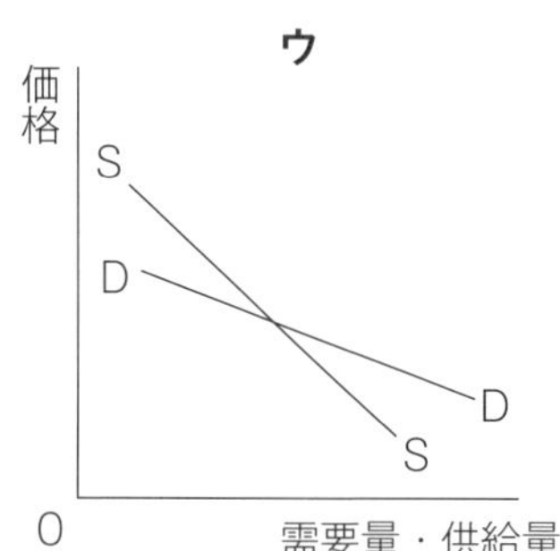

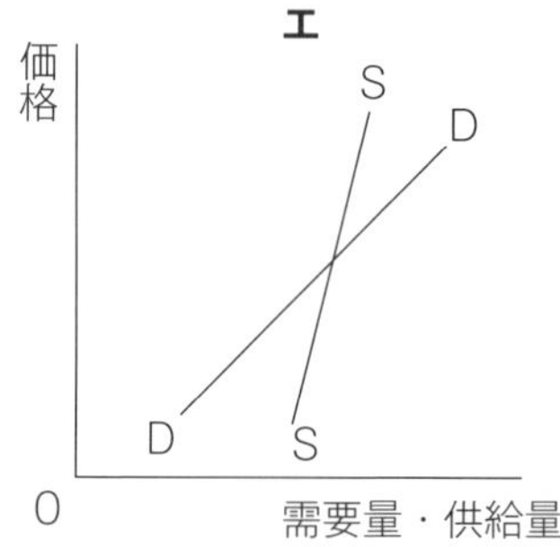

1　ア　イ　エ
2　ア　ウ　エ
3　ア　ウ　オ
4　イ　ウ　オ
5　イ　エ　オ

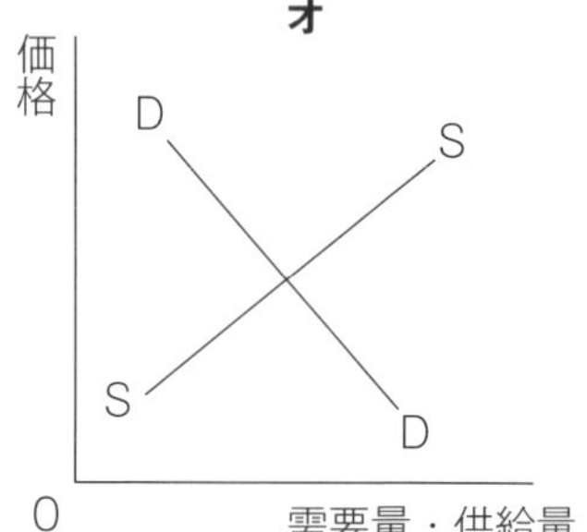

解説

市場均衡の安定性、均衡と不均衡、安定と不安定、ワルラス的調整過程を押さえる

●市場均衡…需要量Dと供給量Sが等しいこと(D=S)。超過需要(D>S)や超過供給(D<S)など両者が等しくないとき不均衡状態にあるという。

●ワルラス的調整過程…
市場が不均衡状態のとき、価格**が需要量と供給量の過不足状態を調整するように変化するメカニズム。**

超過需要(品不足:D>S)	価格は上昇する。
超過供給(売れ残りがある:D<S)	価格は下落する。

・調整過程で不均衡な状態が解消され、価格が均衡状態(D=S)における均衡価格に収束する場合、
　→**均衡は安定。**

・調整過程によって均衡価格からますます発散する場合、
　→**均衡は不安定。**

●**均衡の安定・不安定の見分け方**
需要曲線と供給曲線の交点を均衡点として、その上方か下方に水平線を引き、不均衡な状態から、**ワルラス的調整過程を経て価格が均衡価格へ向かうかどうかを判定する。**
　例)均衡価格より価格が高いときの不均衡状態からの調整過程を見た場合

左図	均衡価格より価格が高いとき	価格の変化	均衡
ア	需要曲線が右(需要量>供給量) ※価格が高いのに、欲しい人が商品より多い	さらに上昇→均衡価格から発散	不安定
イ	供給曲線が右(供給量>需要量) ※価格が高いので、欲しい人が商品より少ない	下落→均衡価格に収束	安定
ウ	供給曲線が右(供給量>需要量)	下落→均衡価格に収束	安定
エ	需要曲線が右(需要量>供給量)	さらに上昇→均衡価格から発散	不安定
オ	供給曲線が右(供給量>需要量)	下落→均衡価格に収束	安定

これより、均衡が安定であるのは、イ、ウ、オで、よって正解は4。

問題 17　正解 4

〈調整過程の安定条件〉

名称	不均衡状態からの調整過程	考え方	安定の条件
ワルラス的調整過程	価格が調整するように変化するメカニズム 例)非耐久財(スーパーの惣菜)	図に水平線を引く ・需要>供給→価格が上昇 ・供給>需要→価格が下落	$\frac{1}{\text{供給曲線の傾き}} > \frac{1}{\text{需要曲線の傾き}}$
マーシャル的調整過程	数量が調整するように変化するメカニズム 例)耐久財(自動車など)	図に垂直線を引く ・需要価格>供給価格 →供給量が増加 ・供給価格>需要価格 →供給量が減少	供給曲線の傾き>需要曲線の傾き
クモの巣の調整過程	価格に基づく生産計画を作成してから実際に供給を行うまでにタイムラグが生じる調整過程 例)農畜産物	前期の価格で今期の供給量が決定される。クモの巣のような渦を描いて少しずつ均衡価格へ近づく	供給曲線の傾きの絶対値>需要曲線の傾きの絶対値

経済分野

マクロ経済学

問題1 国民経済計算（GDP概念）

GDP（国内総生産）に関する次の記述のうち、妥当なのはどれか。

1 GDPは、国内のあらゆる生産高（売上高）を各種経済統計から推計し、これらを合計したものである。たとえば、農家が小麦を生産してこれを1億円で製造業者に販売し、製造業者がこれを材料にパンを製造して3億円で消費者に販売すれば、これらの取引きでのGDPは4億円となる。

2 GDPは「国内」での経済活動を示すものであるのに対し、GNI（国民総所得）(注)は「国民」の経済活動を示すものである。GDPでは消費、投資、政府支出等の国内需要が集計され、輸出、輸入は考慮されないのに対して、GNIはGDPに輸出を加え、輸入を控除したものとして算出される。

3 GDPは原則として、市場でのあらゆる取引きを対象とするものであるが、中古品の売買は新たな富の増加ではないから、仲介手数料も含めてGDPには計上されない。一方、株式会社が新規に株式を発行したような場合にはその株式の時価総額がGDPに計上される。

4 GDPに対してNDP（国内純生産）という概念がある。市場で取引される価格には間接税が含まれ補助金が控除されているので、GDPが、間接税を含み補助金を除いた価格で推計した総生産高であるのに対し、NDPはGDPに補助金を加えて間接税を控除したものとして算出される。

5 市場取引のない活動は原則としてGDPには計上されない。たとえば、家の掃除を業者に有償で頼めばその取引きはGDPに計上されるが、家族の誰かが無償で掃除をしてもGDPには関係しない。ただし、持ち家については、同様の借家に住んでいるものとして計算上の家賃をGDPに計上している。

（注）GNI（国民総所得）は93SNA上の概念であり、68SNAでのGNP（国民総生産）に該当する。

解説

ツボ！ GDPとGNP（あるいはGNI）、グロスとネット、付加価値の違いを押さえる

● **GDP(Gross Domestic Product：国内総生産)**…
ある国の国内である一定期間に生産された財・サービスの最終生産物の価値の合計。
他の生産のために投入される中間生産物は除いて計算されている。
＝「各生産過程において新たにつけ加えられた付加価値の合計」とも言える。

● **GNP(Gross National Product：国民総生産)**…
ある国の国民によってある一定期間に生産された財・サービスの最終生産物の価値の合計。
GNI(Gross National Income：国民総所得)は、概念上はGNPに該当する。

● **GDPとGNPの違い**…
GDP：生産物の価値を、一国の領土内での生産(土地基準)でみたもの。
GNP：国内外の日本人による生産(人を基準)としてみたもの。

GDPやGNPは**グロス**(Gross)の概念で、これは「大雑把な粗い計算」という意味である。
一方で**ネット**(Net)の概念は、生産された機械・設備などの投資財が使用されることによって価値が減耗した分、すなわち固定資本減耗分(減価償却)を引いた価値を指す。
○NDP(国内純生産)＝GDP－固定資本減耗分
○NNP(国民純生産)＝GNP－固定資本減耗分
○NI(国民所得)＝NNP－間接税＋補助金

● 三面等価の原則…GDPは生産面、総所得(分配面)、総支出(支出面)から見ても同じ大きさとなること。
→生産物の価値は、その生産に寄与した生産要素に所得として分配され、その所得によって財・サービス(生産物)が購入(支出)される。
※総支出(総需要)は、対外取引を考慮した場合には、国内需要である**消費、投資及び政府支出に、国外需要(純輸出：輸出－輸入)を加えたもの**で構成される。

● **GDPやGNPに計上されないもの**
・家事労働のように市場取引されないもの
・違法行為
※中古品や株式などは新たに生み出された付加価値ではないので、それ自体の価値は計上されない。(ただし取引手数料はサービスの価値として計上される)
※持ち家の場合、「帰属家賃」という解釈で、自らが自らに家賃を支払うかのようにサービスの価値が計上される。

1-× パンの生産のための小麦は中間生産物なので計上されない。
2-× GDPは支出面から見ると純輸出も含む。GNI＝GDP+海外からの純要素所得。
3-× 仲介手数料は計上される。株式の時価総額は計上されない。
4-× NDP＝GDP－固定資本減耗分。
5-○

問題 1 正解 5

問題 2 産業連関表

次の表は、封鎖経済の下で、すべての国内産業がA、B及びCの3つの産業部門に分割されているとした場合の単純な産業連関表であるが、表中のア～カに該当する数字の組合せとして、妥当なのはどれか。

投入＼産出		中間需要 A産業	中間需要 B産業	中間需要 C産業	最終需要	総産出額
中間投入	A産業	20	30	50	**ア**	**イ**
	B産業	40	40	20	60	160
	C産業	**ウ**	30	110	60	**エ**
付加価値		100	**オ**	90		
総投入額		230	**カ**	270		

	ア	イ	ウ	エ	オ	カ
1	130	220	60	260	60	160
2	120	220	60	270	50	150
3	120	220	60	260	50	150
4	130	230	70	270	50	160
5	130	230	70	270	60	160

解説

総投入＝総産出、総投入＝中間投入＋付加価値、総産出＝中間需要＋最終需要

●**産業連関表**…いくつかの産業から構成される経済の投入-産出の関係を表したもの。以下の関係が成立する。

・各産業において、総投入額＝総産出額。
・各産業の投入の合計：表の列(上→下)でみると、中間投入＋付加価値＝総投入額。
・各産業の総産出額：表の行(左→右)でみると、中間需要＋最終需要＝総産出額。

この産業連関表の仕組みから、問題の表の穴を埋めることができる。

まず、A産業についてみていく。
総投入額＝総産出額の関係から、
A産業の総投入額＝230→A産業の総産出額(イ)＝230　イ＝230。
A産業の行をみると、**中間需要＋最終需要＝総産出額**の関係から
A産業の中間需要(20＋30＋50)＋最終需要(ア)＝総産出額(230)
ア＝230－100＝130。

次に、B産業についてみていく。
総投入額＝総産出額の関係から、
B産業の総投入額＝カ→B産業の総産出額＝160　カ＝160。
B産業の列をみると、**中間投入＋付加価値＝総投入額**の関係から
B産業の中間投入(30＋40＋30)＋付加価値(オ)＝総投入額(カ＝160)
オ＝160－100＝60。

最後に、C産業についてみていく。
総投入額＝総産出額の関係から、
C産業の総投入額＝270→C産業の総産出額＝エ　エ＝270。
C産業の行をみると、**中間需要＋最終需要＝総産出額**の関係から
C産業の中間需要(ウ＋30＋110)＋最終需要(60)＝総産出額(270)
ウ＝270－200＝70。
よって正解は5。

問題 2 正解 5

問題 3 マクロ経済モデル（開放モデル）

ある国のマクロ経済が次のように示されている。

$Y=C+I+G+EX-IM$

$C=100+0.8(Y-T)$

$IM=0.1Y$

ここで、Yは国民所得、Cは民間消費、Iは民間投資（一定）、Gは政府支出、EXは輸出（一定）、IMは輸入、Tは租税を表す。
今、政府支出と租税がともに15増加したとする。このとき、均衡国民所得はいくら増加するか。

1　10
2　15
3　20
4　25
5　30

解説

均衡条件式に与えられた消費関数、輸入関数を代入する

- 消費関数…家計の消費と可処分所得の関係を定める関数。
  ケインズの消費関数　C=A+cY　A：基礎消費 c：限界消費性向 Y：国民所得
- 限界消費性向(c)…可処分所得(税引後所得)の増加分に対する消費の増加分の割合(0<c<1)。
- 乗数効果…一定の条件下で有効需要を増加させたとき、需要の増加分より大きく国民所得が増加する現象。所得が増えると人々が消費を増やし、するとまた別の人々の所得が増える、というように、当初の需要の増加分が国民所得の増加分に及ぼす効果が数倍になるという理論を**乗数理論**という。

- 開放経済…………………外国との金融・貿易取引をしている経済。
- 開放マクロ経済モデル…国民経済モデル(閉鎖経済モデル)に、外国との取引状況を見るための海外部門を加えた経済モデル。

〈均衡条件式〉 $\underset{\text{国民所得}}{\underline{Y}} = \underset{\text{消費}}{\underline{C}} + \underset{\text{投資}}{\underline{I}} + \underset{\text{政府支出}}{\underline{G}} + \underset{\text{輸出}}{\underline{EX}} - \underset{\text{輸入}}{\underline{IM}}$

均衡条件式に与えられた**消費関数** C=100+0.8(Y−T)、**輸入関数** IM=0.1Yを代入すると、

$$Y=100+0.8(Y-T)+I+G+EX-0.1Y$$
$$=100+0.8Y-0.8T+I+G+EX-0.1Y$$
$$(1-0.8+0.1)\,Y=100-0.8T+I+G+EX$$
$$0.3Y=100-0.8T+I+G+EX$$

$Y=\dfrac{1}{0.3}(100-0.8T+I+G+EX)$ …①　となる。

GとTがともに15増加するので、増加分(Δ)で表すとΔG=ΔT=15。

乗数理論を使うと、①式より、ΔGとΔTがYの変化(ΔY)へ及ぼす効果は、

$\Delta Y=\dfrac{1}{0.3}(-0.8\times\Delta T+\Delta G)$　となるので、ΔT=ΔG=15より

$$\Delta Y=\frac{1}{0.3}(-0.8\times15+15)$$
$$=\frac{1}{0.3}(-12+15)$$
$$=10$$

よって正解は1。

問題 3　正解 1

問題 4 IS-LMモデル（図解）

次の図は、縦軸に利子率を、横軸に国民所得をとり、IS曲線とLM曲線を描き、その交点をE、IS曲線が右側にシフトした線をIS_1曲線、LM曲線が右側にシフトした線をLM_1曲線とし、その交点をE_1、IS曲線とLM_1曲線の交点をE_2、IS_1曲線とLM曲線の交点をE_3で表したものであるが、図に関する記述のうち、妥当なのはどれか。

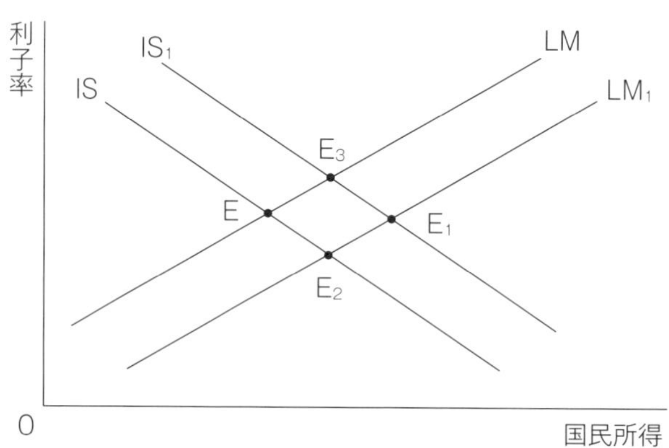

1 財政政策による政府支出が、市中消化による国債の形で賄われた場合には、その分だけ貨幣供給量が増加するから、LM曲線が右方向にシフトし、均衡点はEからE_2に移る。

2 流動性のわなが発生した場合、財政政策は無効となり、IS曲線が右方向にシフトし、均衡点はEからE_3に移る。

3 IS曲線とLM曲線が交差する点Eでは、生産物市場と貨幣市場の双方において同時に均衡が成立するが、債券市場の均衡は同時には成立しない。

4 財政政策による政府支出が、中央銀行引受けによる国債の形で賄われた場合には、その分だけ貨幣供給量が増加するから、LM曲線がIS曲線のシフトに連動して移動し、均衡点はEからE_1に移る。

5 クラウディング・アウトが発生した場合、利子率は下がり、LM曲線が右方向にシフトし、均衡点はEからE_2に移る。

解説

IS曲線とLM曲線、財政政策の効果、金融政策の効果

●IS-LMモデル…
財市場と貨幣市場が同時均衡しているときの、マクロ経済の重要な指標である国民所得と利子率の大きさを示した分析道具である。
財政政策や金融政策が国民所得や利子率に及ぼす効果を、図で示すことができる。
○IS曲線…財市場が均衡(総需要＝総供給)しているときの利子率と国民所得との組合せ。IS曲線上では財市場は均衡しており、外れたところでは財市場は不均衡。
○LM曲線…貨幣市場が均衡(貨幣需要＝貨幣供給)しているときの利子率と国民所得との組合せ。LM曲線上では貨幣市場は均衡しており、外れたら貨幣市場は不均衡。

●財政政策・金融政策とIS-LMモデル

財政政策	拡張的政策	IS曲線は右にシフト	金融政策	緩和政策	LM曲線は右下方にシフト
	緊縮政策	IS曲線は左にシフト		引締め政策	LM曲線は左上方にシフト

●**国債の**市中消化…
政府が国債発行によって財源を賄う場合に、国債の市中消化とは民間部門から資金調達がなされることを意味し、貨幣供給量は変化しない。
●**国債の**中央銀行引受け…
国債を中央銀行が引き受ける形で政府が資金調達する場合、資金が中央銀行から市中に出回るので貨幣供給量が増加する。
●クラウディング・アウト…
景気対策としての政府支出の増大は、国民所得の増大と利子率の上昇を招くが、この**利子率の上昇によって民間の投資が抑制される**ため**政府支出増大の効果が減殺**されてしまうこと。
●流動性のわな…
貨幣需要が利子率に対して完全に弾力的に反応する状況(貨幣需要の利子弾力性が無限大)では**LM曲線は水平**に描かれ、金融政策によって利子率を変化させることはできなくなる。
→国民所得の増加に対して金融政策が無効となる。

1-× 政府支出増大によってIS曲線の右シフト。国債の市中消化はLM曲線のシフトとならない。よって均衡点はE点からE_3点へ。
2-× 流動性のわなのケースでは、金融政策が無効(水平のLM曲線)。逆に、拡張的財政政策の場合、IS曲線の右シフトで国民所得を増加させることができるので有効である。
3-× IS曲線とLM曲線の交点では、生産物市場(財市場)と貨幣市場の同時均衡が成立している。また、貨幣市場の均衡は同時に債券市場の均衡を意味する。
4-○
5-× 政府支出増大(IS曲線の右方向シフト)によって、元の利子率の下、生産物市場均衡の状況で国民所得は増加するが、貨幣市場は不均衡となり、利子率は上昇する。これにより、クラウディング・アウト効果が生じ、最終的には均衡点はE_3点に移動する。

問題 4　正解 4

問題 5 IS-LMモデル（計算）

ある国の、伝統的なIS-LMモデルに基づくマクロ経済モデルが次のように与えられているとする。

$Y=C+I+G$
$C=100+0.8Y$
$I=90-5i$
$M=L$
$L=0.4Y-5i+30$

（Y：国民所得、C：消費、I：投資、G：政府支出、i：利子率、M：貨幣供給量、L：貨幣需要量）

この場合、政府支出を30増やしたときの国民所得と利子率の変化についての記述として最も適当なのはどれか。

1 国民所得は45増加し、利子率は5上昇する。
2 国民所得は50増加し、利子率は4上昇する。
3 国民所得は55増加し、利子率は3上昇する。
4 国民所得は60増加し、利子率は2上昇する。
5 国民所得は65増加し、利子率は1上昇する。

問題 6 経済成長理論

競争経済下の、ある国民経済が実現できる実質GDPは、投入する労働力人口をL、資本設備規模をK、全要素生産性をAとすると、

$Y=AL^{0.6}K^{0.4}$

で表される。

すべての資源は常に完全雇用されるものとして、労働力人口増加率が10%、資本蓄積率が25%、実質経済成長率が6%のとき、この経済の全要素生産性上昇率として最も適当なのはどれか。

1 −10%
2 −5%
3 0%
4 5%
5 10%

解説

ツボ！ 財市場均衡条件式（Y=D）、貨幣市場均衡条件式（M=L）、貨幣市場と財市場の同時均衡

まず、財市場均衡条件式からIS曲線は

$$Y=C+I+G$$
$$=100+0.8Y+90-5i+G$$
$$0.2Y=190-5i+G \quad \cdots①$$となる。

次に、貨幣市場均衡条件式からLM曲線は

$$M=L$$
$$=0.4Y-5i+30$$
$$0.4Y=5i-30+M \quad \cdots②$$となる。

①式を各変数の変化分（Δ）で表すと

$$0.2\Delta Y=-5\Delta i+\Delta G \quad \cdots①'$$

同様に、②式を各変数の変化分（Δ）で表すと

$$0.4\Delta Y=5\Delta i+\Delta M \quad \cdots②'$$

ここで、政府支出を30増加させるので$\Delta G=30$であり、
金融政策については言及されていないので$\Delta M=0$である。
よって①'式に$\Delta G=30$を、②'式に$\Delta M=0$を代入して

$$0.2\Delta Y=-5\Delta i+30 \quad \cdots①''$$
$$0.4\Delta Y=5\Delta i \quad \cdots②''$$

①"式と②"式を連立させて解くと、$\Delta Y=50$、$\Delta i=4$が求められる。よって正解は**2**。

問題 5　正解 2

解説

ツボ！ 生産関数を伸び率で表し、各要素を代入する

コブ=ダグラス型生産関数$Y=AL^{0.6}K^{0.4}$を変化率で表すと

$$\frac{\Delta Y}{Y}=\frac{\Delta A}{A}+0.6\frac{\Delta L}{L}+0.4\frac{\Delta K}{K} \quad \cdots①$$

ここで$\frac{\Delta Y}{Y}$（実質経済成長率）=0.06、$\frac{\Delta L}{L}$（労働人口増加率）=0.1、$\frac{\Delta K}{K}$（資本蓄積率）=0.25を①式に代入すると

$$0.06=\frac{\Delta A}{A}+0.6\times0.1+0.4\times0.25$$

$$\frac{\Delta A}{A}=0.06-0.06-0.1$$
$$=-0.1$$

つまり全要素生産性上昇率$\frac{\Delta A}{A}$は−10%で、よって正解は**1**。

問題 6　正解 1

経済分野

財政学

問題 1 財政の役割

財政の役割に関する記述として、妥当なのはどれか。

1 資源配分機能は、民間経済における資源配分上の非効率性があるときに、政府の介入によって資源配分の効率性を促進する機能であり、例としては、公園や道路がある。

2 資源配分機能は、消費における排除性と競合性を備えている公共財を供給する機能であり、例としては、国防や警察がある。

3 経済安定化機能には、政府が経済状況に応じて景気の過熱を抑制したり、景気の回復を促進したりするビルト・イン・スタビライザー機能があり、例としては、減税や国債の発行がある。

4 所得再分配機能には、自動的に景気変動を抑制するフィスカル・ポリシー機能があり、例としては、社会保障給付がある。

5 所得再分配機能は、政府が市場経済のメカニズムを通じて個人間の所得格差を調整する機能で、例としては、公共交通機関や累進所得税がある。

解説

財政には効率的資源配分機能、経済安定化機能、所得再分配機能がある

●政府の財政…租税を徴収しそれを財源としてさまざまな政府支出を行う政府活動を、経済的側面から見たもの。

財政の役割としては、次の3つの機能がある。

資源配分機能	効率的資源配分を達成できないような「市場の失敗」のケースに対処する。 公共財の提供や外部不経済への政府介入など。
経済安定化機能	財政の仕組みを通じて景気の安定化を図ること。 マクロ経済政策としての財政政策を景気変動に合わせて実施する裁量的財政政策や、自動安定化装置(ビルト・イン・スタビライザー)がある。 ※ビルト・イン・スタビライザー…財政の仕組みの中に自動的に組み込まれている制度によって景気を安定化させるもの。累進課税制度や失業保険など。
所得再分配機能	経済活動によって生じる所得格差など分配の不平等を是正すべく、財政の仕組みを通じて再分配する機能。 累進所得課税、医療保険や年金などの社会保障制度がある。

1-○
2-× 公共財の特徴は非排除性と非競合性。
3-× 経済状況に応じて実施されるのは裁量的財政政策(フィスカル・ポリシー)。
4-× 所得再分配機能は、景気を安定化させる経済安定化機能ではない。
5-× 公共交通機関は所得再分配機能ではない。

問題 1 正解 1

問題 2 我が国の財政制度

我が国の財政制度に関する次の記述のうち、妥当なのはどれか。

1 国の予算の内容は、予算総則、歳入歳出予算、継続費、繰越明許費及び国庫債務負担行為からなっている。このうち、継続費とは、工事、製造その他の事業で完成に数会計年度を要するものについて、経費の総額及び年割額を定め、あらかじめ国会の議決を経て、数年度にわたって支出するものである。

2 建設国債は、財政法に基づき、公共事業費の財源にあてる場合にのみ発行されるものである。他方、特別国債(赤字国債)は、単年度立法ではなく別途特別に制定されている恒久法に基づくもので、公共事業費以外の財源にあてる場合に発行されるものである。

3 特別会計は、国が行う事業や国の有する機能に着目し、これらにかかる収支を明確化するために、一般会計と区分して設けられる会計であり、国家行政組織法で例外として認められている。このため、特別会計は、一般会計とは異なり、国会審議が不要となっており、より弾力的・効率的な運営が可能となっている。

4 地方交付税は、税源の偏在からくる地方公共団体間の財政力格差を調整し、財政力の弱い自治体であっても、ナショナルミニマムとしての行政サービスを維持できるよう必要な財源を保障する機能をもっている。そのため、行政サービスを維持するという条件の下、その使途を特定して、すべての地方公共団体に交付されている。

5 税負担の公平については、経済力が同等の者は等しく負担すべきであるという垂直的公平の概念と、大きな経済力をもつ者はより多く負担すべきであるという水平的公平の概念があり、所得税は水平的公平に、消費税は垂直的公平に資する面が強い。

解説

ツボ! 予算制度、一般会計と特別会計、建設国債と特別国債（赤字国債）

国の予算制度は、予算の内容(政府が国会に提出する予算の内容)や予算の種類(3つの予算)、予算原則や会計年度など、さまざまな仕組みから成り立っている。

- 予算の内容…予算総則、歳入歳出予算、継続費、繰越明許費、国庫債務負担行為。
- 予算原則……事前議決の原則、総計予算主義の原則、財政状況の国会及び国民に対する報告。
- 予算の種類…一般会計予算、特別会計予算、政府関係機関予算。
  すべて国会の審議・議決を経ることが必要。
- 会計年度……予算の単年度主義、会計年度独立の原則。

予算には以下の種類があり、いずれも国会の審議・議決が必要とされる。

- 本予算……年度が始まる前に成立する予算。
- 暫定予算…新年度開始までに本予算が成立していないときに暫定的に組まれる予算。
- 補正予算…災害や政策変更などによって当初予算通りの執行が困難・不可能あるいは不適切になった場合に必要とされる予算。

- 予算過程

①内閣が予算を編成して国会に提出
②**衆議院の予算先議権**のもと審議・議決
③参議院に提出されて審議・議決
④予算成立
※参議院にて衆議院と異なる議決となった場合
→両院協議会が開かれ、意見の不一致が見られる場合は衆議院の議決が国会の議決となる。

1-○
2-× 建設国債は公共事業費や出資金及び貸付金の財源にあてる場合にのみ発行される。特例公債(赤字国債)は、公共事業費等以外にあてる資金を調達することを目的としており、単年度立法の財政特例法に基づいて発行される。
3-× 特別会計は、特定の事業を行う場合、あるいは特定の資金を保有してその運用を行うときの予算であり、国会での審議・議決を必要とする。
4-× 地方交付税は一般財源であり、使途は特定されていない。地方交付税総額の95%前後を占める普通交付税(残りは特別交付税)は、地方財源不足を補てんするかたちで決定され、すべての地方公共団体に交付されるわけではない。
5-× 経済力が同等の者は等しく負担すべきというのは水平的公平の概念で、消費税はこれに資する。大きな経済力をもつ者はより多く負担すべきであるというのは垂直的公平の概念で、所得税はこれに資する。

問題 2　正解 1

財政学

問題 3 財政投融資

我が国における現在の財政投融資制度に関する記述として、妥当なのはどれか。

1 財政投融資は、有償資金等を活用して特定の事業等を政策的に支援する仕組みであり、その原資は、財政融資、産業投資、政府保証の3つである。

2 財政投融資は、財政政策を有償資金の活用により実施する手段であるため、一般会計予算とは異なり、国会の議決を受ける必要はない。

3 郵政事業は民営化されたが、郵便貯金資金や簡易生命保険資金は、例外的に財政投融資計画の範囲内で地方公共団体に直接融資されている。

4 財投債は、国が発行する債券であり、償還、利払いが租税によって賄われていることから、国民経済計算体系上も債務に分類される。

5 財政投融資計画額は、年々減少傾向にあるが、財政投融資計画残高は、平成19年度には過去最高の規模となった。

問題 4 ラムゼイ・ルール（最適課税）

最適課税におけるラムゼイのルールに関する記述として、妥当なのはどれか。

1 逆弾力性の命題によると、食料品や日用品は需要の価格弾力性が低く、課税すると超過負担が大きくなるため、相対的に低い税率を課すことになる。

2 逆弾力性の命題によると、ぜいたく品は需要の価格弾力性が高く、課税しても超過負担が小さいため、相対的に高い税率を課すことになる。

3 逆弾力性の命題によると、食料品や日用品は需要の価格弾力性が低く、課税しても超過負担が小さいため、相対的に高い税率を課すことになる。

4 逆弾力性の命題によると、税率の高さと財の超過負担は逆比例するので、すべての消費財に対して同じ税率で課税することになる。

5 逆弾力性の命題によると、消費者間の公平性を維持するには、需要の価格弾力性にかかわりなく、すべての消費財に対して同じ税率で課税することになる。

財政学

解説

財政投融資、その原資、財政投融資計画、財投債と財投機関債の意味をチェック

●財政投融資…財投債の発行など国の信用等に基づき調達した資金を財源とする投融資活動。政策的な必要性がある大規模・超長期プロジェクトの実施を可能とするため、民間金融では困難な長期資金の提供や、有償資金のさまざまな財投機関への貸し付けを行っている。

財政投融資の原資	財政融資、産業投資、政府保証。
財政投融資計画	予算編成作業とあわせて行われ、財政投融資計画は国会に提出される。 それぞれの原資ごとに予算の一部として国会の審議・議決を受ける。
財投債と財投機関債	財投債は国が発行する国債で、財投機関債は、独立行政法人など財投機関が独自に発行する政府保証のない公募債券。

1-○
2-× それぞれの原資ごとに予算の一部として国会の審議・議決を受ける。
3-× 郵貯資金や簡保資金は平成19年の改革以降、直接融資はなされていない。
4-× 財投債は、通常の国債とは異なるため政府債務でなく公的企業の債務に分類される。
5-× 平成8年が過去最高。

問題 3 正解 1

解説

最適課税、ラムゼイ・ルール、逆弾力性の命題、租税負担の逆進性

●最適課税の問題……間接税の税率を決定する際、ある一定額の税収入を確保しながら、資源配分の歪みを最小にするためには、どのような税率にすべきか、という問題。

●ラムゼイ・ルール…個別の財に対する税率は、**需要の価格弾力性に反比例**するように決定されるべきという考え(逆弾力性の命題)。

●逆弾力性の命題……需要の価格弾力性が大きい財には、より低い税率を課す。
需要の価格弾力性が小さい財(必需品)には、より高い税率を課す。

●租税負担の逆進性…需要の価格弾力性が小さい必需品に、より高い税率を課すことは、低所得者層にとって負担が大きいという意味で逆進的な税となる。

1-× 需要の価格弾力性の小さい必需品には高い税率を課す。
2-× 需要の価格弾力性の大きいぜいたく品には低い税率を課す。
3-○
4-× すべての消費財に同じ税率を課すのではない。
5-× 同じ税率ではない。逆弾力性の命題によると負担は逆進的となる。

問題 4 正解 3

問題 5 公債負担

公債負担の考え方に関する記述として、妥当なのはどれか。

1 スミスらの古典派は、一国全体の利用可能な資源が限られている以上、財政支出の時点で民間の資源が公的部門に移転し減少するという点で、租税も公債も同じく現在世代の負担になり、将来世代に負担は転嫁されないとした。

2 ブキャナンは、負担を資本蓄積の減少による将来所得の減少ととらえ、公債による財源調達は、租税に比べ、より大きな民間投資の減少をもたらして将来所得を減少させるので、将来世代に負担が転嫁されるとした。

3 モディリアーニは、負担を個人レベルでの効用や利用可能な資源の強制的な減少ととらえ、租税は強制的取引であるから公債償還のための課税には負担が生じ、発行時世代から償還時世代への負担の転嫁が起こるとした。

4 ボーエン＝デービス＝コップは、負担を生涯消費の減少ととらえ、世代を越えて公債の発行と償還が行われると、現在世代よりも将来世代の消費量が減少し、将来世代に負担が転嫁されるとした。

5 ケインズ派は、公債発行により民間資金が非生産的な公共支出に転換するため、民間資本蓄積が阻害されて将来の生産力が減少し、また、将来世代に元利償還のための租税負担をもたらす結果、将来世代に負担が転嫁されるとした。

解説

公債発行と負担の転嫁、リカード＝バローの中立命題

《公債負担の問題》

政府が発行する公債によって、将来世代にその償還のための負担が転嫁されるかどうか。
負担の転嫁の有無については、学派によって異なる学説が提示されている。

提唱者	将来世代への負担転嫁	主張
リカード＝バロー	ない	・公債発行により、現在世代は将来時点における償還のための**増税を見込んで貯蓄をするので**将来世代への負担の転嫁はない。 ・リカードは現在世代が次世代へ資産を残すために資産を蓄積するとした。 ・バローは現在世代が自らの将来のために資産を蓄積するとした。 ●リカード＝バローの中立命題(等価定理) 拡張的財政政策としての政府支出増大の効果は、その財源を公債発行によっても増税によっても違いはなく同じである。
ラーナー(新正統派)	内国債はない 外国債はある	・公債発行は一国内での民間から政府への資産の移転とした。 ・内国債(国内で発行される国債)であれば一国全体で将来世代への負担の転嫁はない。 ・外国債(国外で発行される国債)の場合は、将来世代への負担の転嫁となる。
ブキャナン	ある	・公債発行により、将来の償還時点で増税がなされるため、将来世代の納税者への負担の転嫁となる。
モディリアーニ	不完全雇用の場合はない 完全雇用状態ならばある	・不完全雇用の場合には、将来世代への負担の転嫁とはならない。 ・完全雇用状態での公債発行は、民間の投資が抑制されるため、資本蓄積の低下、すなわち生産力低下をもたらすので、将来世代への負担の転嫁となる。
ボーエン＝デービス＝コップ	ある	・公債発行は、将来の償還時点において将来世代に増税を課すため、将来世代の消費を減少させることから将来世代への負担の転嫁となる。

1-× 公債発行を、民間から公的部門への資源の移転とするのはラーナー。
2-× ブキャナンは資本蓄積の減少による将来所得の減少を負担と考えたのではない。
3-× ブキャナンの主張。
4-○
5-× モディリアーニの主張。

問題 5　正解 4

経済分野

経済政策

問題 1 財政・金融政策

/ / /

あるA国の政府は、巨額の財政赤字を削減する政策として政府支出の縮小及び増税を行うことを決めた。
同国の中央銀行も財政赤字には懸念を抱いており、このような状況下で、もし赤字削減政策が実行されるなら、中央銀行はそれによるマクロ経済へのマイナス効果をやわらげるため、政府と協調的な金融政策を採用しようと考えた。
この場合、標準的なIS-LMモデルに基づいて想定される金融政策として最も適当なのはどれか。

1 公開市場操作で買いオペレーションを行う。

2 基準貸付利率(公定歩合)を引き上げる。

3 長期金利の誘導目標値を引き上げる。

4 短期金利の誘導目標値を引き上げる。

5 法定準備率を引き上げる。

問題 2 貨幣乗数

/ / /

公衆の保有する現金通貨をC、預金通貨をD、市中銀行の支払い準備金をR、ハイパワード・マネーをH、マネー・ストックをMとする。
このとき、

$$M=C+D$$

$$H=C+R$$

が成り立つものとする。

今、現金・預金比率$\frac{C}{D}=0.5$、支払い準備金・預金比率$\frac{R}{D}=0.3$であるとすると、ハイパワード・マネーが50億円増加された場合、貨幣乗数式に基づいて計算したときのマネー・ストックの増加額はどれか。

1 18億7,500万円

2 31億2,500万円

3 81億2,500万円

4 93億7,500万円

5 100億円

解説

IS-LM分析と財政政策・金融政策の手段をチェック

- 財政赤字削減には、政府支出削減と増税という緊縮的財政政策が必要だが、国民所得（もしくはGDP）水準の低下を招く（IS曲線の左方シフト）。※P153参照。

→中央銀行としてはこれに対処すべく、金融緩和政策を実施する必要がある（LM曲線の右下方シフト）。

- **金融緩和政策の具体的手段：**
  基準貸付利率（公定歩合）の引下げ/法定準備率の引下げ/買いオペレーション/長短金利の誘導目標値の引下げ　など。

1-○　2-×　3-×　4-×　5-×　2～5では引き下げる必要あり。

問題 1　正解 1

解説

ハイパワード・マネー、マネー・ストック、貨幣乗数

- 貨幣乗数…ハイパワード・マネー（＝マネタリーベース：現金と中央銀行への準備預金の合計）。1単位に対して、何単位のマネー・ストックを作り出すことができるかを示す指標。金融機関が融資を通じて新たな預金を生み出し、それがまた新しい融資に繋がる「金融機関の信用創造機能」によって、経済に必要な資金がどの程度効率的に市中に供給されているかを反映する。
- 求め方…市中の通貨供給量（マネー・ストック）をマネタリーベースで割る。

ハイパワード・マネーHとマネー・ストックMの式から、HとMの関係式を導くと

$$M=\frac{M}{H}\times H=\frac{C+D}{C+R}\times H=\frac{\frac{C}{D}+\frac{D}{D}}{\frac{C}{D}+\frac{R}{D}}\times H=\frac{c+1}{c+r}\times H$$ …①と表せる。

ここで現金・預金比率 $c=\frac{C}{D}$、支払い準備金・預金比率 $r=\frac{R}{D}$ である。

①式を貨幣乗数 $\frac{c+1}{c+r}$ と、M及びHの変化分で表すと $\Delta M=\frac{c+1}{c+r}\Delta H$ となり、

c、r、ΔHの値を代入すると

$$\Delta M=\frac{0.5+1}{0.5+0.3}\times 50=\frac{1.5}{0.8}\times 50$$

$=93.75$（億円）　と求められる。よって正解は4。

問題 2　正解 4

経済分野

経営学

問題1 経営学説①

意思決定権に関するA～Dの記述のうち、妥当なものを選んだ組合せはどれか。

A サイアート＝マーチは、組織に参加する個人が行う意思決定には、個人の目的や動機を満足するために行う個人的意思決定と、個人の目的に直接の関係がなく組織の目的を達成するために行う組織的意思決定との2つがあるとした。

B アンゾフは、企業の意思決定を、外部環境の変化に適応するための製品－市場の選択などに関わる戦略的意思決定、最大限の業績があがるように企業の資源を組織化するための管理的意思決定、企業資源の転化のプロセスの効率を最大化するための業務的意思決定の3つに分類した。

C ハイネンは、現実の組織的意思決定を、選択機会、参加者、問題、解という4つの流れが偶然に交錯した産物であるとし、選択機会を各参加者がさまざまな問題や解を独立に投げ込むゴミ箱とみなして、この中で問題と解が参加者のエネルギーによって結びつけられ一定の選択が行われるというゴミ箱モデルを提唱した。

D サイモンは、意思決定を、日常反復的に発生する問題に対し明確な処理手続きがすでに設定されている定型的意思決定と、問題が構造化されていないために意思決定プロセスが複雑となる非定型的意思決定との2つに分類した。

1 A B
2 A C
3 A D
4 B C
5 B D

問題2 経営学説②

モチベーション論に関する記述として、妥当なのはどれか。

1 マグレガーは、欲求階層説を提唱し、人間はまず生理的欲求や安全の欲求を満たすために行動するが、それが満たされるとより高次な欲求である自己実現への欲求を満たそうとして行動するとした。

2 ハーズバーグは、職務要因には動機づけ要因と衛生要因の2種類があり、衛生要因を改善することは職務不満を予防するにすぎず、職務に対する積極的取組や満足感を生むためには動機づけ要因が不可欠であるとした。

3 アージリスは、Y理論において、人間は条件次第では責任を引き受けるばかりか、自ら進んで責任をとろうとするという特性をもっているとした。

4 アルダーファーは、人間を動機づける力は基本的に期待と達成することによって得られるかもしれない報酬の価値との積によって示されるとした。

5 ブルームは、人間の欲求を低次から順に生存・関係・成長の3欲求に区分し、その3欲求の頭文字をとり、ERG理論とした。

解説

サイモンとアンゾフの意思決定の分類を押さえる

●サイモン…意思決定を以下の2つに分類。

非定型的(プログラム化されてない)意思決定	戦略的な意思決定に関する領域 非反復的で毎回新たな処理策を必要とする対象	新製品開発など
定型的(プログラム化された)意思決定	経験の蓄積によって定型化可能な領域	給与計算など

●アンゾフ…意思決定の種類を、組織階層の相違によって3つに分類した。

戦略的意思決定	トップマネジメントによる全社的経営戦略など。
管理的意思決定	ミドルマネジメント(部長・課長)の部門管理、業務戦略など。
業務的意思決定	ロワーマネジメント(係長以下)の業務現場での指揮監督など。

●ゴミ箱モデル…現実の意思決定過程は諸要素が偶発的に結びついて決定されるとする説。マーチ、オルセン、コーエンが提唱した。

A-× バーナードの説明。
B-○
C-× ハイネンはケルン学派の主導者。
D-○

問題 1 正解 5

解説

さまざまなモチベーション論の概要を押さえる

●マズローの欲求段階説：欲求には5段階あり、低次の欲求が満たされると高次の欲求を満たすべく人間は行動するという説。

①生理的欲求／②安全を求める欲求／③愛と帰属の欲求／④認められたい欲求／⑤自己実現欲求

●マグレガーのX−Y理論：X理論に基づく管理からY理論による管理への移行を主張。

X理論	人は元来仕事嫌いで、強制や命令によってしか働かず、責任回避したがる存在。
Y理論	人は状況次第で、自己の欲求実現に向けて自主的に仕事に取り組む存在。

●ハーズバーグの動機づけ−衛生理論：職務要因を2つに分類

動機づけ要因(満足−無満足)	仕事の達成と承認、責任の付与、昇進など
衛生要因(不満−無不満足)	作業条件、給与、対人関係など

1-× マズローの説明。
2-○
3-× アージリスは成熟−未成熟理論を提唱。
4-× アルダーファーは欲求段階説を修正し、ERG理論を提唱。
5-× ブルームは期待理論を提唱。本肢はERG理論の説明。

問題 2 正解 2

問題 3 経営戦略①

| / | / | / |

アンゾフの経営戦略論に関する記述として、妥当なのはどれか。

1 アンゾフは、アメリカの大企業の組織が職能別組織から事業部制組織へと変化していることを指摘し、「組織構造は戦略に従う」という命題を主唱した。

2 アンゾフは、企業が新しい製品市場分野に参入する際の、その新製品市場分野と旧製品市場分野との間の結合効果を、「成長ベクトル」と名づけた。

3 アンゾフは、製品市場戦略のうち、企業が現行市場に対して現有製品を継続しながら売上高や市場占有率の拡大を図っていく戦略を、市場開拓戦略とした。

4 アンゾフは、製品市場戦略のうち、企業が現行市場に対して新製品を投入することで売上高や市場占有率の拡大を図っていく戦略を、市場浸透戦略とした。

5 アンゾフは、製品市場戦略のうち、企業が新規市場に新製品を投入して市場を開拓していく戦略を、多角化戦略とした。

問題 4 経営戦略②

| / | / | / |

PPMにおけるBCGマトリックスに関する記述として、妥当なのはどれか。

1 BCGマトリックスは、新規事業の有効な資源配分を検討することで、企業全体としての持続的な成長・発展を計画していく手法である。

2 BCGマトリックスの分析単位は、製品である必要はなく、事業部門内の一つの製造ラインでもよく、この分析単位のことを戦略的事業単位という。

3 「問題児」は、産業としても成長の鈍化などで将来の魅力も小さく、競争力をあまりもたない事業であり、企業としては戦略的撤退を真剣に考える必要のある分野である。

4 「金のなる木」は、市場シェアが高く、成長期であって事業としての将来の魅力も大きいが、現在は大きな資金流入と同時に資金投下も必要としている分野である。

5 事業の望ましい移動の方向は、「金のなる木」から「花形」へというものであり、資金の移動の方向としては、「問題児」や「花形」から「金のなる木」へというのが望ましい。

解説

ツボ! アンゾフの4つの経営戦略を暗記する

	現在製品	新製品
現在市場	①市場浸透戦略	③新製品開発戦略
新市場	②市場開発戦略	④多角化戦略

①**市場浸透戦略**…現在の事業を前提に、その売上げやシェアの拡大を追求する戦略。
②**市場開発戦略**…新しい顧客層や新しい地域に現在製品を売り込み、企業の成長を図る戦略。
③**新製品開発戦略**…現在の顧客を維持しつつ、製品系列を拡大することにより成長を図る戦略。
④**多角化戦略**…まったく新しい事業を手がけ、成長を図る戦略。

1-× アンゾフは「戦略は組織構造に従う」と提唱。本肢はチャンドラーの説明。
2-× 成長ベクトルとは、事業構造に関する意思決定の基本的な視点としてアンゾフが提唱したもの。
3-× **4-×**
5-○

問題 3 正解 5

解説

ツボ! PPM論のBCGマトリックスをイメージで押さえる

●**PPM(プロダクト・ポートフォリオ・マネジメント)の要点…**
①**金のなる木**で得た資金を、**花形**や将来性のある**問題児**に投資
②将来性のない**問題児**や**負け犬**を、早期撤退させること。

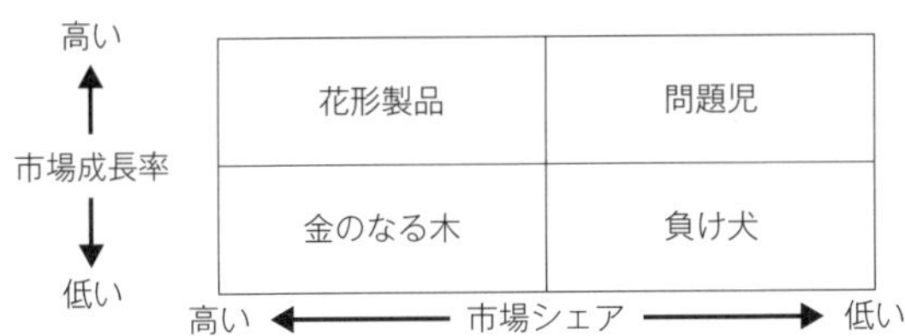

1-× 既存事業も含む。
2-○
3-× 負け犬の記述。
4-× 花形の記述。
5-× 事業の望ましい方向は、花形⇒金のなる木。資金の望ましい方向は、金のなる木⇒問題児、花形。

問題 4 正解 2

経済分野

国際関係

問題 1 国際連合

国際連合に関する次の記述のうち、妥当なのはどれか。

1　総会では一国一票制がとられており、安全保障理事会への勧告などの決議はすべて、出席しかつ投票する構成国の過半数の賛成で行われている。

2　安全保障理事会の非常任理事国は15か国であり、地理的配分を考慮したうえで総会において選出され、任期は4年とされている。

3　国際司法裁判所は、原則として紛争当事国双方からの提訴を受けて裁判を開始し、個人からの提訴を受けることは認められていない。

4　経済社会理事会は、国際的な経済社会問題を解決するため、国際労働機関(ILO)や国連児童基金(UNICEF)などの専門機関を創設している。

5　事務総長は国連に対してのみ責任を有するが、事務局に勤務する国際公務員は加盟各国から派遣された公務員であり、出身国の政府の指示を受ける。

問題 2 国際法

国際法に関する記述として、妥当なのはどれか。

1　オランダのグロティウスは、「国際法の父」と呼ばれており、「海洋自由の原則」を説いた。

2　国際法とは、国家間の合意が文書により明示された法規範のことをいうが、条約は国家間の契約の一種であり、国際法としての性質は有しない。

3　国際司法裁判所は、当事国から合意を得た上で裁判を始めることができるが、その判決は、当事国に対する法的拘束力を持たない。

4　国際刑事裁判所は、オランダのハーグに常設の機関として設置されており、アメリカ、ロシア及び中国は加盟しているが、日本は加盟していない。

5　地域的な国際裁判所として、欧州連合に欧州人権裁判所が設置されているほか、欧州評議会では欧州司法裁判所の設置が検討されている。

解説

国連の主要機関の役割を押さえる

●総会…
総会は国際連合の全加盟国(2023年現在193か国)によって構成される。運営方法は1国1票・多数決制が採られており、国連の基本的な運営に関わる事項が決議される。決議には加盟国に対する法的拘束力はなく、勧告に留まる。

●安全保障理事会…安全保障理事会は英・米・露・仏・中の常任理事国5か国と、任期2年の非常任理事国**10か国**で構成される。安全保障に関する事項が決議される。決議には9か国以上の賛成が必要で、常任理事国には拒否権がある。決議は加盟国に対する法的拘束力を有する。

●経済社会理事会…経済社会理事会は任期3年の理事国54か国によって構成される。経済、社会等に関する研究・報告を総会や加盟国に勧告する。

1-× 重要な案件については3分の2以上の賛成が必要。 **2-×** 10か国の誤り。
3-○ **4-×** 国連児童基金は専門機関ではなく付属機関。
5-× 国際公務員は国連にのみ責任を有す。

問題 1 正解 3

解説

国際紛争の処理の仕組みを覚える

●国際司法裁判所…
・国際紛争を国際法に従って解決することを目的にした常設裁判所。
・国連の主要機関であり、本部はオランダのハーグ。国連総会及び安全保障理事会で選出された15人の裁判官で構成。
・訴訟当事者となれるのは国家のみで、全当事国の合意がなければ裁判は開始しないが、判決は拘束力を有する。上訴審はない。国連の機関から諮問された法律問題について勧告的意見を与えるという役割も持っている。

●国際刑事裁判所…
・国際社会にとって最も深刻な罪(集団殺害犯罪、人道に対する犯罪、戦争犯罪、侵略犯罪)を犯した個人を、国際法に基づいて訴追・処罰する常設の国際刑事裁判機関。
・本部はオランダのハーグ。
・各国の国内刑事司法制度を補完するもので、関係国に被疑者の捜査・訴追を真に行う能力や意思がない場合にのみ管轄権が認められる。

1-○
2-× 条約は国際法の一形式で、国際法としての性質を有する。
3-× 国際司法裁判所の判決は当事国に対する法的拘束力を持つ。(国連憲章第94条)
4-× アメリカ、ロシア及び中国は加盟しておらず、日本は加盟。
5-× 欧州司法裁判所、欧州人権裁判所はすでに設置済み。

問題 2 正解 1

問題 3 核軍縮

核拡散の歴史に関する次の記述のうち、妥当なものはどれか。

1 核保有国が非核保有国に対して核兵器を使用しないと約束することを消極的安全保障というが、現在まで核保有国がこれを宣言した例はない。

2 1968年、チェコスロバキアで勃興した「プラハの春」と呼ばれる改革運動に対してソ連が軍事介入し、新冷戦が始まった。

3 核拡散防止条約(NPT)は、同条約に加盟している非核保有国に対して、国際原子力機関(IAEA)と保障措置協定を締結して査察を受け入れることを義務づけている。

4 核保有国であるアメリカ、ロシア、イギリス、フランス、中国はすべて、核拡散防止条約(NPT)の締結当初からその加盟国となっている。

5 2017年、すべての国に核兵器の使用や保有を包括的に禁止する核兵器禁止条約が採択され、我が国も賛成に回った。

問題 4 地域紛争

地域紛争に関する記述として、妥当なのはどれか。

1 インドとパキスタンは、イギリスからの分離独立後、カシミール地方の帰属をめぐり争い、両国の間では、1970年代までに三度にわたる印パ戦争が起きた。

2 北アイルランド紛争とは、1960年代後半に、北アイルランドに住む少数派のプロテスタント系住民がイギリスからの離脱を求めて起こしたものである。

3 コソボ解放軍とセルビア治安部隊の間で起きたコソボ紛争では、2008年にコソボが独立宣言し、当時、国連常任理事国すべての一致で独立が承認された。

4 チェチェン紛争を示す言葉として、「7つの国境、6つの共和国、5つの民族、4つの言語、3つの宗教、2つの文字、1つの国家」がある。

5 ポルトガルの植民地であった東ティモールでは、少数派であるツチ族と多数派であるフツ族との対立が激化し、約200万人が難民として国外に逃れた。

解説

主要な核軍縮条約を暗記する

1963年　部分的核実験禁止条約(PTBT)：米・ソ・英による初の核軍縮条約。地下実験以外の核実験を禁止した。

1968年　**核拡散防止条約(NPT)**：核兵器保有国を米・ソ・英・仏・中に限定した。加盟国はIAEAの査察を受け入れる。

1987年　**中距離核戦力(INF)全廃条約**：米・ソ間で結ばれた。

1991年　**第1次戦略兵器削減条約(START Ⅰ)**：米ソ間で核弾頭削減。

1996年　**包括的核実験禁止条約(CTBT)**：米国、中国、インド、パキスタン等が未批准で発効していない。

2011年　**新戦略兵器削減条約(新START)**：米・ロ間で核弾頭数1550まで削減。

1-×　1995年に安全保障の宣言がなされた。
2-×　新冷戦が始まったのは1979年末である。
3-○
4-×　フランス、中国の加盟は1992年である。
5-×　日本は採択に参加せず、ボイコットした。

問題 3　正解 3

解説

世界の主要な地域紛争を押さえる

●**北アイルランド紛争…**
北アイルランドのイギリスからの分離とアイルランドへの併合を求める少数派のカトリック系住民と、イギリスの統治を望む多数派のプロテスタント系住民の対立による紛争。
1922年にアイルランドがイギリスから独立した際、北アイルランドがイギリスにとどまったことが紛争の発端となった。

●**パレスチナ紛争…**
1948年、アラブ人の住むパレスチナにユダヤ人国家イスラエルが建国されたことによって起きた紛争。
第一次世界大戦中、イギリスがパレスチナでのユダヤ人国家建設を認める一方で、アラブ人にもパレスチナでの独立を約束し、相反する約束を双方に行ったことが紛争の大きな原因。
1990年代後半にパレスチナ暫定自治協定が調印されたが、エルサレム帰属問題をめぐり、現在も緊張した状況が続いている。

1-○
2-×　プロテスタント系ではなくカトリック系住民が正しい。
3-×　セルビアと友好関係にあるロシア等は承認していない。
4-×　「　」内の記述は旧ユーゴスラビアを示す。
5-×　東ティモールではなく、ルワンダ内戦に関する記述。

問題 4　正解 1

教養試験の合否は、時間配分で決まる！

教養試験は、2時間から2時間半程度の間に40 ～ 45問を解答しなければならない。2時間で40問とすると、かけられる時間は単純計算で1問あたりわずか3分になる。その理屈のせいだろうか、「判断推理は、時間がもうすこしあれば解けるんだけど…」と悩んでいる受験生が多い。

しかし、本当に「3分」なのか。

考えてもみてほしい、試験の合格ラインは6割前後である。つまり、40問中24問程度の正解でいいのだ。ならば全部を解答する必要はないわけで、たとえば物理の問題は見た瞬間パス！ という人は、それらを飛ばしてその問題に使うはずの3分は別の問題にあてられる。

また、数的推理や判断推理と違い、世界史や日本史などの人文科学系の問題は「知っているか知らないか」の、読めば答えがすぐわかる問題なので、1問あたり1分もかかからない。つまり知識分野を、まったくわかりそうもない問題を飛ばして20問くらい解くと、それに要する時間は20分程度である。そう考えると、知能分野には残りの100分をあてられることになる。

さらに、この100分の使い方。文章理解を1問2分で9問解答するとして18分、残りは82分である。この82分を使って、判断推理、数的推理、資料解釈を解答するのである。もし知能分野が苦手なのであれば、判断推理で4問、数的推理で答えられそうな2問、資料解釈で全問（県庁の場合は1問）の合計7問はなんとか解いていただきたい。82分で7問解けばよいのだから、計算上は1問約12分かけていいことになる。

1問3分では解けない問題も、その4倍もの時間をかけられるのだから気も楽。頑張りましょう！

第2章

教養試験

教養試験の攻略法

教養試験の合格ラインは６割程度である。しかも、出題50問中40問を選択して解答させる地方自治体もあるので、全科目について完璧を目指す必要はない。以下に各科目について、いくつかのアドバイスをしておこう。

知能分野（文章理解・判断推理・数的推理・資料解釈）

知能分野の得点しだいで合否が決まるといっても過言でない。しかし多くの受験生が苦手としているので、苦手でもまずは安心してほしい。

とはいえ、苦手なまま放置していては合格できない。そうかといって、すらすらとできるように訓練することは「試験に合格する」点からは無用だし、専門科目も数多くある公務員試験の対策として得策ではない。そこで、どのような対策を立てるかがポイントになる。

▶文章理解

なるべく満点を取れるように訓練しておきたい。加えて、１問あたり２分程度で解答できるようにしておくとよい。ここで時間を消費しすぎると、判断推理にあてる時間が減って、得点できる問題が減ってしまうからだ。

英文も出題されているが、大学入試レベルか、それより簡単なものだ。日頃から、英文に慣れておくことが重要である。それも時事英語などの難しいものではなく、大学受験の基礎レベル程度の英文に触れておくとよい。

▶判断推理（課題処理）

時間さえかければ解ける問題が多い。時間がかかってもよいので、論理的にきちんと正解を導けるよう練習しておくことが重要である。「なんとなくこれだと思う」という解答で、「あたった」「はずれた」とやっていても、本番では役に立たない。

▶数的推理（数的処理）

苦手にする人が多いが、数的推理が仮に０点でも他の科目で全体の６割に達すればいいので、まずは気を楽にしてほしい。苦手な人は、せめて１～２問だけでも解答できるようにしておくとよい。定番の解法で答えられる出題もあるので、そういった問題をきちんと覚えておくことが重要である。本書で扱う過去問はその視点でセレクトしてあるので、ぜひ暗記してしまってほしい。たくさんの練習問題にあたるより、精選された問題をしっかりと暗記しておくことが合格のコツである。

▶資料解釈

資料を読み取るには、増加率や指数などを使いこなせなくてはならないので、きちんと理解したい。それらを理解していれば、あとは電卓を使って時間をかけてよければ必ず正解は導けるのだが、本番ではもちろん電卓は使えないし、時間もさほどかけられない。そこで、細かな計算をせずにグラフからどう読み取れるかがポイントとなる。

東京都庁、東京特別区は出題数が多いので、対策をしっかり立てる必要がある。

知識分野（社会科学・人文科学・自然科学）

とにかく広範囲にわたるので、全科目をまんべんなく学習することは得策ではない。そこで、出題頻度の高い分野を中心に、優先順位をつけて効率よく回すことが重要となる。

得意科目だけに絞った勉強方法はお薦めできない。苦手科目も含め、ある程度の対策を立てておくことが重要である。たとえば、物理や化学をあまり勉強したことのない受験生でも、ほんのちょっとした知識があれば解答できる出題もけっこうある。ある分野をピンポイントで押さえておくだけでも、試験当日１点、２点得点できることもある。

その意味でも、本書はとても有用である。本書で取り上げた過去問だけでも答えられるように覚えておくのである。過去の出題を踏まえて今後を予想し厳選しているので、ぜひ実践してほしい。

また、それぞれの知識は確実に覚えておくことが重要で、あいまいな知識を幅広く持っていても試験では役に立たない。確実な知識がないと、正解は導けないのである。基本中の基本の確実な知識が、本番で大きな効果を発揮する。本書を繰り返し読み直し、とにかく覚え込んでいただきたい。不思議なもので、基本的な知識がしっかりと身につくと、その後はいろいろな知識を次々と覚えられるようになる。

合格のコツは、まず本書を徹底してマスターすることである。

一般知能

判断推理

問題 1 論理式①

ある小学校の児童に好きな教科を尋ねたところ、次のア、イのことがわかった。

ア　国語が好きな児童は、社会科も理科も好きである。
イ　算数が好きでない児童は、社会科も好きでない。

以上から判断して、この小学校の児童に関して確実にいえるのはどれか。

1　国語が好きな児童は、算数も好きである。

2　社会科が好きでない児童は、算数も好きでない。

3　理科も算数も好きな児童は、国語も好きである。

4　理科が好きで国語が好きでない児童は、社会科が好きである。

5　算数が好きな児童は、理科も好きである。

問題 2 論理式②

ある中学校の生徒について、好きな飲み物を調べたところ、次のA～Dのことがわかった。

A　ウーロン茶が好きな生徒は、オレンジジュースが好きである。
B　紅茶が好きな生徒は、ウーロン茶が好きである。
C　コーヒーが好きでない生徒は、紅茶が好きであり、
　　かつオレンジジュースが好きである。
D　緑茶が好きな生徒は、コーヒーが好きでない。

以上から判断して、確実にいえるのはどれか。

1　ウーロン茶が好きでない生徒は、緑茶が好きでない。

2　オレンジジュースが好きでない生徒は、コーヒーが好きでない。

3　紅茶が好きな生徒は、オレンジジュースが好きでない。

4　コーヒーが好きでない生徒は、ウーロン茶が好きでない。

5　緑茶が好きな生徒は、紅茶が好きでない。

解説

論理式をつくり、対偶と三段論法を使おう

$P \to Q$ のとき、$\overline{Q} \to \overline{P}$(**対偶**)
$A \to B$、$B \to C$ が成立するとき $A \to C$(**三段論法**)
$\overline{A \land B} = \overline{A} \lor \overline{B}$　$\overline{A \lor B} = \overline{A} \land \overline{B}$(**ド・モルガンの法則**)

○条件アより　**国語 → 社会∧理科**、この対偶より　**$\overline{\text{社会} \land \text{理科}} \to \overline{\text{国語}}$**。
　ド・モルガンの法則より、**$\overline{\text{社会}} \lor \overline{\text{理科}} \to \overline{\text{国語}}$**。
○条件イより、**$\overline{\text{算数}} \to \overline{\text{社会}}$**。この対偶より、**社会 → 算数**。

選択肢1を検討する。条件アの国語 → 社会∧理科と条件イの社会 → 算数より三段論法によって国語 → 算数が成立する。他の選択肢はいずれも成立しない。よって正解は1。

問題 1　正解　1

解説

対偶とド・モルガンの法則で状況を整理しよう

- 条件を記号化し対偶を書く。ド・モルガンの法則が適用できるものはそれも書き出す。
- 二重否定は肯定であるから、肯定と表記する($\overline{\overline{\text{コ}}}$ = コ)。

A　ウ → オ ①　　$\overline{\text{オ}} \to \overline{\text{ウ}}$ ②
B　紅 → ウ ③　　$\overline{\text{ウ}} \to \overline{\text{紅}}$ ④
C　$\overline{\text{コ}}$ → 紅∧オ ⑤　　$\overline{\text{紅} \land \text{オ}}$ → コ ⑥　　$\overline{\text{紅}} \lor \overline{\text{オ}}$ → コ ⑦
D　緑 → $\overline{\text{コ}}$ ⑧　　コ → $\overline{\text{緑}}$ ⑨

選択肢1から検討する。④より$\overline{\text{ウ}} \to \overline{\text{紅}}$。
三段論法で⑦より$\overline{\text{紅}} \lor \overline{\text{オ}}$ → コ。さらに三段論法で⑨よりコ → $\overline{\text{緑}}$。よって正解は1。
他の選択肢はいずれも成立しない。

問題 2　正解　1

問題 3 集合

A社、B社、C社の3社による合同採用説明会に参加した学生75人について、その後、採用の内定状況を調べたところ、次のア〜オのことがわかった。

ア　A社から内定を受けた学生はB社から内定を受けていない。
イ　A社から内定を受けた学生はC社からも内定を受けた。
ウ　A社から内定を受けていない学生は45人である。
エ　B社から内定を受けた学生は20人である。
オ　B社、C社のいずれの会社からも内定を受けていない学生は15人である。

以上から判断して、確実にいえるのはどれか。

1　A社から内定を受けていないが、C社から内定を受けた学生は5人である。

2　B社とC社の両方から内定を受けた学生は15人である。

3　A社、B社、C社のいずれの会社からも内定を受けていない学生は10人である。

4　B社から内定を受けていないが、C社から内定を受けた学生は30人である。

5　A社、B社のいずれの会社からも内定を受けていない学生は25人である。

解説

ベン図を書いてみる

条件をベン図にしてみる。

ア A 社から内定を受けた学生は
B 社から内定を受けていない

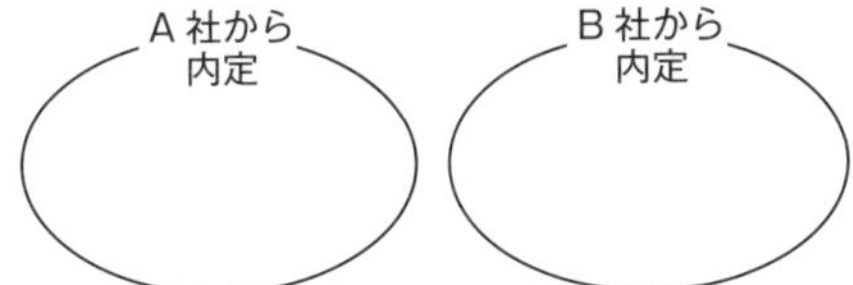

イ A 社から内定を受けた学生は
C 社からも内定を受けた

B社とC社については情報がない。**両方から内定を受けた学生、B社・C社のどちらか1社だけ内定を受けた学生**がいる可能性があるので、両方が存在するようにベン図を書く。
全体で学生75人なので下記のようになる。

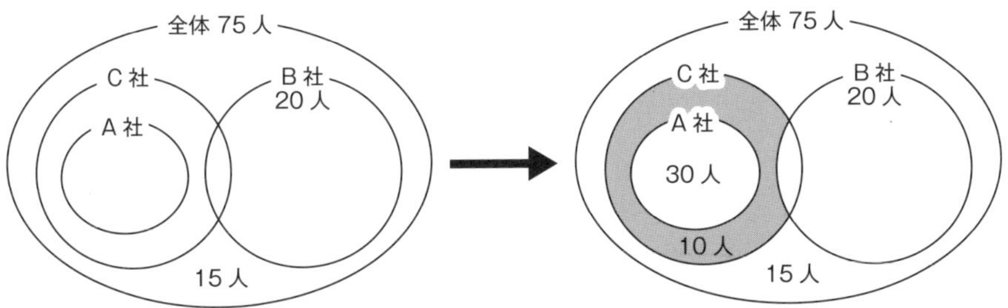

上左図より、C社・B社のいずれかもしくは両方から内定を受けた学生は、75−15＝60人。
ウよりA社の内定を受けてない学生が45人。A社の内定を受けた学生は、75−45＝30人。
また右上図のアミカケの部分(C社だけから内定を受けた学生)は、45−15−20＝10人。

以上を前提に選択肢を検討する。
・肢1は、右上図より、少なくとも10人以上であり誤り。
・肢2は、条件からは判断できない。
・肢3は、右上図のとおり15人であるから誤り。
・肢4は、右上図から30＋10＝40人であるから誤り。
・肢5は、右上図のとおりC社だけから内定をもらっている10人といずれの会社からも内定をもらっていない15人の計25人であるから正しい。
よって正解は**5**。

問題 3　正解 5

問題 4 対応表

5人の高校生A ～ Eが、選択科目の地理、化学、生物、美術、音楽の5科目から2科目を選択して、授業を受けている。選択科目の授業は、月曜日から金曜日までの各曜日に1科目ずつ割り振られており、各科目とも2名の生徒が選択している。今、次のア～オのことがわかっているとき、確実にいえるのはどれか。

ア　AとDは、水曜日の地理の授業を受けている。
イ　Bは、化学の授業とその翌日に美術の授業を受けている。
ウ　Cは、月曜日と金曜日の選択科目の授業を受けている。
エ　Eが選択した科目は、BとDが選択している。
オ　音楽の授業は、生物の授業の翌日にありCが選択している。

1　Aは、月曜日に化学の授業を受けている。

2　Bは、木曜日と金曜日に選択科目の授業を受けている。

3　Cは、美術と生物を選択している。

4　Dは、音楽と地理を選択している。

5　Eは、木曜日に生物の授業を受けている。

解説

・無理に1つの表にする必要はない
・合計欄をつくっておこう

1 問題文にそって表をつくる。

	地理	化学	生物	美術	音楽	計
A						
B						
C						
D						
E						
計						

月	火	水	木	金

条件を書き込む

この表に書ききれない条件は外に書いておく

2 各人2科目、各科目2名、条件ア・イ・ウ

	地理	化学	生物	美術	音楽	計
A	○					2科目
B		○		○		2
C					○	2
D	○					2
E						2
計	2人	2	2	2	2	10

月	火	水	木	金
		地理		
C				C

イの条件より

化学	美術
B	B

エの条件　DとE、BとEは同一科目がある

オの条件より

生物	音楽
	C

3 条件オをCに着目して曜日の表に入れる。

月	火	水	木	金
		地理	生物	音楽
C				C

すると条件イは月・火に入ることがわかる。

月	火	水	木	金
化学	美術	地理	生物	音楽
B C	B			C

4 次に大きい表を埋める。地理を選択した2人はAとDと決まっているので、他の3人B・C・Eには×を入れる。また、Cは化学・音楽を選んでいるので記入する。Cの生物・美術には×が入る。またBは化学と美術を選択しているので地理・生物・音楽に×が入る。

	地理	化学	生物	美術	音楽	計
A	○					2
B	×	○	×	○	×	2
C	×	○	×	×	○	2
D	○					2
E	×					2
計	2	2	2	2	2	10

左の表で各人の選択した2科目が決まったところ、各科目につき2人が決まったところに×を入れていく。

条件エより
EはBと同一科目があるので美術を選択していることがわかる。

	地理	化学	生物	美術	音楽	計
A	○	×		×		2科目
B	×	○	×	○	×	2
C	×	○	×	×	○	2
D	○	×		×		2
E	×	×		○		2
計	2	2	2	2	2	10

条件エより
EはDと同じ科目を選択しているはず。音楽を選ぶとC・D・Eの3人になってしまうから、EとDが同一科目を選択できるのは生物だけになり、左下の表のようになる。

	地理	化学	生物	美術	音楽	計
A	○	×	×	×	○	2科目
B	×	○	×	○	×	2
C	×	○	×	×	○	2
D	○	×	○	×	×	2
E	×	×	○	○	×	2
計	2	2	2	2	2	2

決まった科目のところには、×を入れて完成すると左の表になる。
よって正解は**5**。

問題 4　正解 5

問題 5 順序①

A～Gの7人は、南北方向に1列に並ぶ7区画の市民農園のうち、それぞれ異なる1区画を利用しており、次のア～エのことがわかっている。

ア　Aより南側で、かつ、Fより北側の市民農園を利用している人は2人である。
イ　Dが利用している市民農園は、Cより南側にあり、Bより北側である。
ウ　Eより南側の市民農園を利用している人は4人以下である。
エ　Gより北側の市民農園を利用している人は2人である。

以上から判断して、確実にいえるのはどれか。

1　Aの区画が一番北であれば、Fの区画は南から3番目である。

2　Bの区画が南から3番目であれば、Dの区画は北から3番目である。

3　Cの区画が北から2番目であれば、Dの区画は南から4番目である。

4　Dの区画が南から3番目であれば、Fの区画は北から4番目である。

5　Fの区画が一番南であれば、Cの区画は北から2番目である。

問題 6 順序②

A～Fの6人が縦に一列に座っている。今、次のア～ウのことがわかっているとき、確実にいえるのはどれか。

ア　AとEとの間に座っているのは、3人である。
イ　EとFとの間に座っているのは、1人である。
ウ　Cは、Bより前に座っており、この2人の間に座っているのは1人である。

1　Aは、前から5番目に座っていることはない。

2　Bは、前から3番目に座っていることはない。

3　Cは、前から1番目又は4番目に座っていることはない。

4　Dは、前から3番目又は4番目に座っていることはない。

5　Eは、前から2番目に座っていることはない。

解説

・無理に1つの図にまとめる必要はない
・示された条件で決めきれないときは場合分けをする

与えられた条件を整理する。（北）[| | | | | |]（南）（向きは左側を北、右側を南とする）

○アより ～A| | |F～
○イより C～D～B
○ウより ～E| | | | | or ～E| | | | or ～E| | | or ～E| | or ～E|
○エより | | |G

これらの条件にあてはめる。まずエの条件からGを入れる。[| |G| | | |]
次にEで場合分けをする。

		G	E			
		G		E		
		G			E	
		G				E

アの条件を入れる。

①		A	G	E	F		
②	A		G	F	E		
③			G	A	E		F
④	A		G	F		E	
⑤		A	G		F	E	
⑥			G	A		E	F
⑦	A		G	F			E
⑧		A	G		F		E

以上①～⑧の8通りに条件イのC・D・Bを北から順に入れていく。選択肢を検討すると、肢4が④⑦で満たす。④ [A|C|G|F|D|E|B] ⑦ [A|C|G|F|D|B|E]

問題 5　正解 4

解説

勝手に決めつけずに丁寧に場合分けをする

前を左側、後ろを右側として条件を整理する。

○アより　～A○○○E～　or　～E○○○A～
○イより　～E○F～　or　～F○E～
○ウより　～C○B～

全体で6人しかいないことを考慮してアとイを組み合わせると、A○F○E か E○F○Aのいずれかである。
ここに条件ウと残っているDを入れると、次の4通りずつとなる。

DAⒸFⒷE　AⒸFⒷED　CAⒷFⒹE　AⒹFⒸEB
DEⒸFⒷA　EⒸFⒷAD　CEⒷFⒹA　EⒹFⒸAB

よって正解は4。

問題 6　正解 4

問題 7 試合①

A ～ Eの5チームが、総当たり戦でサッカーの試合を行った。勝ちを3点、引分けを1点、負けを0点として勝ち点を計算し、勝ち点の多いチームから順位をつけた。今、試合の結果と勝ち点について、次のア～エのことがわかっているとき、3位になったのはどのチームか。ただし、同一チームとの対戦は1回のみとする。

ア　AはBに勝った。
イ　Cの勝ち点は8点であった。
ウ　DはBに勝ち、勝ち点はその3点だけであった。
エ　EはCに負けたが、優勝した。

1　A
2　B
3　C
4　D
5　E

解説

リーグ戦では対戦表を作成する。○をつけたら必ず対戦相手には×を入れる

	対戦相手		
	X	Y	Z
X	＼	◎	
Y	⊗	＼	
Z			＼

この部分は同じ試合である。
XはYに勝ったので○
YはXに負けたので×
このように○と×は1：1で対応する。

	対戦相手				
	A	B	C	D	E
A	＼	○			
B	×	＼			
C			＼		
D				＼	
E					＼

左のような対戦表をつくり埋めていく。

アより、AはBに勝ったからAに○、BはAに負けたのだから×を入れる。

	対戦相手					
	A	B	C	D	E	
A	＼	○				
B	×	＼				
C			＼			8点　2勝2分
D				＼		
E					＼	

イより、Cの勝ち点が4回戦って8点ということは、3点、3点、1点、1点ということで2勝2引分であることがわかる。

	対戦相手					
	A	B	C	D	E	
A	＼	○		○		
B	×	＼		×		
C			＼	○		8点　2勝2分
D	×	○	×	＼	×	3点　1勝3敗
E				○	＼	

ウより、DはBに勝ち、勝ち点3点ということはB以外の対戦は全敗であるから×を入れる。×を入れたら対戦相手には○をつける。

	対戦相手					
	A	B	C	D	E	
A	＼	○	△	○	×	7点
B	×	＼	△	×	×	1点
C	△	△	＼	○	○	8点　2勝2分
D	×	○	×	＼	×	3点　1勝3敗
E	○	○	×	○	＼	9点　3勝1敗

エより、EはCに負けたが優勝したということはCの8点より得点が多くなるはずだからA・Bには勝ち、勝ち点3点ずつをとって計9点であることがわかる。そこでEのA、Bとの対戦それぞれに○が入る。
以上より3位はA。よって正解は1。

問題 7　正解 1

問題8 試合②

A～Fの6人が、3人ずつ2つの組①、②に分かれてのリーグ戦と、その結果により下の図のような組合せとなるトーナメント戦による相撲の大会を行った。今、大会の結果について次のア～オのことがわかっているとき、準優勝したのは誰か。ただし、各試合とも引分けはなかったものとする。

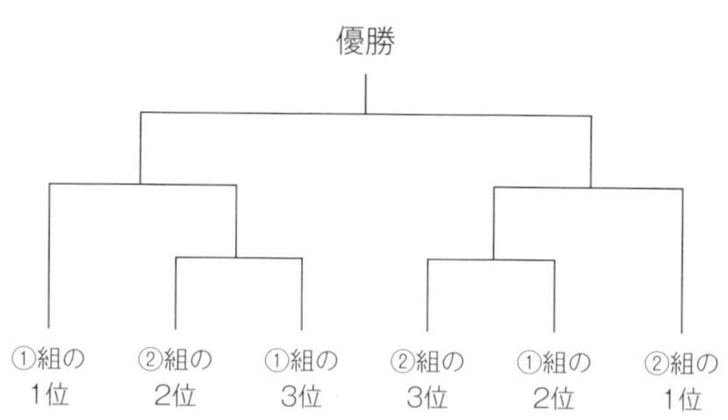

ア　優勝者は、3勝2敗だった。
イ　AとBとの対戦成績は、1勝1敗だった。
ウ　Cは、AとDに負けた。
エ　Eは、BとFに負けた。
オ　Fは、1勝3敗だった。

1　A
2　B
3　C
4　D
5　E

解説

トーナメント戦は1回負けたら終わり

3人ずつでのリーグ戦では各人はそれぞれ2試合行う。またトーナメント戦では1度負けたら終わりなので**優勝者はトーナメントの方では全勝のはず。**
よってアより、優勝者は、リーグ戦で2敗した3位の者である。

次にオより、3敗したFも同様に**トーナメントで1敗すると敗退してしまう**ことから、リーグ戦で2敗したとわかり、Fはリーグ戦では3位である。

イより、**AとBが1勝1敗**ということは、**ABはリーグ戦でもトーナメント戦でも戦っている**ことがわかる。つまりリーグ戦でAとBは同じ組である。

またエより、EはFに負けているが、上記のとおり**Fはリーグ戦では0勝2敗ゆえ、EとFの対戦はトーナメント戦**である。よってリーグ戦ではEとFは違う組である。
さらにEはBにも負けているが、**トーナメント戦ではFに負けている**ので、EがBに負けたのはリーグ戦である(トーナメント戦では1回負けたら終わりだから)。

結局、(A、B、E)がリーグ戦を行ったことがわかるので、もう1組は(C・D・F)とわかる。

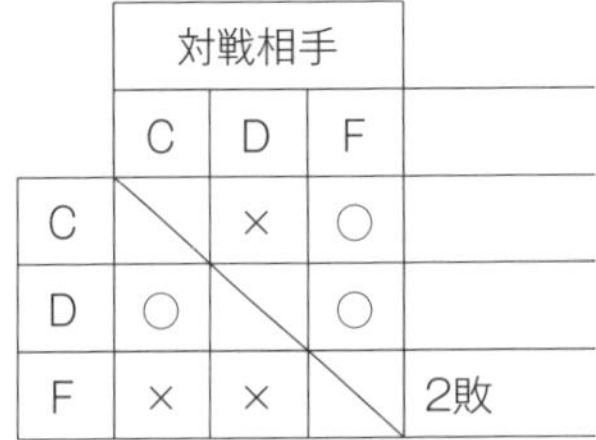

	対戦相手			
	C	D	F	
C	＼	×	○	
D	○	＼	○	
F	×	×	＼	2敗

上記より、CDFの対戦表を書く。
Fはリーグ戦で2敗し、ウよりCはDにも負けているので左記のように1位D、2位C、3位Fとわかる。
仮にCDFを②組とすると左下図のようになる。

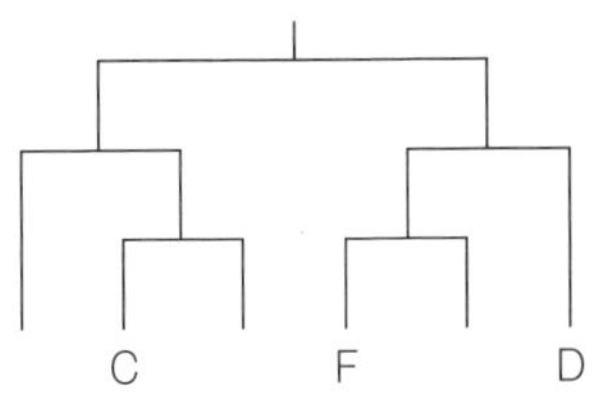

Fはトーナメントで1勝だけするので、Dには負けることになる。Dはリーグ戦ですでに2勝しているので、もしDが優勝者だとすると4勝となり条件アに反する。ということは、DはFに勝ったあと、次の相手には負けて準優勝である。よって正解は4。

問題 8　正解 4

問題 9 発言

同じ大きさの５つの箱があり、それぞれ異なる菓子が１種類ずつ入っている。蓋には、その中身に応じて、［羊羹］［あられ］［ゼリー］［カステラ］［チョコレート］のシールが貼ってある。
ある日、家族でこれらの菓子を食べたあと、片づけようとしたところ、中身とシールが異なっているものがあることに気づいた。この状況において、家族が次のように話したが、このうち<u>１つだけ誤った情報が含まれている</u>とき、確実にいえるのはどれか。

イ 「蓋と中身が一致している箱が１つある。」
ロ 「蓋が互いに入れ替わっているものが２組、つまり、蓋と中身が異なっているものが４箱ある。」
ハ 「羊羹の入った箱に、［ゼリー］の蓋がかぶさっている。」
ニ 「あられの入った箱に、［カステラ］の蓋がかぶさっている。」
ホ 「ゼリーの入った箱に、［チョコレート］の蓋がかぶさっている。」

1 羊羹とゼリーが入れ替わっている。
2 あられは蓋と中身が一致している。
3 ゼリーとチョコレートが入れ替わっている。
4 カステラの入った箱に［あられ］の蓋がかぶさっている。
5 チョコレートの入った箱に［羊羹］の蓋がかぶさっている。

解説

誤っている情報がどれかを仮定し場合分け

「イが違う」場合

中身　蓋

羊　あ　ゼ　カ　チ ／ 羊　あ　ゼ　カ　チ

ハ　ニ　ホ　ロ

「ロ」を満たす線が1本しか引けないので×

「ロが違う」場合

中身　蓋

羊　あ　ゼ　カ　チ ／ 羊　あ　ゼ　カ　チ

ハ　ニ　ホ

「イ」の「蓋と中身が一致している箱が1つある」の条件を満たせないので×

「ハが違う」場合

中身　蓋

羊　あ　ゼ　カ　チ ／ 羊　あ　ゼ　カ　チ

イ　ニ　ホ　ロ　ロ

矛盾なく線が引ける

「ニが違う」場合

中身　蓋

羊　あ　ゼ　カ　チ ／ 羊　あ　ゼ　カ　チ

ハ　ホ

「イ」「ロ」の条件を満たせないので×

「ホが違う」場合

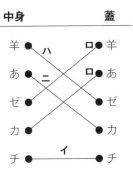

中身　蓋

羊　あ　ゼ　カ　チ ／ 羊　あ　ゼ　カ　チ

ハ　ニ　ロ　ロ　イ

矛盾なく線が引ける

よって正解は4。

問題 9　正解 4

問題 10 油分け算

樽に16ℓの油が入っている。この油を7ℓと9ℓの桶を使って8ℓずつに分けることにした。最少の回数で分けるには、何回の移し替え操作が必要か。ただし、油は樽に戻してもよく、樽と桶との間及び桶と桶の間で油を移すごとに1回の操作と数えるものとする。

1 15回
2 16回
3 17回
4 18回
5 19回

問題 11 一筆書き

次の図形A ～ Eのうち、一筆書きができるものを選んだ組合せはどれか。

A
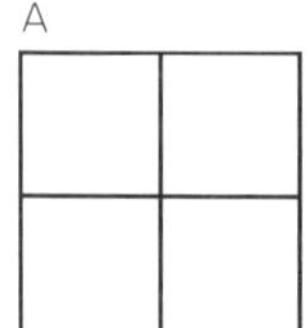
B
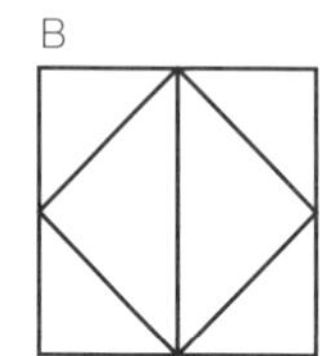
C
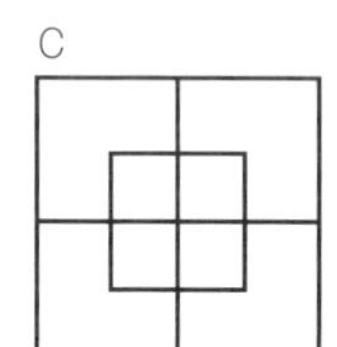
D
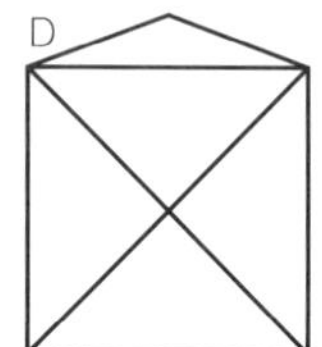
E
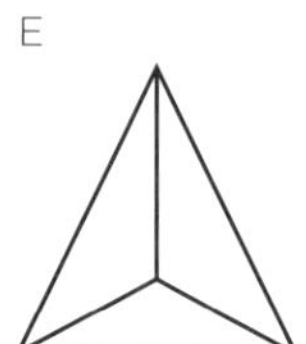

1 A C
2 A D
3 B D
4 B E
5 C E

解説

秘伝 大きい容器から順番に小さい容器へ移していく

①16ℓの樽から、まず9ℓの桶に移す。次に9ℓの桶から、7ℓの桶に移す …というように大きい容器から順に小さい容器に移す。この時点で、右図①のようになる。
②7ℓの桶の油7ℓを16ℓの樽に移す。
③16ℓの樽から9ℓの桶に移すと元に戻ってしまうので、それは止めて、次に進み、9ℓの桶から7ℓの桶に移す。
④7ℓの桶の油を16ℓの樽に移すと元に戻ってしまうのでそれをとばして、16ℓの樽から9ℓの桶に移す。以下同様に移していく。
上から順に16ℓの樽、9ℓの桶、7ℓの桶として最初から順に書いていくと15回で8ℓずつになる。よって正解は1。

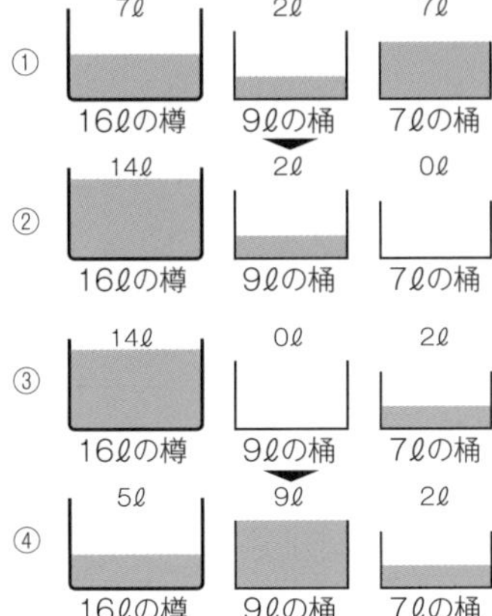

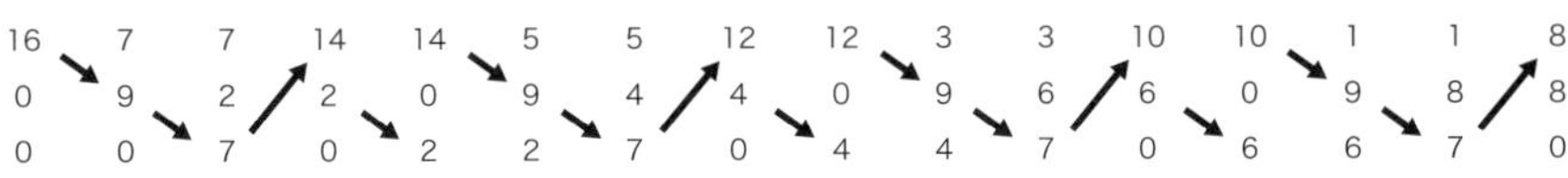

問題 10 正解 1

解説

秘伝 一筆書きができるのは奇点の数が0個か2個のときだけ

各頂点に集まる線の数が奇数本のとき、その頂点を**奇点**、偶数のとき**偶点**とよぶ。A～Eの各図形の頂点のうち奇点がいくつあるか数えればよい。

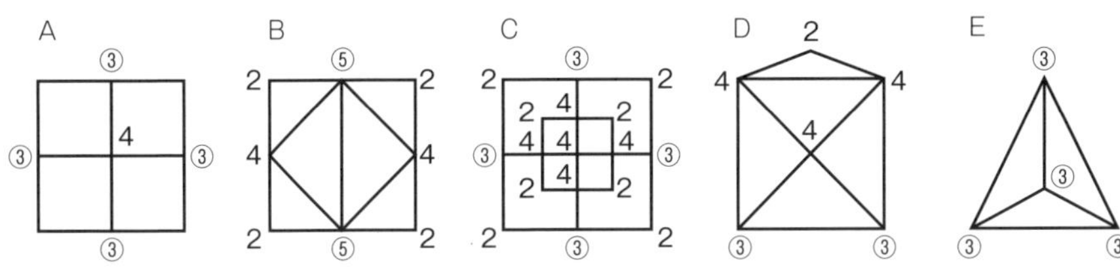

奇点が2個であるBとDは一筆書きができる。よって正解は3。

問題 11 正解 3

問題 12 軌跡

次の図のように、1辺の長さが3aの正方形の内側を、1辺の長さがaの正方形が矢印の方向に滑ることなく毎秒1回転するとき、図の位置から回転を開始して、5秒から6秒の間に点Pが描く軌跡はどれか。

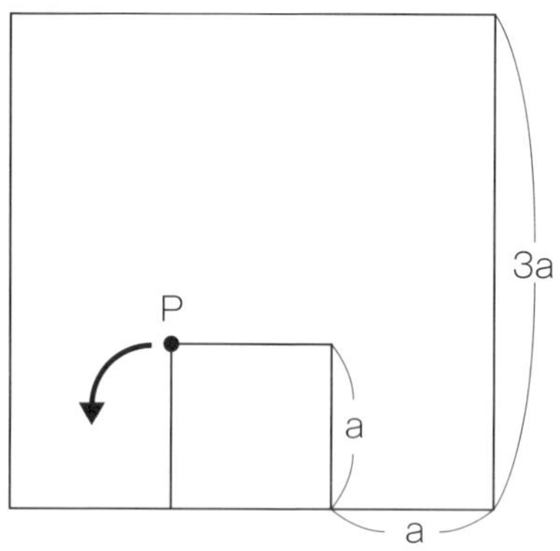

1

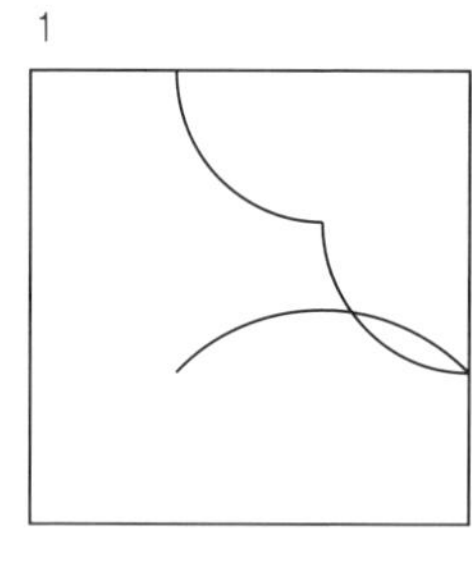

2

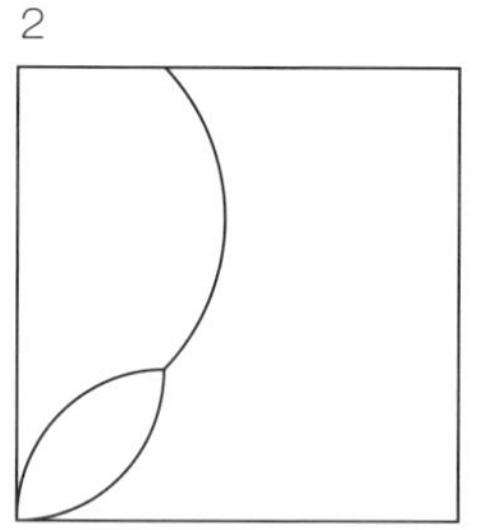

3

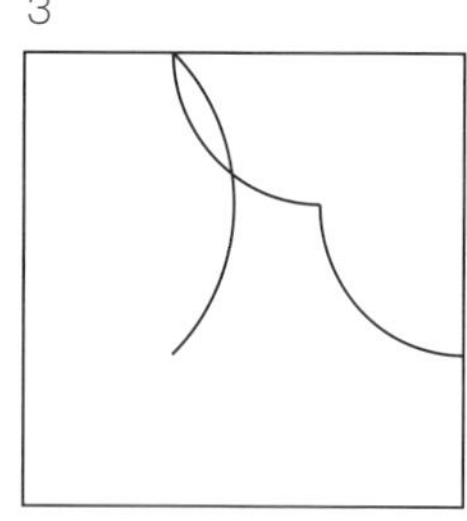

4

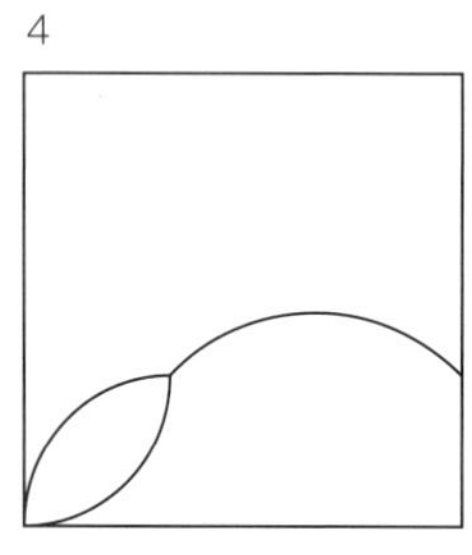

5

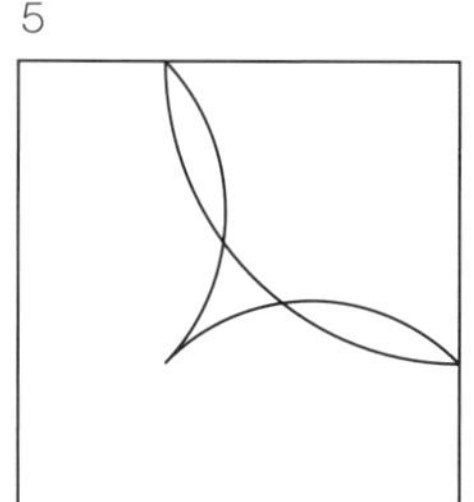

解説

ありえない選択肢を外していく

「毎秒1回転」ということは**1秒間に4回倒れることになる**ので、最初の1秒でどうなるかをやってみる。Pの位置を確かめやすいように最初の位置で正方形の中にAという文字を書いておく。

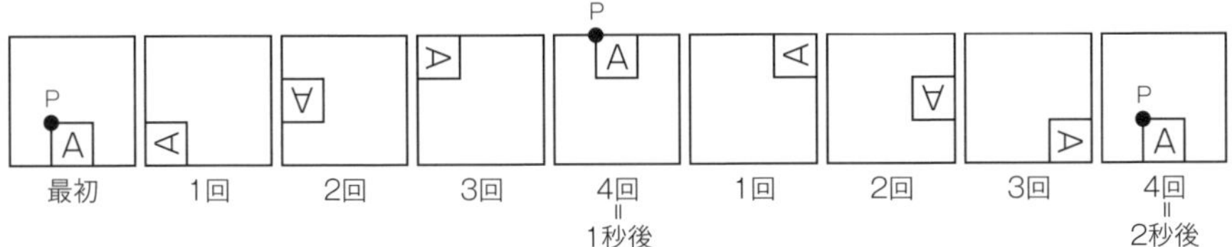

2秒後にちょうど最初の位置に戻ってくるので下記のようになる。

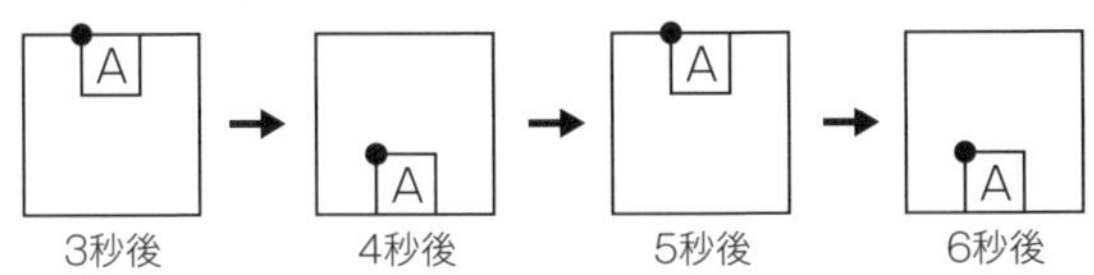

正方形の上辺からスタートゆえ、肢4はありえない。またPの軌跡の途中で上辺にくるのではないので肢3もありえない。
次に5秒後から6秒後までを図に描くと次のようになる。

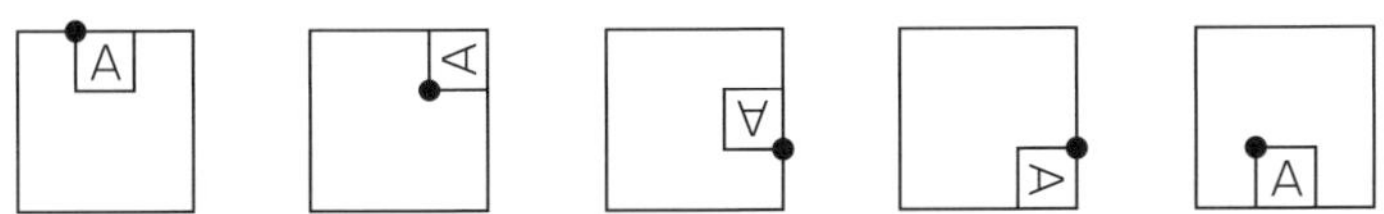

この時点で肢1が正解とわかる。よって正解は**1**。

※参考：点Pの軌跡の描き方（5秒後から5.25秒後の場合）

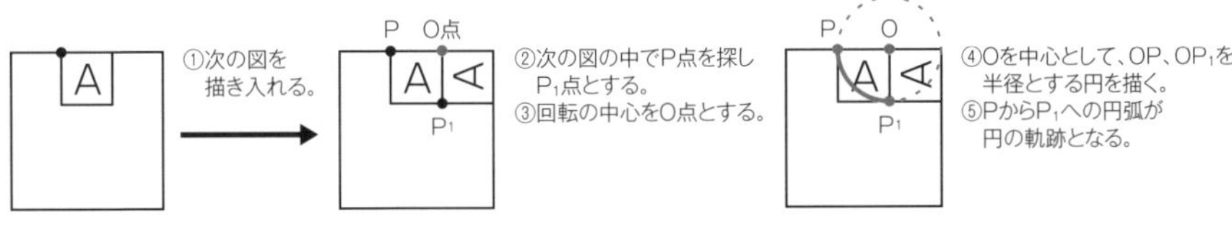

問題 12　正解 1

問題 13 サイコロ

次の図Ⅰのような展開図のサイコロがある。このサイコロ4個を、互いに接する面が同じ目になるように、図Ⅱのとおりに並べたとき、A、B、Cの位置にくる目の数の和はどれか。

図Ⅰ

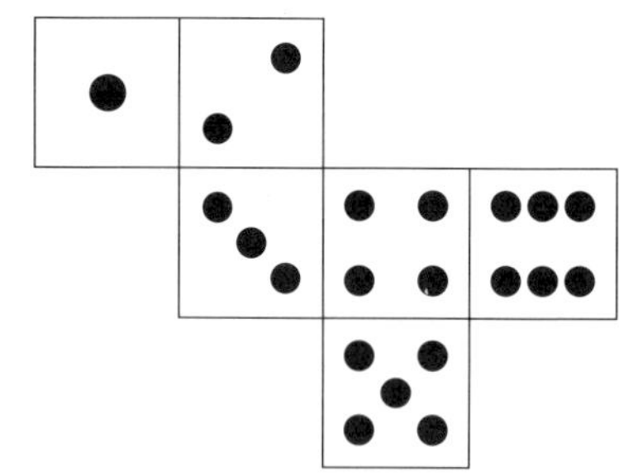

図Ⅱ

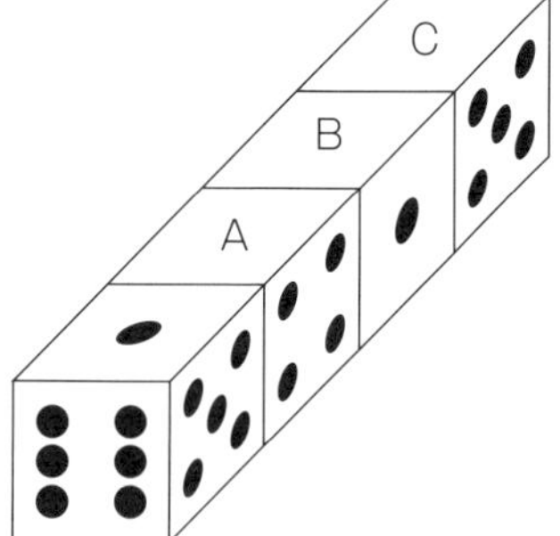

1 8
2 10
3 12
4 14
5 16

解説

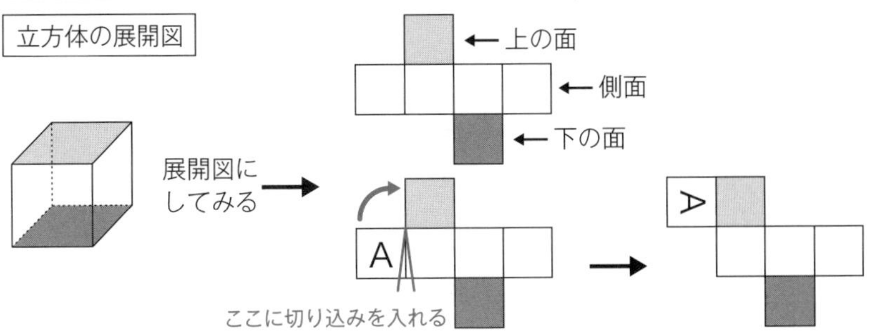

図Ⅰを扱いやすい展開図に変形したうえで、組み立てる。

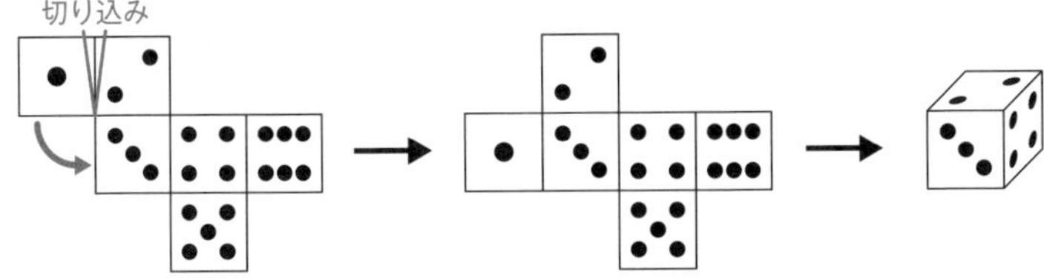

サイコロは真上から見て次のように描く

図Ⅱの一番手前のサイコロ

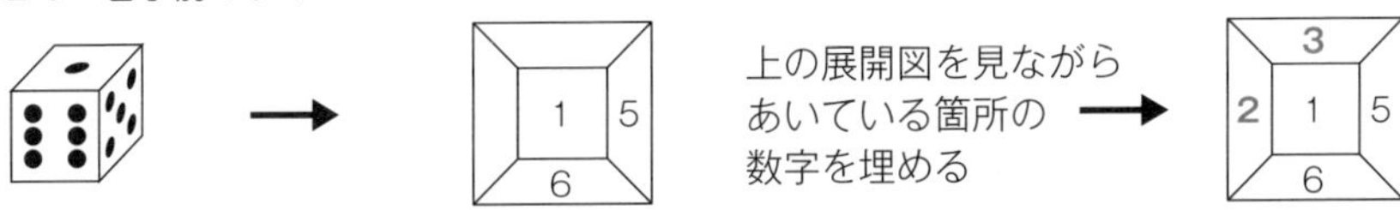

図Ⅱを描いてみる

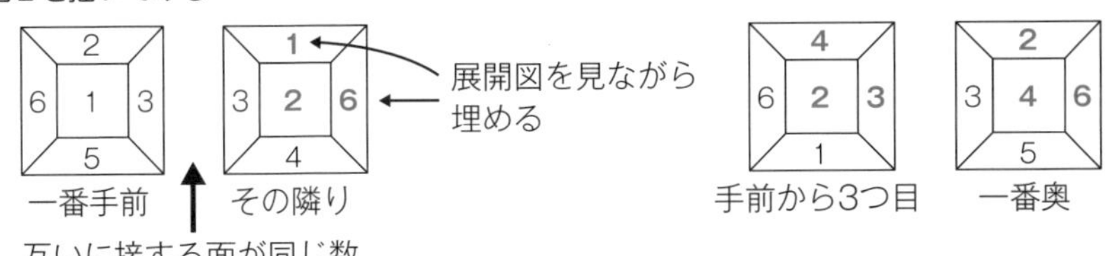

以上よりA=2、B=2、C=4。よってA+B+C=2+2+4=8となる。よって正解は1。

問題 13　正解　1

問題 14 立体図形

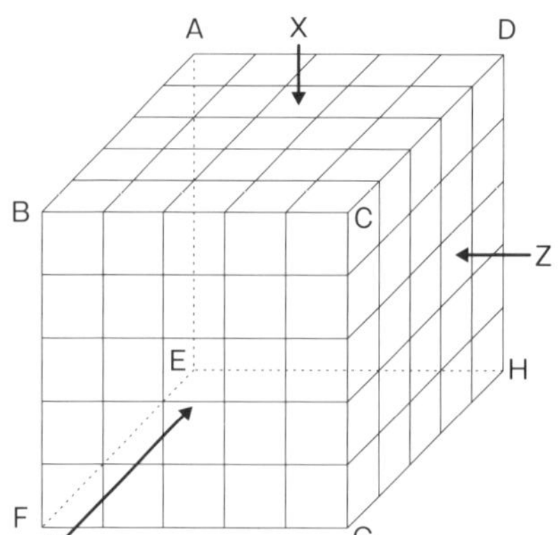

左図のように、125個の同じ大きさの小さい立方体をすき間なく積み重ねた立体がある。この立体をX、Y、Zの3方向から見て、下図に示す黒く塗りつぶした部分をその面に垂直な方向にそれぞれの面の反対側までくり抜いたとき、残された立体を構成する小さい立方体の個数として、正しいのはどれか。ただし、立体はくり抜いても崩れないものとする。

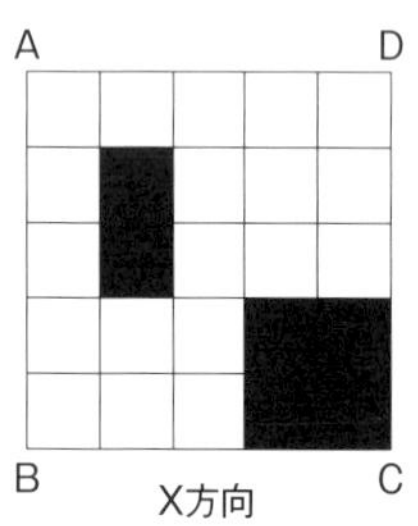

X方向

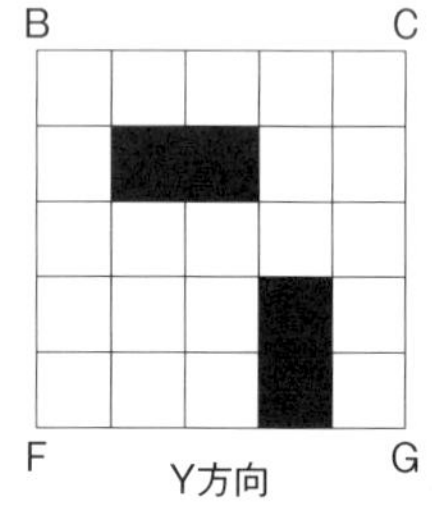

Y方向

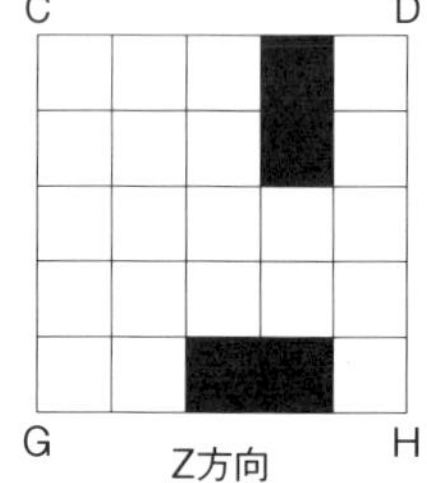

Z方向

1 65個
2 66個
3 67個
4 68個
5 69個

解説

1段ずつスライスして数える

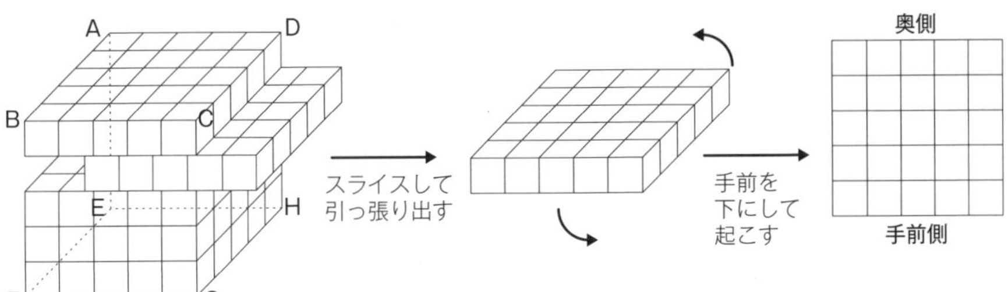

上図のように上から1段ずつスライスして、各段ごとに数えていく。

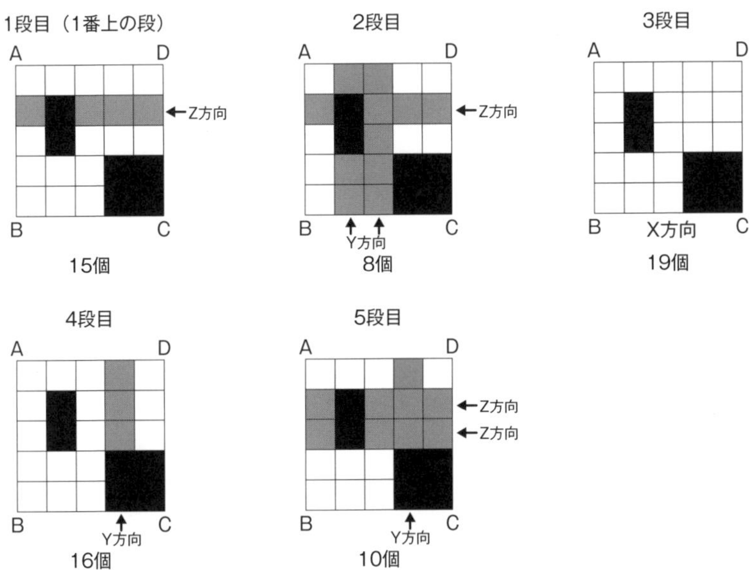

以上のように15＋8＋19＋16＋10＝68個。よって正解は4。

問題14 正解 4

一般知能

数的推理

問題1 方程式

花屋で、バラ、ダリア、キクの3種類の花を買ったところ、代金は合計で2548円であった。それぞれの1本あたりの価格が、バラ221円、ダリア156円、キク117円のとき、バラを買った本数としてありうるのはどれか。

1 3本
2 4本
3 5本
4 6本
5 7本

解説

整数の問題ではとにかく素因数分解掛け算の式にしてみる

それぞれの買った本数をバラ x 本、ダリア y 本、キク z 本とすると次の式ができる。
221(円)×x(本)＋156(円)×y(本)＋117(円)×z(本)＝2548(円)…①

問題文からはこれ以上の式は立たない。こういうケースでは、**式を掛け算の形**にできないかを考える。そのために、係数である221、156、117、2548がどういう数字かを見極めるために素因数分解をする。

$221=13\times17$　$156=2^2\times3\times13$　$117=3^2\times13$　$2548=2^2\times7^2\times13$

よって①式は次のようになる。

$\mathbf{13}\times17\times x+2^2\times3\times\mathbf{13}\times y+3^2\times\mathbf{13}\times z=2^2\times7^2\times\mathbf{13}$…①'

①'式の両辺を13で割る。

$17\times x+2^2\times3\times y+3^2\times z=2^2\times7^2$

掛け算で構成される項がつくれないか検討する。**yとzの係数に3があることに注目**して次のように式を変形する。

$3\times(2^2\times y+3\times z)=2^2\times7^2-17\times x$

左辺が「$3\times(2^2\times y+3\times z)$」となっており、3の倍数であることがわかる。とすれば当然右辺も3の倍数である。つまり、**$2^2\times7^2-17\times x$ が3の倍数**となるはずである。

$2^2\times7^2-17\times x=196-17x$ ゆえ、$196-17x$が3の倍数とわかる。

選択肢を利用せよ。あてはめは肢3から始めよ

本問はxを求めさせる問題であるけれど、必ず正解は選択肢5つの中にある。
そこで、**真ん中の選択肢3、$x=5$をあてはめて**、$196-17x$ が3の倍数になるのかを調べる。
$196-17x=196-17\times5=111$となる。
そこで、111が3の倍数かを調べると$111\div3=37$ となり、3の倍数であることがわかる。
よって、$x=5$となり、正解は肢3。
他の選択肢を試すと、3の倍数とはならない。

各桁の和が3の倍数なら、その数は3の倍数である

111で試すと、各桁の和は、$1+1+1=3$ となり、3の倍数となる。

問題 1　正解 3

問題 2 整数の性質①

$\sqrt{10800 \div m}$ が整数となるような自然数mは、全部で何個か。

1　10個
2　11個
3　12個
4　13個
5　14個

問題 3 整数の性質②

504の約数の個数として、正しいのはどれか。

1　12個
2　15個
3　20個
4　24個
5　30個

解説

素数（2、3、5、7、11、13…）に分解する

● **素数**…2以上の自然数で、1とその数自身以外に余りを出さずに割りきれる数をもたない数。
たとえば、5は1と5(その数自身)以外では割りきれないから素数である。
5÷1=5　5÷2=2…1　5÷3=1…2　5÷4=1…1　5÷5=1
6は、1と自分自身6以外にも2でも3でも割りきれるから素数ではない。
6÷2=3　6÷3=2

素数に分解することを**素因数分解**という。次のように小さい素数で順に割っていく。

10800 → 2) 10800 → 2) 10800 → 2) 10800 → 商が素数になるまで割り続ける
　　　　　　5400　　2) 5400　　2) 5400
　　　　　　　　　　　2700　　2) 2700
　　　　　　　　　　　　　　　　1350

整理すると、$10800=2^4\times3^3\times5^2$となる。
そこで、$\sqrt{10800\div m}$が整数となるような自然数mを考える。$\sqrt{a^2}=a$であるから、**ルートの中が$(\quad)^2$という形になればよい。**
$\sqrt{10800}=\sqrt{2^4\times3^3\times5^2}$であるから、例えば m=3と考えると、$\sqrt{2^4\times3^3\times5^2\div3}=\sqrt{2^4\times3^2\times5^2}$
$=\sqrt{(2^2\times3\times5)^2}=2^2\times3\times5$となる。
ルートの中を$(\quad)^2$という形にするためには、
・3か3^3で必ず割らなければならない。
・2^2、2^4、5^2で割っても$(\quad)^2$という形になる。
これらの組合せを考えると、3、3^3、3×2^2、3×2^4、3×5^2、$3^3\times2^2$、$3^3\times2^4$、$3^3\times5^2$、$3\times2^2\times5^2$、$3\times2^4\times5^2$、$3^3\times2^2\times5^2$、$3^3\times2^4\times5^2$の12個となる。よって正解は**3**。

問題 2　正解 3

解説

$N=a^x\times b^y\times c^z\times\cdots$と素因数分解できるとき
Nの約数の個数$=(x+1)\times(y+1)\times(z+1)\times\cdots$

$504=2^3\times3^2\times7$ゆえ、504の約数の個数は、$(3+1)\times(2+1)\times(1+1)=24$となる($7^1$の場合は7と省略してある)。よって正解は**4**。

問題 3　正解 4

問題 4 余り

3桁の自然数のうち、「5で割ると3余り、かつ7で割ると5余る」という条件を満足するすべての自然数の和として、正しいのはどれか。

1 14053
2 14063
3 14073
4 14083
5 14093

解説

「aで割るとb余る数 x」
$x÷a=c^{\cdots b}$ ➡ $x=a×c+b$（cは商）

「5で割ると3余り、かつ7で割ると5余る」自然数をxとおくと、
$x÷5=c^{\cdots 3}$　$x÷7=d^{\cdots 5}$（商をそれぞれc、d）と表せる。
よって、$x=5×c+3$(ア)、$x=7×d+5$(イ)が成立する。

右辺か左辺を掛け算だけの式にする

(ア)(イ)式の両辺に2を加えると次のように変形できる。
(ア) $x+2$ ＝ 5×c+3+2 ＝ 5×c+5 ＝ 5×（c+1）… 5の倍数
(イ) $x+2$ ＝ 7×d+5+2 ＝ 7×d+7 ＝ 7×（d+1）… 7の倍数
よって **x+2 は、5の倍数であり、かつ7の倍数である**ことがわかる。
つまり x+2は5と7の公倍数である。

公倍数は最小公倍数の倍数

5と7は共に素数であるから最小公倍数は5×7＝35である。よって **x+2 は35の倍数**である。
問題文よりxは3桁の自然数だから 100≦x≦999。
35の倍数のうち、この範囲に入る数は、35×3、35×4、……、35×28までの26個である。
よってxは、35×3−2、35×4−2、……、35×28−2となる。この26個の和を求める。
(35×3−2)＋(35×4−2)＋……＋(35×28−2)
＝35×(3+4+……+28) −2×26(ウ)

a_1、a_2、…、a_n が等差数列のとき、その和は

$$a_1+a_2+\cdots+a_n=\frac{(a_1+a_n)\times n}{2}$$

上記公式により、(ウ)の 3+4+…+28 の部分は $\frac{(3+28)\times 26}{2}=403$

よって(ウ)より 35×403 − 2×26＝14053となる。よって正解は1。

問題 4　正解 1

問題5 記数法①

2進法では10101と表す10進法の数をXとし、3進法では201と表す10進法の数をYとするとき、X＋Yの値を6進法で表した数として、正しいのはどれか。

1　100
2　101
3　102
4　103
5　104

問題6 記数法②

5進法で表された数3024と3進法で表された数2110との差を7進法で表した数はどれか。

1　323
2　455
3　641
4　1220
5　2444

解説

記数法 2進法を6進法にするには10進法を経由する

●10進法：1、2、3…、9、10、11、12…と0から9までの10個の数字を使って数を表現する方法。2進法は0と1の2個、3進法は0、1、2の3個の数字を使って表記する。

(1) 2進法を10進法に直す方法(本問に沿って解説する)

2進法の**10101**を10進法で表す数は、n桁の2進法の数(本問では5桁)の各桁の値に2の(n－1)乗を掛けた数の和である。よって、下記のとおり、10進法では21。

$1\times2^{5-1}+0\times2^{4-1}+1\times2^{3-1}+0\times2^{2-1}+1\times2^{1-1}=1\times2^{4}+0+1\times2^{2}+0+1\times2^{0}=21$。

($2^0=1$。0乗は必ず1となる。$3^0=1$、$4^0=1$…)

同様にして3進法の**201**を10進法に直すと、$2\times3^{3-1}+0\times3^{2-1}+1\times3^{1-1}=19$となる。

以上により、X=21、Y=19ゆえ、X+Y=21+19=40。

(2) 10進法を6進法に直す方法(X+Y=40を6進法になおす)

10進法**40**を6進法に直すには、**40**を6進法の「6」で割って余りを求めていく。商が6より小さくなるまで割り続ける。求めた余りが6進法に直したときの一の位、十の位…となる。

以下のように求める。

6進法では
104(6)となる
よって正解は**5**。

問題 5　正解 5

解説

記数法が違う数同士の計算はそれぞれを10進法に直してから行う

5進法の**3024**を10進法にすると、$3\times5^{4-1}+0\times5^{3-1}+2\times5^{2-1}+4\times5^{1-1}=389$

3進法の**2110**を10進法にすると、$2\times3^{4-1}+1\times3^{3-1}+1\times3^{2-1}+0\times3^{1-1}=66$

よって差は、389－66=323(10進法)。

これを7進法に直すと641。よって正解は3。

```
7) 323
7)  46 — 1
     6 — 4
```

問題 6　正解 3

問題 7 速さ①

5km離れた2地点A、B間を同じ経路で、兄はオートバイで、弟は自転車でそれぞれ走って1往復することになり、13時に弟が地点Aを出発した。その32分後に兄が地点Aを出発し、地点Bの手前1kmの地点で弟を追い越した。その後、復路を走る兄が弟とすれ違う時刻として、正しいのはどれか。
ただし、兄弟が走る速さはそれぞれ一定であり、兄は弟の3倍の速さで走った。

1　13時44分
2　13時54分
3　14時04分
4　14時14分
5　14時24分

解説

速さ×時間＝距離
距離÷速さ＝時間
距離÷時間＝速さ

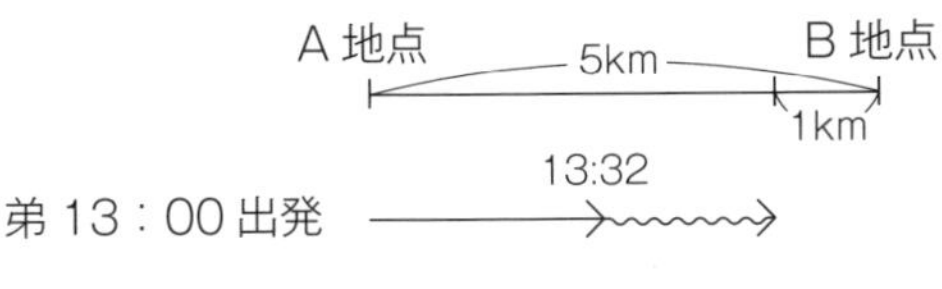

弟の速さを分速v(km)とおくと、条件より兄の速さは弟の3倍の速さだから分速$3v$(km)。
兄がB地点の1km手前で弟を追い越すのにかかった時間をx(分)とする。
B地点の1km手前まで、つまり4km走ったことを式にすると

弟…v(km／分)×32(分)＋v(km／分)×x(分)＝4(km)
兄…$3v$(km／分)×x＝4(km)

連立して解くと $x=16$、$v=\frac{1}{12}$

よって、B地点の1km手前で弟を追い越したのは、13時32分の16分後ゆえ13時48分。

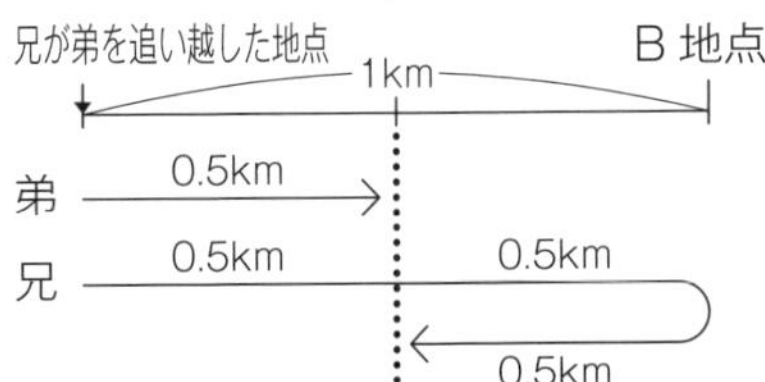

次に復路を走る兄が弟とすれ違うのは左図のとおり。兄が弟の3倍の速さであるから**弟が1進むと兄は3進む。**
左図のとおり、**弟が0.5**(km)**進むと兄が0.5×3**(km)**進む。ちょうどこのときすれ違う。**

弟が0.5km進むのに要する時間は、0.5(km)÷$\frac{1}{12}$(km／分)＝6(分)

以上より、13時48分の6分後、すなわち13時54分に弟は0.5km進み、復路の兄とすれ違う。
よって正解は**2**。

問題 7　正解 2

問題 8 速さ②

1周が9kmの遊歩道を、A、Bの2人が、遊歩道の同じ地点から、Aは時計回りに、Bは反時計回りに、午前8時ちょうどに歩き始め、1周するまでの間、Aは休むことなく歩き続け、Bは、Aと出会った地点で30分間の休憩をとり、Bは休憩を終え再び反時計回りに歩き始めてから1時間15分後に、遊歩道を1周し終えた。A、Bが歩いた速さはそれぞれ一定であり、Aが時速5kmの速さで歩いたとき、Bが遊歩道を1周し終えた時刻として、正しいのはどれか。

1　午前10時35分
2　午前10時40分
3　午前10時45分
4　午前10時50分
5　午前10時55分

問題 9 速さ③

X区役所とY区役所を結ぶ道路がある。この道路を、Aは徒歩でX区役所からY区役所へ向かい、BはAの出発の10分後に自転車でY区役所を出発してX区役所へと向かった。2人が出会った時点から、Aは25分後にY区役所に到着し、Bは8分後にX区役所へ到着した。2人が出会ったのは、AがX区役所を出発した時点から何分後か。ただし、2人の速度は常に一定とする。

1　15分後
2　20分後
3　25分後
4　30分後
5　35分後

解説

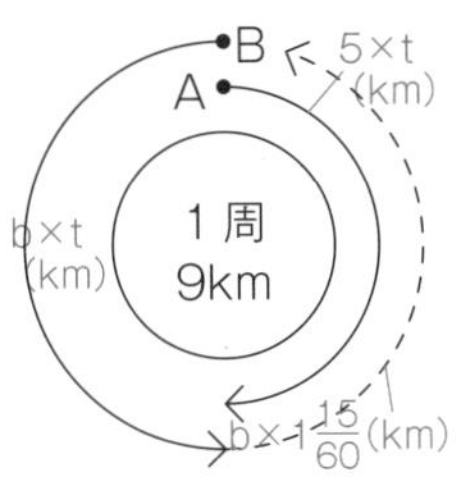

秘伝 単位をそろえる 1時間＝60分＝3600秒　$\frac{1}{60}$時間＝1分

Aの速さは時速5km。Bの速さを時速bkm、AとBが出会うまでに要した時間をt時間とおく。
AとBが出会うまでの各々の移動距離を式にする。
Aは、5(km／時)×t(時間)。Bは、b(km／時)×t(時間)。
AとBが出会うまでに歩いた距離をあわせるとちょうど1周だから、2人で合計9km移動しているので、

5×t＋b×t＝9(km) ……（ア）

Bは休憩後、最初のAの移動距離（5×t(km)）を1時間15分かけて歩いているので、

5×t(km)＝b(km／時)×$1\frac{15}{60}$ ……（イ）が成り立つ（1時間15分＝$1\frac{15}{60}$時間）。

（ア）（イ）の式を連立して解くとb＝4(km／時)、t＝1(時間)。
よってBは、1時間＋30分休憩＋1時間15分＝2時間45分　かかって1周する。
8時に歩き始めてから2時間45分後の10時45分に1周し終えた。よって正解は**3**。

問題 8　正解 3

解説

秘伝 比を使う

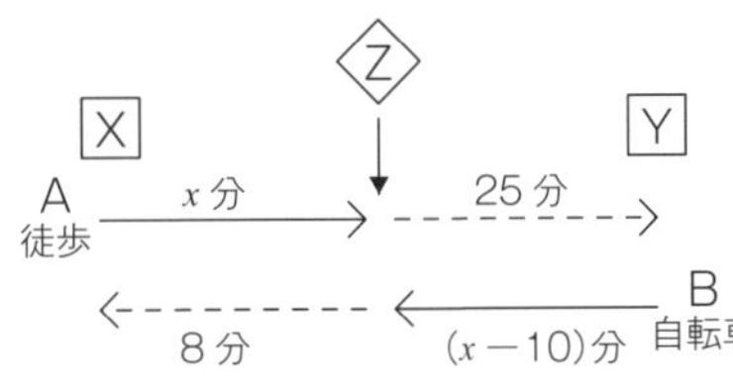

2人が出会った地点をZとすると次のようにいえる。
XZ間を徒歩のAはx分かかったとおく。
徒歩のAがx分かかるところを自転車のBは8分で行く。ZY間はAが25分、BはAの出発の10分後に出発しているので、Bは$(x-10)$分かかる。
2人の速度が常に一定とすれば、同じ距離を歩くのにかかる時間の比も一定。つまり次の式が成り立つ。$x:8=25:(x-10)$。
この式は$x(x-10)=8\times25$　と変形できる。
$x^2-10x-200=0$
$(x-20)(x+10)=0$
x分はマイナスはありえないので
$x=20$。
よって正解は**2**。

問題 9　正解 2

問題10 仕事算①

A、Bの2人で行うとAだけで行うより12日間早く終了し、Bだけで行うより27日間早く終了する仕事を、Aだけで行うとき、終了するまでにかかる日数として、正しいのはどれか。

1　18日
2　24日
3　30日
4　36日
5　42日

問題11 仕事算②

ある施設に設置されたタンクには、常に一定の割合で地下水が流入しており、このタンクにポンプを設置して排水すると、3台同時に使用したときは21分、4台同時に使用したときは15分でそれぞれタンクが空となる。この場合、このタンクを7分で空にするために必要なポンプの台数として、正しいのはどれか。
ただし、排水開始前にタンクに入っていた水量はいずれも等しく、ポンプの毎分の排水量はすべて等しくかつ一定である。

1　6台
2　7台
3　8台
4　9台
5　10台

解説

仕事算 全体の仕事量を1とする 1日あたりの仕事量を出す

2人で行うとx日かかるとおくと、Aだけで行うと(x+12)日、Bだけで行うと(x+27)日かかる。
全体の仕事量を1とすると、

Aが1日あたりにこなす仕事量は、$1\div(x+12)=\frac{1}{x+12}$

Bが1日あたりにこなす仕事量は、$1\div(x+27)=\frac{1}{x+27}$

AとBの2人で1日あたりこなす仕事量
$\frac{1}{x+12}+\frac{1}{x+27}$

AとBが2人でこなすとx日で終わるので

$$\left(\frac{1}{x+12}+\frac{1}{x+27}\right)\times x=1$$

$x=18$
よってAだけで行うと18+12=30日かかる。よって正解は**3**。

問題 10 正解 3

解説

給排水算 (元々あった量)+(流入した量)=(排水した量)

元々あった水の量をa、地下水の流入量を1分間あたりb、ポンプ1台が1分間あたりに汲み出す量をcとする。

3台同時に使用すると21分で空になるので、
a+b×21(分)=c×3(台)×21(分) ……(ア)が成立する。
また4台同時では15分で空になるので、
a+b×15(分)=c×4(台)×15(分) ……(イ)が成立する。

(ア)(イ)を整理するとa+21b=63c……(ア)、a+15b=60c……(イ)
(ア)−(イ) 6b=3c ∴2b=cとなる。これを(イ)に代入してa=105b

他方、7分で空にするためのポンプの必要台数をn台とすると、
a+b×7(分)=c×n(台)×7(分)が成立する。
ここにa=105b、2b=cを代入すると、105b+7b=2b×n×7となる。
両辺をbで割ると105+7=2×n×7
よってn=8。よって正解は**3**。

問題 11 正解 3

問題12 場合の数①

ある職場は、A～Fの6人の職員で構成され、このうちE及びFは新人職員である。新人職員は、1人だけ又は2人だけでは外出又は留守番をしないとするとき、外出する職員の組合せは何通りあるか。

1　51通り
2　53通り
3　55通り
4　57通り
5　59通り

問題13 場合の数②

A～Jの10人が飛行機に乗り、次のような3人掛け・4人掛け・3人掛けの横一列の席に座ることになった。

窓 □□□ 通路 □□□□ 通路 □□□ 窓

この10人の座り方について、次のようにするとき、座り方の組合せはいくつあるか。
○A、B、Cの3人は、まとまった席にする。
○DとEは席を隣どうしにしない。
○AとFは窓際の席にする。
なお、通路を挟んだ席は隣同士の席ではないものとする。

1　1122通り
2　1212通り
3　1221通り
4　2112通り
5　2211通り

解説

組合せ n個の中からr個取り出す取り出し方（順番は関係なし）

$$ {}_nC_r = \frac{n\times(n-1)\times\cdots\times(n-r+1)}{r!} $$

外出する人数で場合を分けて整理する。

(1) 6人全員で外出する場合1通り。

(2) 5人で外出する場合は、どの1人が留守番するかで6通りあるが、**E・Fは1人で留守番はしないため**、その2通りは除き4通り。

(3) 4人で外出する場合は、どの4人かで${}_6C_4=\frac{6\times5\times4\times3}{4\times3\times2\times1}$=15通り。ただし、**EとFが留守番になってしまうA・B・C・Dでの外出は許されない**ので、その場合を除き14通り。

(4) 3人で外出する場合は、どの3人かで${}_6C_3=\frac{6\times5\times4}{3\times2\times1}$=20通り。

(5) 2人で外出する場合は、どの２人かで${}_6C_2=\frac{6\times5}{2\times1}$=15通り。ただし、**EとFの2人での外出は許されない**ので、その場合を除き14通り。

(6) 1人で外出するのはEとF以外の4人のうちの1人だから4通り。

以上を合計して、1+4+14+20+14+4=57(通り)。よって正解は4。

問題 12　正解 4

解説

順列 n個の中からr個取り出して並べる並べ方

$$ {}_nP_r = n\times(n-1)\times(n-2)\times\cdots\cdots\times(n-r+1) $$

AとFが窓際の席、A・B・Cの3人はまとまった席という条件から、

A	B−C C−B	通路	①	②	③	④	通路	⑤	⑥	F

もしくは

F			通路					通路	B−C C−B	A

の残りの6席の座り方を数える。

ひとまず左側窓席にAが座った場合で考える。残り6席の6人の座り方は${}_6P_6$=720通り。
ここからDEが隣りあう場合を除く。
DEが隣りあう場合は①②、②③、③④、⑤⑥にD−E、E−Dと座る8通りあり、
そのそれぞれにつき残りの4人の座り方が${}_4P_4$=24通りあるので、8×24=192通り。
よって、720−192=528通り。残り6人の並び方528通りごとに、左窓からA−B−C、A−C−Bと並ぶ場合、右窓にAがきてB−C−A、C−B−Aと並ぶ場合の計4通りがある。
よって、528×4=2112通りとなり、よって正解は4。

問題 13　正解 4

問題14 確率①

当たりくじを4本含む11本のくじが入っている箱の中から1本ずつ2本のくじを引くとき、初めに引いたくじを箱に戻す引き方で当たりくじを1本だけ引く確率P_1と、初めに引いたくじを箱に戻さない引き方で当たりくじを1本だけ引く確率P_2との組合せとして、正しいのはどれか。

	P_1	P_2
1	$\frac{16}{121}$	$\frac{6}{55}$
2	$\frac{28}{121}$	$\frac{6}{55}$
3	$\frac{28}{121}$	$\frac{28}{55}$
4	$\frac{56}{121}$	$\frac{14}{55}$
5	$\frac{56}{121}$	$\frac{28}{55}$

問題15 確率②

赤玉7個、白玉3個の合計10個の玉が入っている袋の中から、同時に3個の玉を取り出したとき、そのうち少なくとも1個が白玉である確率はどれか。

1 $\frac{7}{24}$

2 $\frac{11}{24}$

3 $\frac{13}{24}$

4 $\frac{17}{24}$

5 $\frac{19}{24}$

解説

求める事象が起こりうる場合の数／起こりうるすべての場合の数

(1)初めに引いたくじを箱に戻す引き方の場合

最初の1本を引いて当たる確率は $\frac{4}{11}$

次に引いた1本がはずれる確率は、くじを戻した場合は $\frac{7}{11}$

よって(当たり → はずれ)となる確率は $\frac{4}{11} \times \frac{7}{11} = \frac{28}{121}$

また、(はずれ → 当たり)でも条件を満たす。この場合の確率は $\frac{7}{11} \times \frac{4}{11} = \frac{28}{121}$

このどちらかであるから、$\frac{28}{121} + \frac{28}{121} = \frac{56}{121}$　よって$P_1 = \frac{56}{121}$

(2)初めに引いたくじを箱に戻さない引き方

最初の1本が当たる確率は $\frac{4}{11}$、次に引いた1本がはずれる確率は $\frac{7}{10}$。

よって、(当たり → はずれ)となる確率は $\frac{4}{11} \times \frac{7}{10} = \frac{28}{110} = \frac{14}{55}$

この場合も(はずれ → 当たり)でも条件を満たす。$\frac{7}{11} \times \frac{4}{10} = \frac{28}{110} = \frac{14}{55}$

このどちらかであるから、$\frac{14}{55} + \frac{14}{55} = \frac{28}{55}$　よって　$P_2 = \frac{28}{55}$

よって正解は5。

問題 14　正解 5

解説

少なくとも1個が白玉である確率＝1－(3個とも赤玉の確率)

3個とも赤玉である確率を求める。
まず3個の選び方のすべての起こりうる場合は${}_{10}C_3 = \frac{10\times9\times8}{3\times2\times1}$ ＝120(通り)。

赤玉7個のうち3個の取り出し方は${}_{7}C_3 = \frac{7\times6\times5}{3\times2\times1}$ ＝35(通り)。

よって、3個とも赤となる確率は $\frac{35}{120} = \frac{7}{24}$

したがって、少なくとも1個が白玉である確率は$1 - \frac{7}{24} = \frac{17}{24}$　よって正解は4。

問題 15　正解 4

問題 16 図形の面積①

次の図のように、半径6cmの2つの円がそれぞれ中心を通るように交わっているとき、斜線部分の面積はどれか。ただし、円周率はπとする。

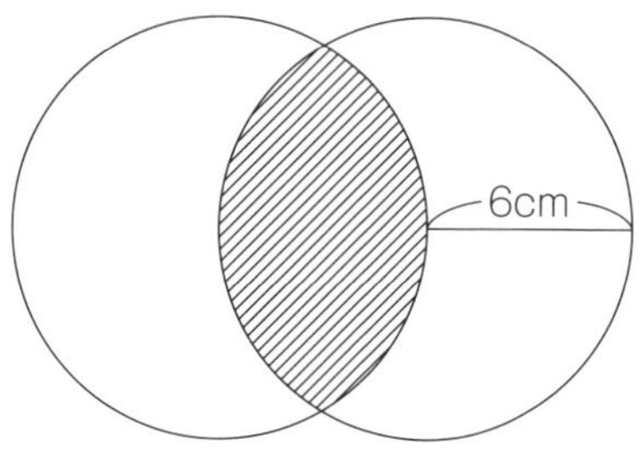

1　12π
2　18π
3　$12\pi-9\sqrt{3}$
4　$24\pi-18\sqrt{3}$
5　$24\pi+18\sqrt{3}$

問題 17 図形の面積②

次の図のような、半径1cmの半円がある。今円弧上に∠CABが30°となる点Cを設け、点Aと点Cを直線で結んだとき、斜線部分の面積はどれか。ただし、円周率はπとする。

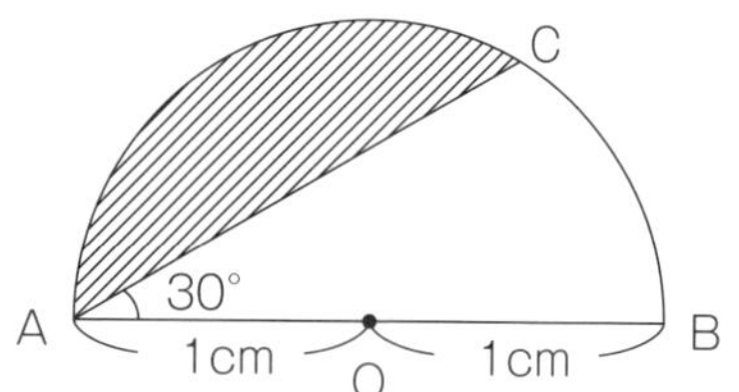

1　$\frac{\pi}{3}\text{cm}^2$
2　$\frac{\pi}{6}\text{cm}^2$
3　$\frac{\pi-\sqrt{5}}{3}\text{cm}^2$
4　$\frac{2\pi-\sqrt{3}}{6}\text{cm}^2$
5　$\frac{4\pi-3\sqrt{3}}{12}\text{cm}^2$

解説

秘伝 円の問題では半径を引きまくる

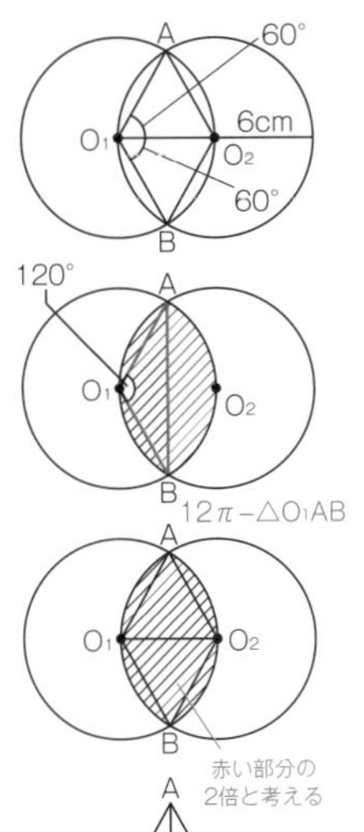

左図のように左側の円の中心をO_1、右側の円の中心をO_2、円の交点をA、Bとして、O_1からAとB、O_2からAとBにそれぞれ半径を引く。またO_1からO_2に半径を引く。

半径はすべて6cmであるから、$\triangle AO_1O_2$、$\triangle BO_1O_2$ともに３辺が6cmの**正三角形であることがわかる。**正三角形の1つの角は60°ゆえ、$\angle AO_1O_2=60°$、$\angle BO_1O_2=60°$である。

よって$\angle AO_1B=120°$であることがわかる。

円O_1の扇形O_1ABの面積は、$6\times6\times\pi\times\dfrac{120°}{360°}=12\pi$。

扇形O_1ABから$\triangle O_1AB$の面積を引くと求める部分の半分となる(左図赤の斜線部分)。

$\triangle O_1AB$は正三角形AO_1O_2の半分と正三角形BO_1O_2の半分を足したものであり、正三角形AO_1O_2の面積に等しいので正三角形AO_1O_2の面積を求める。

底辺は6cm、高さは $3\sqrt{3}$ であるから、$6\times3\sqrt{3}\times\dfrac{1}{2}=9\sqrt{3}$

(扇形O_1AB－$\triangle O_1AB$)$\times2=(12\pi-9\sqrt{3})\times2$
$=24\pi-18\sqrt{3}$　よって正解は**4**。

問題 16　正解 4

解説

秘伝 円の問題では半径を引きまくる

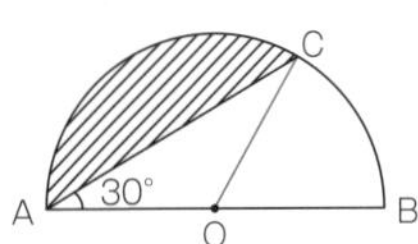

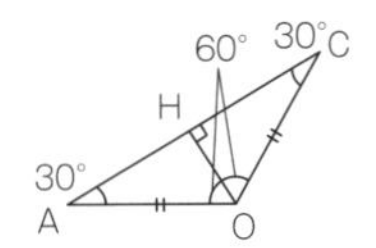

OH：AO：AH=1：2：$\sqrt{3}$
AO=1cm だから OH=0.5cm
AH=0.5×$\sqrt{3}$ cm

中心OからCに半径を引くと△OACはOAも半径であるからOC=OA=1cmの二等辺三角形である。よって$\angle OAC=\angle OCA=30°$、$\angle AOC=120°$である。

よって**中心角120°の扇形OACから△OACの面積を引けばよい。**

△OACのACを底辺として高さOHを引く。△AOHは30°・60°・90°の三角形であるから辺の比は$2:1:\sqrt{3}$となる。

AO=1cmゆえOHは0.5cm、AH=$0.5\sqrt{3}$

$$1\times1\times\pi\times\frac{120}{360}-0.5\times0.5\sqrt{3}\times\frac{1}{2}\times2=\frac{4\pi-3\sqrt{3}}{12}$$

よって正解は**5**。

問題 17　正解 5

一般知能

資料解釈

問題1 表の読取り

次の表から確実にいえるのはどれか。

7か国におけるGDP労働生産性の推移

（単位　ドル）

国	2013年	2014	2015	2016	2017
A国	55,572	58,616	60,932	64,070	66,820
B国	78,347	82,639	87,237	90,818	94,090
C国	62,801	65,608	69,691	72,798	75,023
D国	62,765	66,945	67,453	70,578	72,978
E国	70,706	71,263	72,352	74,144	76,325
F国	65,837	68,898	68,921	70,628	72,029
G国	68,968	71,574	75,253	78,818	81,853

1　2014年から2017年までの各年におけるA国のGDP労働生産性の対前年増加額の平均は、2500ドルを下回っている。

2　2014年から2017年までの各年とも、C国のGDP労働生産性の対前年増加率は、年の経過とともに順次低下している。

3　表中の各国のうち、2017年におけるGDP労働生産性の対前年増加率が最も大きいのは、A国である。

4　2013年のD国のGDP労働生産性を100としたときの2015年のそれの指数は、110を上回っている。

5　2014年から2017年までの各年のうち、E国におけるGDP労働生産性の対前年増加額が最も大きいのは、2016年である。

解説

ツボ！ 計算は上から2～3桁程度に四捨五入した数字で計算する

①対前年増加額＝今年の額ー昨年の額

$$対前年増加率(\%) = \frac{今年の額ー昨年の額}{昨年の額} \times 100$$

たとえば、昨年は200個売れた商品が、今年は260個売れたとすると増加分は、
260−200＝60(個)
そして、この60個の増加分が、昨年売れた200個のうちの何％になるかを示したのかが増加率である。

$$増加率 = \frac{60}{200} \times 100 = 30(\%)$$

②計算するときは、上から２～３桁程度に四捨五入した数字で計算する。
資料解釈問題では、細かい計算が速く、正確にできるかではなく、与えられた資料から概算し、大づかみして傾向を読み取ることができるかどうかが試されている。

たとえば、2014年の対前年増加額＝2014年の額−2013年の額をE国の数字で見てみると、2014年の増加額＝71263－70706だが、上から3桁くらいの概算でも傾向はわかる。

71263－70706＝557
↓　　　↓
71300－70700＝600

③率の比較は、「割り算」ではなく「掛け算」で。

国	2013年	2014年	2015年
C国	62,800	65,600	69,700

たとえば、2014年には、前年から2800増加しているが、
これは62800の5％の3140（10％が6280だからその半分）よりも小さい増加率である。
他方、2015年の対前年増加額は4100だが、
これは65600の5％の3280（65600の10％が6560だからその半分）よりも大きい増加率である。

（次ページに続く）

1-×　十の位を四捨五入した値で概算する。

	2013年	2014年	2015年	2016年	2017年
A国	55,600	58,600	60,900	64,100	66,800

＋3000　＋2300　＋3200　＋2700

以上より、対前年増加額の平均は2500ドルを明らかに上回っているから誤り。

2-×　十の位を四捨五入した値で概算する。

	2013年	2014年	2015年	2016年	2017年
C国	62,800	65,600	69,700	72,800	75,000

＋2800　＋4100　＋3100　＋2200

2014年の対前年増加率、2015年の対前年増加率は上表から明らかに増加していると判断できるから誤り。

念のため前者は $\frac{2800}{62800}\times100(\%)$、後者は $\frac{4100}{65600}\times100(\%)$

3-○　十の位を四捨五入した値で概算する。

	2016年	2017年	増加額	増加率
A国	64,100	66,800	2,700	$\frac{2700}{64100}\times100$
B国	90,800	94,100	3,300	$\frac{3300}{90800}\times100$
C国	72,800	75,000	2,200	$\frac{2200}{72800}\times100$
D国	70,600	73,000	2,400	$\frac{2400}{70600}\times100$
E国	74,100	76,300	2,200	$\frac{2200}{74100}\times100$
F国	70,600	72,000	1,400	$\frac{1400}{70600}\times100$
G国	78,800	81,900	3,100	$\frac{3100}{78800}\times100$

左表のように計算するのだが、全部計算する必要はない。
増加額の多いB国とG国をみると、それぞれ3300、3100の増加だが、2016年の生産性はB国90800に対してG国78800である。増加した割合は明らかにG国の方が高い。
また、C国、D国、E国、F国は、2016年の生産性が70000～74000となっており、G国のそれとさして変わらないことからすると、増加額はG国が圧倒的に多いから増加率も当然この中ではいちばん高くなる。

ここまではほとんど計算をせずすぐ判断できる。あとは、G国とA国の比較だけである。

A国は $\frac{2700}{64100}\times100=4.212\cdots\%$、G国は $\frac{3100}{78800}\times100=3.93\cdots\%$

よってA国がいちばん高く、この選択肢が正解。

4-×　指数が100に対して110ということは、10%増加ということである。
2013年は、62765であるから、その10% 6276を2013年に足すと
62765＋6276＝69041 となる。
2015年は67453であり、これより小さい。
よって、指数は110を上回っておらず、誤り。

5-×　概算すると、対前年増加額が最も大きいのは、2017年であるから誤り。

問題 1　正解 3

問題 2 グラフの読取り①

次の図から正しくいえるのはどれか。

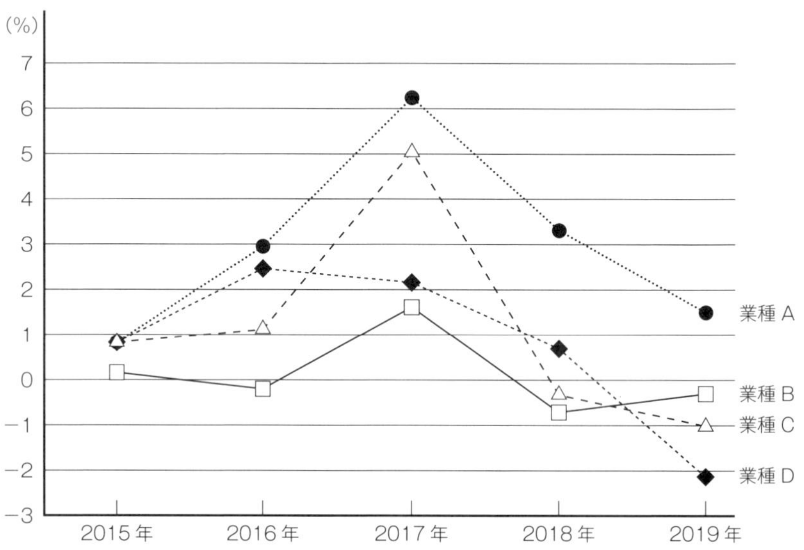

1　2015年から2018年までの各年についてみると、業種Dの売上額に対する業種Bの売上額の比率は、いずれの年も前年に比べて減少している。

2　2015年における業種Dの売上額を100としたとき、2019年における業種Dの売上額の指数は105を上回っている。

3　2016年から2018年までの各年についてみると、業種Cの売上額が前年に比べて増加した年は、いずれの年も業種Bの売上額が前年に比べて増加している。

4　2016年から2019年までのうち、業種Aの売上額が最も多いのは2017年であり、次に多いのは2018年である。

5　2019年における業種A ～ Dの売上額についてみると、いずれの業種も2017年の売上額に比べて減少している。

解説

折れ線グラフの傾きに騙されない

対前年増加率の推移を折れ線グラフで表す問題では次の点に注意。
●グラフの折れ線が右下がりだからといって必ずしも対前年減少であるとは限らない。

たとえば、業種Aの2017年と2018年の売上額を見てみよう。
2017年から2018年の折れ線グラフは右下がりになっているので、売上額も減少しているように錯覚してしまいそうであるが、よく見ると2018年の対前年増加率は3.2%くらいである。つまり3.2%は増加している。

業種Aの2019年も2018年からは右下がりのグラフになっているが、1.5%の増加である。2018年は2017年の売上額に比べ3.2%増加、2019年は2018年に比べ1.5%増加ゆえ、2019年の売上額がいちばん大きいことがわかる。

よって**肢4**は誤り。また**肢5**も誤りとがわかる。

肢3も同様に、2016年を見ると業種Cは1.1%増加、業種Bは0.2%減少であることが読みとれる。よって、**肢3**は誤り。

10%未満の増加率であれば足し算で判断可能

肢2を見てみよう。
2015年の業種Dの売上額を100とすると、2016年は2.4%増加ゆえ、100×1.024=102.4。
2017年は前年(2016年)に対して2.1%増加ゆえ、102.4×1.021。
同様に、2018年はその0.8%増加ゆえ、(102.4×1.021)×1.008。さらに2019年はそこから2.1%減少ゆえ、{(102.4×1.021)×1.008}×0.979である。

この掛け算は面倒臭そうであるが、この場合、各年の増加率をそのまま足し算してもほぼ同じ結果がえられる。すなわち、2.4+2.1+0.8−2.1=3.2となるので2019年は2015年に対して3.2%増加、つまり2015年を100とすると、2019年は103.2となる。
したがって、肢2は誤り。

ここまでで、肢2～5は誤りであることがわかったので、正解は肢1と判断してよい。

問題 2 正解 1

問題 3 グラフの読取り②

次の図から確実にいえるのはどれか。

とある国の一次エネルギー供給量及びその構成比の推移

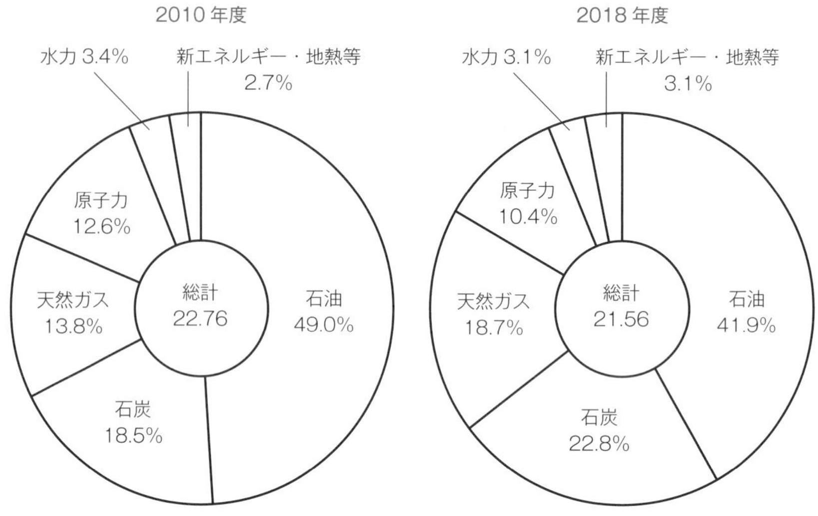

（注）一次エネルギー供給量の単位　10^{18}J

1　2010年度の天然ガスの一次エネルギー供給量は、2018年度のそれの80%を超えている。

2　原子力の一次エネルギー供給量の2010年度に対する2018年度の減少率は、石油の一次エネルギー供給量のそれより小さい。

3　2010年度の石炭の一次エネルギー供給量を100としたときの2018年度のそれの指数は、110を下回っている。

4　天然ガスの一次エネルギー供給量の2010年度に対する2018年度の増加率は、新エネルギー・地熱等の一次エネルギー供給量のそれの2.5倍より大きい。

5　一次エネルギー供給量の総計の2010年度に対する2018年度の減少量に占める水力の一次エネルギー供給量のそれの割合は、10%を超えている。

解説

数値を入れて計算するのは できるだけ式を簡略化してからにする

1-×　2010年度の天然ガスの一次エネルギーの供給量は、22.76×0.138≒3.14である。2018年度のそれは、21.56×0.187≒4.03となり、その80%は4.03×0.8≒3.22となる。よって誤り。

2-×　原子力の一次エネルギーの供給量の2010年度に対する2018年度の減少率

$$\frac{\text{2010年度の原子力}-\text{2018年度の原子力}}{\text{2010年度の原子力}}\times100=\left(\frac{\text{2010年 原子力}}{\text{2010年 原子力}}-\frac{\text{2018年 原子力}}{\text{2010年 原子力}}\right)\times100$$

$$=\left(1-\frac{\text{2018年 原子力}}{\text{2010年 原子力}}\right)\times100$$

石油の一次エネルギーの供給量の2010年度に対する2018年度の減少率

$$\frac{\text{2010年度の石油}-\text{2018年度の石油}}{\text{2010年度の石油}}\times100=\left(1-\frac{\text{2018年 石油}}{\text{2010年 石油}}\right)\times100$$

結局、原子力、石油のそれぞれ $\frac{\text{2018年}}{\text{2010年}}$ の値が小さい方が減少率は大きいということがわかる。

原子力は $\frac{21.56\times0.104}{22.76\times0.126}$ 、石油は $\frac{21.56\times0.419}{22.76\times0.490}$ となる。

$\frac{21.56}{22.76}$ はどちらも共通なので、$\frac{0.104}{0.126}$ と $\frac{0.419}{0.490}$ の比較をする。

分母を通分する。分母は石油が原子力のおおよそ4倍程度なので計算してみると

$\frac{0.104}{0.126}\times\frac{4}{4}=\frac{0.416}{0.504}$ と $\frac{0.419}{0.490}$ を比較する。

分子と分母の関係から $\frac{0.416}{0.504}<\frac{0.419}{0.490}$ であることがすぐわかる。

減少率はこれを1から引いた値であるから、減少率は原子力の方が大きい。
以上より、誤り。

3-×　（2010年石炭）：（2018年石炭）=100：x　として、xを求める。

$x=\frac{\text{2018年石炭}}{\text{2010年石炭}}\times100$となる。これに数値を代入して計算する。

$\frac{21.56\times0.228}{22.76\times0.185}\times100=\frac{4.915}{4.2106}\times100\fallingdotseq116.7\cdots$となるので誤り。

4-○　天然ガスの一次エネルギー供給量の2010年度に対する2018年度の増加率は

$$\frac{\text{2018年天然ガス}-\text{2010年天然ガス}}{\text{2010年天然ガス}}\times100=\left(\frac{\text{2018年天然ガス}}{\text{2010年天然ガス}}-\frac{\text{2010年天然ガス}}{\text{2010年天然ガス}}\right)\times100$$

$$=\left(\frac{\text{2018年天然ガス}}{\text{2010年天然ガス}}-1\right)\times100$$

（229ページに続く）

問題 4 グラフの読取り③

次の図から正しくいえるのはどれか。

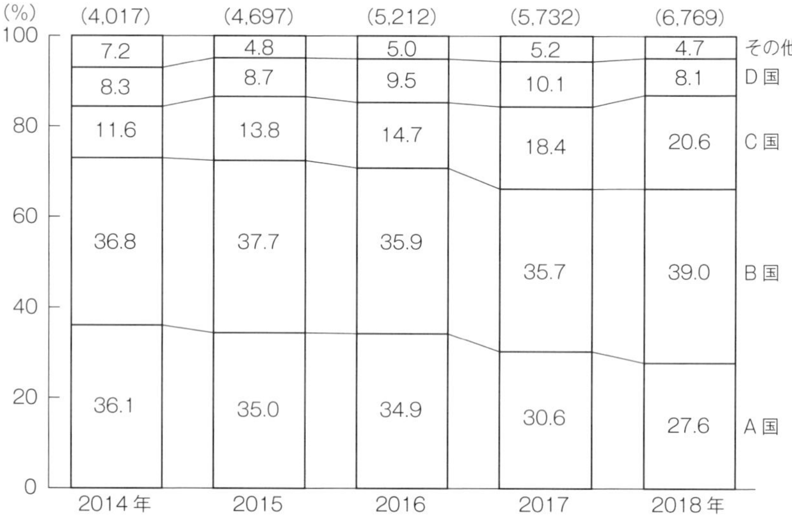

（注）（　）内の数値は、新造船建造量の合計（単位：万総トン）を示す。

1　2014年から2016年までの3か年におけるD国の1年あたりの平均新造船建造量は、400万総トンを下回っている。

2　2015年から2017年までのC国の新造船建造量の3か年の累計は、2400万総トンを上回っている。

3　2015年から2018年までのうち、A国の新造船建造量が最も多いのは2015年であり、最も少ないのは2018年である。

4　2016年におけるB国とD国の新造船建造量の計を100としたとき、2018年におけるB国とD国の新造船建造量の計の指数は130を下回っている。

5　2017年についてみると、A国の新造船建造量は、C国の新造船建造量を720万総トン以上、上回っている。

(問題③のつづき)

同様に、新エネルギー・地熱等のそれは、

$$\frac{2018年新エネ－2010年新エネ}{2010年新エネ}\times100=(\frac{2018年新エネ}{2010年新エネ}-1)\times100$$

それぞれ数値を入れて計算する。

天然ガス　$(\frac{21.56\times0.187}{22.76\times0.138}-1)\times100\fallingdotseq28.36\%$

新エネルギー　$(\frac{21.56\times0.031}{22.76\times0.027}-1)\times100\fallingdotseq8.76\%$

新エネルギーの増加率の2.5倍は、8.76×2.5=21.9となり、天然ガスの増加率の方が大きい。よって本肢は正しい。

5-×　一次エネルギー供給量の総計の2010年度に対する2018年度の減少量は22.76−21.56=1.2となり、その10%は0.12である。
水力の減少量は、
22.76×0.034−21.56×0.031≒0.774−0.668≒0.106
となり、0.12よりも少ないため、本肢は誤り。

問題 3　正解 4

解説

構成比だけでも判断できる場合がある

1-×　2014年から2016年までのD国の1年あたりの平均新造船建造量は、
(4017×0.083+4697×0.087+5212×0.095) ÷3≒412
となり400万総トンを上回っており、本肢は誤り。

2-○　2015年から2017年までのC国の新造船建造量の3か年の累計は、
4697×0.138+5212×0.147+5732×0.184≒2469
となり、2400万総トンを上回っており、本肢は正しい。

3-×　各年の新造船建造量を求めると、2015年は4697×0.35≒1644.0、2016年は5212×0.349≒1819、2017年は5732×0.306≒1754、2018年は6769×0.276≒1868となる。
よって最も多いのは2018年であり、本肢は誤り。

4-×　2016年と2018年を比べ、構成比の増えているB国で考える。
2016年は5212×0.359≒1871、2018年は6769×0.39≒2640
2640÷1871=1.41であるから、2016年を100とすると2018年は141となる。
よって本肢は誤り。

5-×　2017年のA国とC国の構成比の差は、30.6%−18.4% =12.2%
よって、5732×0.122=699.3の差がある。720万総トンを上回っていないので本肢は誤り。

問題 4　正解 2

一般知能

現代文

問題 1 現代文の要旨把握①

次の文の主旨として、最も妥当なのはどれか。

　私はデカダンス自体を文学の目的とするものではない。私はただ人間、そして人間性というものの必然の生き方をもとめ、自我自らを欺くことなく生きたい、というだけである。私が憎むのは「健全なる」現実の贋道徳で、そこから誠実なる堕落を怖れないことが必要であり、人間自体の偽らざる欲求に復帰することが必要だというだけである。人間は諸々の欲望と共に正義への欲望がある。私はそれを信じうるだけで、その欲望の必然的な展開に就てはまったく予測することができない。

　日本文学は風景の美にあこがれる。然し、人間にとって、人間ほど美しいものがある筈はなく、人間にとっては人間が全部のものだ。そして、人間の美は肉体の美で、キモノだの装飾品の美ではない。人間の肉体には精神が宿り、本能が宿り、この肉体と精神が織りだす独特の絢は、一般的な解説によって理解しうるものではなく、常に各人各様の発見が行われる永遠に独自なる世界である。これを個性と云い、そして生活は個性によるものであり、元来独自なものである。一般的な生活はありえない。めいめいが各自の独自なそして誠実な生活をもとめることが人生の目的でなくて、他の何物が人生の目的だろうか。

（坂口安吾『堕落論』による）

1　人間は諸々の欲望と共に正義への欲望がある。

2　欲望の必然的な展開に就てはまったく予測することができない。

3　人間の美は肉体の美で、キモノだの装飾品の美ではない。

4　生活は個性によるものであり、元来独自なものである。

5　人生の目的は、各自の独自なそして誠実な生活をもとめることである。

解説

選択肢を一覧してから本文を読む

●文章理解の大原則

①正答は、すべて文章中に根拠がある。
本文中に書かれていない内容の選択肢は、その選択肢の内容が常識的に考えて適当だと思えても、本文に書かれていない限り、正答となることはない。

②筆者の言いたいことは何度も形を変えて繰り返される。
文章中に何度も繰り返し出てくるものは、正答の可能性が高くなるので、それを注意して読み進めることが重要。

●問題文の読み方のコツ

①文中のキーワードをつかみ、内容を理解する。
キーワードとは、何回も出てくる言葉や、「　」でくくってある言葉、その文章の中の独自の言葉などのこと。キーワードをつかむことによって筆者の主張もつかみやすくなる。

②出典の作品名や論文名がヒントになることもある。

肢1は4～5行目、
肢2は5～6行目、
肢3は8～9行目、
肢4は11～12行目、
肢5は12～13行目
にそれぞれ書いてあるので本文との関係で誤りとはいえないが、本問は「主旨」として妥当なものを選ぶ問題である。
「主旨」とはこの文の中心の事柄、すなわち筆者のいちばん言いたいことである。肢1～4のようなことを根拠にして肢5を主張していることは読み取れる。よって正解は5。

問題 1　正解 5

現代文の並べ替え

次の短文A～Fの配列順序として、最も妥当なものはどれか。

A　雁の肉はおいしいという評判だ。
B　しかし豆腐に人参やひじきを入れて油で揚げて、雁の肉の味に似たものができるとは思えない。
C　おでんなどになくてはならない具の一つに「雁もどき」がある。
D　「もどく」という言葉は『源氏物語』などでは、「競争する」「張り合う」という意味で使われており、そのころの辞典で「挑」という字の訓となっている。
E　この大豆食品は、それに負けないくらいおいしいぞ、という意味の命名ではないかと思われる。
F　さてこの「雁もどき」の語源はと聞かれると、雁の肉に似た味がする食品、つまり雁の味を真似たからと解するのが一般になっている。

1　A－B－E－C－D－F
2　A－C－E－F－D－B
3　A－F－D－E－B－C
4　C－A－D－F－E－B
5　C－F－B－D－A－E

解説

選択肢からアタリをつけてその順番で読んでみる

●文章並べ替えの解法のポイント

①まず、選択肢を確認する。
いきなり問題文を読むのではなく、どのような並びになるかを推測するために選択肢を確認する。

②選択肢の中で先頭にきている数がいちばん多い文章を探す。
たとえば、先頭にAがきているものが多い場合は、Aから読み始めてみる。他の文章との関連から妥当でないと判断されるような場合には、次に数が多い文章を探して読んでみる。

③接続詞から始まる選択肢は冒頭にこない可能性が大きい。
どの選択肢の先頭も同じであったり、同じ数ずつある場合、並び替える文章の書き始めが、「しかし」「このように」などの接続語から始まるものを探す。そのような文章は、文章の冒頭にはこないと推測できるので、それ以外の文章から読み始めてみる。

④指示語や接続詞に注目して、つながる文章を探す。
「この」「その」などの指示語、「しかし」「このように」などの接続語に注目して、前文の内容を推測し、つながる文章を探す。

まず選択肢を確認すると、Aから始まる選択肢とCから始まる選択肢がある。
次に、指示語や接続詞に注目すると、Fは「さてこの『雁もどき』」と始まり、Fの前には雁もどきの説明があるはずなので、雁もどきの説明であるCがFの前にくることになる。
また、Bの「しかし」が何を逆接しているかを考えると、「雁の肉の味に似たもの」であり、それを説明しているFのあとにBがくることになる。
また、Eの指示語「それ」に注目すると、「それ」が指しているものは「雁の肉」であり、AのあとにEがくることになる。C→F→B、A→Eとつながっている選択肢は5のみで、よって正解は**5**。

1-×
2-×
3-×
4-×
5-○

問題 2　正解 5

英　文

問題 1 英文の要旨把握①

次の英文の内容に一致するものとして、最も妥当なものはどれか。

"What is in this box?" she asked.
"Never mind," Epimetheus said. "It is my brother's and he has said that we must never open it."
Pandora was curious. Day and night she thought of nothing else except what was in that mysterious box. It was driving her mad, so one night, she left her husband sleeping and crept through the moonlight to the box. For a moment, she hesitated. Her heart beat fast and loud in her breast. She thought she could hear whispers coming from inside the box, seductive whispers. She kneeled down and opened it.
The lid flew off and out came rushing darkness, and shrieks and screams so filled with suffering that Pandora covered her ears and pressed her face to the ground. Inside the box was sorrow, disease, disaster, murder, rape, war and many other terrible things — all of them now released into the world. With her last remaining strength Pandora closed the box, but she was too late. All that was left in the box was Hope.
"Let me out," it said, and she did. And that is why, no matter how evil and unhappy the world has become, mankind has always had hope.

1　エピメテウスはパンドラに、兄が箱を開けたことがあると話した。

2　パンドラは好奇心にそそられて、ためらうことなく箱を開けてしまった。

3　パンドラは甘いささやきに誘われて、立ったまま、箱を開けた。

4　箱から恐ろしいものが放たれたあと、もうパンドラには箱を閉める力はなかった。

5　箱の中には希望だけが残ったので、どんなに世界が悪くなっても人間にはいつも希望があるのだ。

解説

選択肢は日本語。しかもどれも「それっぽい内容」なので注意

●英文の内容一致問題の解き方のポイント
①最初に選択肢をすべて読んで本文のストーリーをおおまかに把握する。
②選択肢の順番は本文の順番と対応していることが多い。
③誤りの選択肢は、本文内容の**正反対**か**本文にない**ことが多い。
④選択肢の絞込みは、本文にない内容の選択肢は最初に切る。一見、本文内容と一致しそうなものは、本文と正反対の内容かどうか確認。
⑤それでも迷ったら、**選択肢の主語と本文の主語が一致しているか**を確認。

●英文読解のポイント
①英文では、本文全体のテーマとなる1文が、最初にくることが多い。
②英文では、抽象的なことを提示したあとで、その具体的な意味を述べるという構造になっていることが多い。

(全訳)
「この中には何が入っているの？」とパンドラは尋ねた。「何でもいいだろう」、エピメテウスは答えた。「これは兄さんのもので、兄さんはけっして開けないように言ったんだよ」。パンドラは好奇心をそそられた。昼も夜もこの謎の箱に何が入っているのか、それだけを考え続けた。気が狂いそうになり、ある晩、夫が眠っている間に月明かりを頼りに箱に忍び寄った。パンドラは一瞬ためらった。胸の中で心臓が速く高鳴り打っている。箱の中からは甘くいざなうようなささやきが聞こえてきたような気がした。パンドラはひざまずき、蓋を開けた。
蓋がはじけとび、出てきたのは、暗闇と金切り声の叫びと悲鳴で、それがあまりにも苦しみに満ちていたため、パンドラは耳をふさぎ、床に顔を押しつけた。箱の中には、悲しみ、病気、災害、殺人、強姦、戦争、そしてその他たくさんの恐ろしいものがあった。今や、それらすべてが世界に放たれてしまったのだ。パンドラは残りの力をふりしぼり、箱を閉じたが、もう遅かった。中に残っていたのは希望だけだった。
「出してください」と希望が言い、パンドラは希望を出した。そんなわけで、どんなに世界が悪くなり、不幸になっても、人間にはいつも希望があるのだ。

1-× そのような記述はない。
2-× 英文7行目「she hesitated ためらった」とある。
3-× 英文9行目「kneeled down ～ひざまずいた」とある。
4-× 英文14行目「closed the box ～（箱を）閉じた」とある。
5-○

問題 1　正解 5

問題 2 英文の要旨把握②

次の英文の内容に一致するものとして、最も妥当なものはどれか。

Fourscore and seven years ago our fathers brought forth on this continent a new nation, conceived in liberty, and dedicated to the proposition that all men are created equal.

Now we are engaged in a great civil war, testing whether that nation, or any nation so conceived and so dedicated, can long endure.

We are met on a great battlefield of that war.

We have come to dedicate a portion of that field as a final resting-place for those who here gave their lives that this nation might live.

It is altogether fitting and proper that we should do this. But, in a larger sense, we cannot dedicate…we cannot consecrate…we cannot hallow…this ground.

The brave men, living and dead, who struggled here, have consecrated it, far above our poor power to add or detract.

The world will little note nor long remember what we say here, but it can never forget what they did here.

It is for us, the living, rather, to be dedicated here to the unfinished work which they who fought here have thus far so nobly advanced.

It is rather for us to be here dedicated to the great task remaining before us…that from these honored dead we take increased devotion to that cause for which they gave the last full measure of devotion; that we here highly resolve that these dead shall not have died in vain; that this nation, under God, shall have a new birth of freedom; and that government of the people, by the people, for the people, shall not perish from the earth.

1 7年前に私たちの祖先たちは、この大陸に新たなる国家を打ち立てた。

2 私たちはイギリスを相手にした独立戦争の渦中にある。

3 私たちはその戦争の激戦地で一堂に会している。

4 私たちがここで話すことは世界の耳目をひくだろう。

5 国家による人民のための政治はこの地上から永遠に絶やさないこと。

解説

選択肢を先に読み、本文中で探す

(全訳)

87年前、私たちの祖先たちは、この大陸に自由を原点として生み出され、人々がみな平等であるとの命題に捧げられた新たなる国家を打ち立てました。

今、私たちはたいへんな内戦の渦中にあります。そしてこの内戦によってその国家が、あるいはそのような原点から生まれ、そのような命題に捧げられた国家が長らえることができるかどうかが試されているのです。

私たちはその戦争の激戦地で一堂に会しています。国家が生き長らえるためにこの地で命をなげうった人々の最後の安息の地として、その戦場の一部を捧げるために集まりました。

それは、私たちにとってまったく適切でふさわしい行いであります。

しかし、より広い意味では私たちがこの土地を捧げることはできません。この土地を神聖化したり清めたりすることはできません。ここで奮闘した勇敢な人々こそが、生きている人々も戦死した人々も含めこの地を神聖化しているのです。それに付け加えたり、差し引いたりすることは私たちの貧弱な力の及ぶところではないのです。

私たちがここで話すことは世界の耳目をひくこともなくやがて忘れ去られることでしょう。しかし、彼らがこの地でなしたことはけっして忘れることができないのです。

この地で戦った人々がこれまで気高くも進めてきた未完の仕事を完遂するために、むしろ私たち生きている者は自らの身を捧げるべきなのです。

私たちの前には大いなる責務が残されています。名誉ある戦死者たちが最後まで完全に献身した大義のために、私たちもいっそうの熱意をもってあたること。これらの戦死者たちの死を無駄にしないと固く決意し、この国が神の導きのもとに自由を生み出すことを決意し、そして、人民の、人民による、人民のための政治をこの地上から絶やさないことこそが、私たちが身を捧げるべき大いなる責務なのです。

1-× 英文1行目 fourscore 名 80。
2-× 英文4行目 civil war 名 内戦 。
3-○
4-× 英文14行目 little note 注目されない。
5-× 英文最後の2行はアメリカ大統領リンカンのゲティスバーグ演説のなかでも有名な一節「by the people, for the people ～人民による人民のための」である。

問題 2　正解 3

英文

国　語

問題 1　語句の用法

次のA ～ Eのうち、下線部の言葉の使い方が正しいものを選んだ組合せとして、妥当なのはどれか。

A　友達の話に合いの手を打つ。
B　新監督は、必ず優勝すると大風呂敷をたたいた。
C　寸暇を惜しんで勉強した。
D　政府の無策ぶりに怒り心頭に達した。
E　今回のことは私の胸三寸に納めておく。

1　A　C
2　A　D
3　B　D
4　B　E
5　C　E

問題 2　慣用表現

次のA ～ Eのうち、下線部の言葉の使い方が正しいものを選んだ組合せとして、妥当なのはどれか。

A　この本は難しくて、歯牙にもかけられなかった。
B　先輩方の優れたやり方を他山の石として見習う。
C　学生時代からの親友は、気が置けなくてよい。
D　それは絶対にできないと、言を左右にした。
E　彼は、世間ずれしていて相当したたかだ。

1　A　C
2　A　D
3　B　D
4　B　E
5　C　E

解説

語句の用法の復習を徹底する

A 「合いの手を打つ」ではなく、「合いの手を入れる」が正解。
会話や物事の進行の合間に言葉などを挟むという意味である。

B 「大風呂敷をたたいた」ではなくて、「大風呂敷をひろげる」が正解。
実現不可能な計画を立てたり、大言壮語したりすること。

C 妥当である。わずかの暇も惜しむという意味。

D 「怒り心頭に達した」ではなく、「怒り心頭に発した」が正解。
激しく怒ること。

E 妥当である。いっさいを自分の胸に納めて表に出さないこと。

よって、CとEが正しい。ゆえに正解は5。

問題 1　正解 5

解説

慣用表現の確認に取り組む

A 「歯牙にもかけない」とは、まったく問題にしない、無視する、という意味。

B 「他山の石」とは、他人のつまらぬ言行も自分の人格を育てる助けとなるという意味。本来はすぐれた言行の意味では使わない。

C 妥当である。「気が置けない」とは、気遣いする必要がない、遠慮がないこと。

D 「言を左右にする」とは、はっきりしたことを言わない。あいまいな返答をすること。

E 妥当である。「世間ずれ」とは、世の中でもまれたため、世知にたけていること。

よって、CとEが正しい。ゆえに正解は5。

問題 2　正解 5

問題 3 四字熟語

次のA～Dのうち、熟語の意味の説明が正しいものを選んだ組合せとして、妥当なのはどれか。

A 「自家撞着」とは、同じ人の言動が、前と後ろとで食い違って、つじつまの合わないことをいう。
B 「秋霜烈日」とは、一度敗れたものが、再び勢いを盛り返してくることをいう。
C 「夜郎自大」とは、自分の力量を知らない人間が、仲間の中で威張っていることをいう。
D 「羊頭狗肉」とは、身は共にありながら、意見や考え方を異にしていることをいう。

1 A B
2 A C
3 A D
4 B C
5 B D

問題 4 ことわざ

次のA～Eのうち、双方のことわざの意味が類似するものを選んだ組合せとして、妥当なものはどれか。

A 渇しても盗泉の水を飲まず　　背に腹は代えられぬ
B 好事魔多し　　月に叢雲花に風
C 義を見てせざるは勇なきなり　　触らぬ神に祟りなし
D 禍福は糾える縄の如し　　人間万事塞翁が馬
E 鶏口となるも牛後となる勿れ　　寄らば大樹の陰

1 A C
2 A D
3 B D
4 B E
5 C E

解説

四字熟語の正しい意味を覚える

A　妥当である。「自家撞着（じかどうちゃく）」とは、同じ人の言動や文章が前と後で矛盾すること。
B　「秋霜烈日（しゅうそうれつじつ）」とは、刑罰・権威・意志などが非常にきびしく、また厳かなさま。
C　妥当である。「夜郎自大（やろうじだい）」とは、自分の力量を知らずに仲間の中で威張っている者。
D　「羊頭狗肉（ようとうくにく）」とは、看板には羊の頭を提げながら、実際には犬の肉を売る意。見かけと実質とが一致しないことのたとえ。見かけ倒し。

よって、AとCが正しい。ゆえに正解は2。

問題 3　正解 2

解説

ことわざの正しい意味を覚える

A　「渇しても盗泉の水は飲まず」とは、どんなに困っても不正なことを行わない。
「背に腹は代えられぬ」とは、大事のためには他を犠牲にすることもやむをえない。
B　妥当である。「好事魔多し」とは、良いことにはとかく邪魔が入りやすい。
「月に叢雲花に風」とは、好事にはとかく差し障（さわ）りが多いこと。
C　「義を見てせざるは勇なきなり」とは、正義と知りながらそれを実行しないのは勇気がないこと。
「触らぬ神に祟りなし」とは、関係しなければ災いを招くこともない。
D　妥当である。「禍福は糾える縄の如し」とは、災いと福は入れ替わり変転すること。
「人間万事塞翁が馬」とは、人間の禍福は変転し予測がつかないこと。
E　「鶏口となるも牛後となる勿れ」とは、大きな集団の尻についているよりは、たとえ小さな集団でも、その頭になった方が良いということ。
「寄らば大樹の陰」とは、頼るのなら勢力の大きなものに頼るべきだということ。

よって、類似することわざの組合せはBとDで、ゆえに正解は3。

問題 4　正解 3

日本史

問題 1 鎌倉時代

鎌倉時代に関する次の記述のうち、妥当なものはどれか。

1 1192年、源頼朝は国司任免権によって全国の国衙（が）領、荘園を実質的に支配し、公家たちは経済基盤を失って朝廷を中心とする政権を維持することができなくなった。

2 1221年の承久の乱で勝利を収めた幕府は、六波羅探題を設置して朝廷の監視や西国の統括にあたらせる一方、上皇方の所領を没収して新たに地頭を任命し、幕府の支配が飛躍的に進んだ。

3 1232年に制定された御成敗式目は最初の武家法であるが、律令や公家法を参考にしており、武士ばかりでなく公家にまで適用された。

4 1274年と1281年にモンゴル軍が襲来した元寇を契機に、北条氏の下で執権政治は安定・隆盛期を迎えた。

5 1297年、幕府は徳政令を出して御家人の救済を図り、将軍と御家人の間に御恩と奉公による強固な主従関係が確立した。

問題 2 室町時代

室町時代について述べたア～オの記述のうち、正しいものの組合せはどれか。

ア　足利義満の時代には幕府の機構が整い、細川氏、斯波氏、畠山氏の3氏が交代で管領に任命された。

イ　農民の自治的組織であった惣村が廃れ、石高制が確立され、一地一作人の原則がとられた。

ウ　北朝の天皇と南朝の天皇が交互に即位する両統迭立がとられるようになった。

エ　荘園や公領の年貢の半分を徴発する権限を認めた半済令などで守護が権力を拡大し守護大名となった。

オ　新田開発が積極的に行われ、農業技術が進歩し、備中鍬、千歯扱などが考案された。

1 ア、ウ
2 ア、エ
3 イ、エ
4 ウ、オ
5 エ、オ

解説

鎌倉時代の出来事を執権とセットで覚える

- 源頼朝は平氏を倒した後、守護と地頭を置く権利を獲得し、征夷大将軍に任命されて鎌倉幕府を開いた。
- 鎌倉幕府では、将軍が御家人に土地所有を認める「御恩」の見返りに、御家人が将軍のために軍役などで「奉公」するという主従関係が成立した。
- 3代将軍源実朝が暗殺され、将軍家が途絶えたのをきっかけに、後鳥羽上皇は承久の乱を起こした。
- 2代執権北条義時は、承久の乱を平定し、京都に六波羅探題を設置した。
- 3代執権北条泰時は日本初の武家法である御成敗式目(貞永式目(じょうえいしきもく))を制定した。
- 8代執権北条時宗は2度に及ぶモンゴル軍の襲来(元寇)を撃退した。

1-× 国司任免権は朝廷にあった。任免とは、任命と免職のこと。
2-○
3-× 当初、適用範囲は御家人に限られた。
4-× 元寇以後、執権政治は衰退した。
5-× 徳政令では御家人の困窮化は止まらず、幕府の権威は失墜した。

問題 1　正解 2

解説

室町時代の支配体制を押さえる

- 征夷大将軍に任命された足利尊氏は、京都に室町幕府を開いた。
- 足利家の内紛である観応の擾乱(かんのうのじょうらん)が起きると、足利尊氏は地方の守護に応援を要請するために半済令(はんぜいれい)を出し、足利直義(あしかがただよし)派を抑え込んだ。
- 管領は、足利家の分家である細川氏・斯波氏・畠山氏が交代で務めた(三管領(さんかんれい))。
- 侍所の所司(長官)は、有力御家人の京極氏・山名氏・赤松氏・一色氏が交代で務めた(四職)。
- 鎌倉には鎌倉府が置かれ、トップの鎌倉公方を足利尊氏の次男・基氏(もとうじ)の子孫が世襲し、次第に中央から独立して東国を支配した。
- 3代将軍足利義満は南北朝の合一に成功し、室町幕府の最盛期を築いた。

ア-○
イ-× 豊臣秀吉の時代に関する記述である。
ウ-× 鎌倉時代末期に関する記述である。
エ-○
オ-× 江戸時代に関する記述である。
よって2が正解。

問題 2　正解 2

問題 3 江戸時代①

江戸時代の政治に関する記述として最も妥当なのはどれか。

1 5代将軍綱吉は、幕府の財政を立て直すために、勘定吟味役柳沢吉保の意見を用いてこれまでの元禄金銀を改鋳し、品質の悪い慶長金銀を発行して幕府の歳入を増やしたが、貨幣価値の下落により物価の上昇を招き、武士や庶民の生活を困窮させた。

2 6代将軍家宣・7代将軍家継の政務を補佐した朱子学者の新井白石は、貨幣の品質の向上を図るとともに、海船互市新例を出して長崎貿易を奨励したので、金銀の流出が増大したものの、商品経済が発達したため、幕府の財政が立て直された。

3 8代将軍吉宗は、幕府の財政基盤を強化するために、倹約令によって支出をおさえ、大名には、石高1万石について100石を献上させる足高の制を実施した。また検見法を取り入れて農民の年貢負担率を引き上げ、年貢の増徴を図った。

4 老中の松平定信は、七分積金によって、飢饉・災害時に困窮した貧民を救済する体制を整えたり、困窮する旗本や御家人を救済するために棄捐令を出して札差に貸金を放棄させたりしたが、厳しい統制や倹約の強要は民衆の反発を生んだ。

5 老中の水野忠邦は、株仲間を奨励して商人の自由な営業を認めたり、慶安御触書を出して農民の出稼ぎを禁止し、農村の人口を増加させようとしたが、いずれもじゅうぶんな効果をあげることはできず、かえって幕府の権威の衰えを表面化させた。

問題 4 江戸時代②

幕末の政治・社会に関する記述として最も妥当なのはどれか。

1 アヘン戦争で清がイギリスに敗れたことが日本に伝わると、老中水野忠邦を中心とする幕府は、異国船打払令を出して鎖国政策を強化し、長崎に入港する清・オランダ以外の外国船をすべて撃退することを命じた。

2 1853年に来航して日本の開国を要求したアメリカ東インド艦隊司令長官ペリーは、翌年、再び来航し幕府に対して条約の締結を強硬にせまり、日米修好通商条約を結んだ。この条約では、横浜に領事の駐在を認めること、アメリカに一方的な最恵国待遇を与えることなどが取り決められた。

3 幕府が勅許をえられないまま欧米諸国との通商条約に調印したため、幕府に対する非難や開国に反対する運動が高まる一方で、開国の必要性を説き、開国・貿易を肯定的に受け止めようとする尊王攘夷論も現れた。

4 大老井伊直弼が桜田門外の変で暗殺された後、老中安藤信正は、朝廷と幕府との融和によって政局を安定させようとして公武合体策を進め、孝明天皇の妹である和宮を将軍家茂の夫人に迎えることに成功したが、坂下門外の変で傷つけられ失脚した。

5 欧米との通商条約に基づき、横浜港などが開港されて貿易が始まったが、開港直後は、綿織物を中心とする輸出額が輸入額を上回り、織物を扱う江戸の問屋を中心に、既存の特権的な流通機構が勢いを増した。

解説

三大改革の諸政策を暗記する

改革	正徳の治	享保の改革	田沼時代	寛政の改革	天保の改革
人	新井白石	徳川吉宗	田沼意次	松平定信	水野忠邦
年代	18世紀初	18世紀前半	18世紀半ば	18世紀末	19世紀半ば
施策	海舶互市新例(貿易制限)	上米の制 足高の制(人材登用案) 目安箱 倹約令	株仲間公認 俵物(長崎貿易拡大)	寛政異学の禁(朱子学以外禁止) 囲い米の制(米の備蓄)棄捐令(借金帳消)	株仲間解散 上知令(江戸・大阪近郊を幕府領に) → 失敗

1-×　勘定吟味役は荻原秀重である。
2-×　海舶互市新例は貿易を制限するもの。
3-×　足高の制ではなく、上米の制である。
4-○
5-×　水野忠邦は株仲間の解散を行った。

問題 3　正解 4

解説

開国と幕末の動乱を時系列で押さえる

1853年	ペリーが浦賀に来航し、開国を要求
1854年	日米和親条約(老中・阿部正弘) → 下田・箱館の開港
1858年	日米修好通商条約(大老・井伊直弼) → 蘭・露・英・仏とも締結
1858年	安政の大獄 → 大老・井伊直弼が尊王攘夷派の橋本左内・吉田松陰を処刑
1860年	桜田門外の変 → 水戸藩の浪士が井伊直弼を暗殺
1862年	老中・安藤信正が公武合体政策を行うが、坂下門外の変で失脚
1866年	薩長連合成立(西郷隆盛 + 木戸孝允 ← 坂本龍馬) ⇒ 尊皇倒幕へ
1867年	大政奉還(徳川慶喜) ⇒ 王政復古の大号令
1868年	戊辰戦争(～69) ⇒ 旧幕府軍は箱館・五稜郭で降伏

1-×　鎖国政策を緩和し天保の薪水給与令を発した。
2-×　日米修好通商条約ではなく日米和親条約。
3-×　肯定的ではなく否定的。
4-○
5-×　開港当初、綿織物は輸入に頼っており、流通機構は衰退した。

問題 4　正解 4

問題 5 明治時代①

| / | / | / |

明治時代前半に関する記述として最も妥当なのはどれか。

1　江戸幕府下で締結されたアメリカ合衆国との不平等条約の改正を目的に、いわゆる岩倉使節団が派遣され、外務卿の大久保利通は関税自主権を認めさせることに成功し、同権を回復させた。

2　国交樹立を朝鮮に拒否されたため、明治政府は西郷隆盛を大使とする使節団を朝鮮に派遣し、領事裁判権等を盛り込んだ不平等条約である日朝修好条規(江華条約)の締結に成功した。

3　自由民権運動の中心人物であった板垣退助や江藤新平らは、武力を背景とした征韓論に反対し続け、江華条約の締結を不服とし、参議の職を辞して、明治政府に対する批判を強めた。

4　黒田清隆が起こした開拓使官有物払下げ事件などを契機に高まった政府批判を抑えるために、参議の伊藤博文を中心とした政府は、国会の開設を公約する国会開設の勅諭を発布した。

5　国会開設の勅諭が出された後、自由民権運動が活発化し、明治政府から追放された寺島宗則を党首とし、イギリス型議会政治の実現を主張する立憲改進党が結成された。

問題 6 明治時代②

| / | / | / |

日清戦争から日露戦争にかけての出来事に関する記述として、妥当なのはどれか。

1　日清戦争は、朝鮮で江華島事件が起こったことから、日本が朝鮮政府の要請を受けて朝鮮へ出兵し、清国もこれに対抗するため出兵して朝鮮王宮を占拠し、日本国艦隊を攻撃して始まった。

2　清国は、下関条約で朝鮮の独立と遼東半島及び台湾・澎湖諸島を日本に譲ることを認めたが、ロシア、フランス及びドイツが、遼東半島と台湾を清国に返還するよう要求したことから日本は台湾の返還を受け入れた。

3　日本は、北清事変の鎮圧後もロシアが満州を占領し撤退しなかったことから日英同盟を結び、日本とイギリスは、清国におけるイギリスの権益と清国及び韓国における日本の権益とを相互に承認した。

4　日露戦争は、日本が旅順のロシア軍を攻撃して始まり、日本は、多大な損害を出しながらも旅順や奉天で勝利したが、日本海海戦でバルチック艦隊に敗れて戦争継続が困難となった。

5　日本とロシアとの間でポーツマス条約が結ばれ、この条約でロシアは、韓国における優越権を日本に認め、旅順・大連の租借権と長春以南の鉄道の利権及び賠償金の支払いを約束した。

解説

自由民権運動の流れを整理して覚える

藩閥政治に不満を募らせた不平士族は自由民権運動を起こして対抗した。

1873年	征韓論派(西郷隆盛・板垣退助ら)が内治優先論(大久保利通)に敗れ下野
1874年	板垣退助らが民撰議院設立建白書を提出
1875年	江華島事件 ⇒ 1876年　日朝修好条規(不平等条約)
1877年	西南戦争　西郷隆盛 + 不平士族 ⇒ 内乱の終結、以後は自由民権運動へ
1880年	国会期成同盟結成 ⇒政府は集会条例を定めて活動を制限
1881年	開拓使官有物払下げ事件 伊藤博文と対立し大隈重信が下野(**明治14年の政変**)、国会開設の勅諭
1889年	大日本帝国憲法発布(欽定憲法) → 翌年、第1回帝国議会開催

1-×　関税自主権の完全回復は小村寿太郎外相のとき。大久保利通は外務卿に就任していない。
2-×　西郷隆盛はすでに下野していた。
3-×　板垣・江藤は征韓論者。
4-○
5-×　寺島宗則ではなく大隈重信。

問題 5　正解 4

解説

下関条約とポーツマス条約の違いを押さえる

	1894年　**日清戦争**	1904年　**日露戦争**
契機	甲午農民戦争	満州・朝鮮の支配権を巡る争い
条約	下関条約(伊藤博文-李鴻章)	ポーツマス条約(小村寿太郎-ヴィッテ)
内容	①朝鮮独立承認 ②台湾・遼東半島割譲 (露仏独三国干渉で返還) ③賠償金2億両支払い (軍備力の増強や官営八幡製鉄所の建設)	①日本の韓国での優越権 → 韓国統監府の設置(初代・伊藤博文) ②旅順・大連の租借権と南満州鉄道の利権の譲渡、樺太南部の割譲 ③賠償金なし → 日比谷焼打ち事件

1-×　江華島事件ではなく甲午農民戦争。
2-×　台湾は含まれていない。
3-○
4-×　日本はバルチック艦隊を撃破した。
5-×　賠償金の支払いはなかったため、日比谷焼打ち事件が起こった。

問題 6　正解 3

問題 7 第二次世界大戦

我が国の近代に関する記述として最も妥当なのはどれか。

1 原敬内閣は1919年、第一次世界大戦後のパリでの講話会議に西園寺公望を全権として派遣し、中国政府に対して多額の賠償金の支払いを要求した。しかし、中国政府が拒否したため、講和条約調印の日に東京で開かれた国民大会は暴動化し、いわゆる日比谷焼打ち事件に発展した。

2 アメリカ合衆国は1921年、海軍の軍備縮小及び極東問題を審議するため、ジュネーヴ会議を招集した。会議では、日本、アメリカ合衆国、英国、中国によって4カ国条約が締結され、中国の領土と主権の尊重、中国における各国の経済上の機会均等などが約束された。

3 関東軍は1928年、反日的な満州軍閥の張作霖を爆殺した。当時、盧溝橋事件と呼ばれた。この事件の真相は国民には知らされなかった。田中義一内閣は、この事件を処理するため、中国関係の外交官・軍人などを集めて東方会議を開き、事件の不拡大方針を決定した。

4 斎藤実内閣は、1932年に日満議定書を取り交わして満州国を承認したが、1933年の国際連盟の総会において、満州における中国の主権を認める勧告案が採択されると、国際連盟脱退を通告し、独自で満州の経営に乗り出した。

5 近衛文麿内閣は、1937年の柳条湖事件に始まる日中戦争について、当初は不拡大方針に基づき中国政府との和平交渉を試みたが、半年も経ないうちに交渉に行き詰まったため、「国民政府を対手とせず」として1938年に中国政府に対し、正式に宣戦布告を行った。

問題 8 大正～昭和時代

第二次世界大戦後のわが国の首相に関する次の記述のうち、妥当なものはどれか。

1 戦後初の首相である幣原喜重郎首相は、GHQの指令の下、民主化政策を進めた。1951年には、サンフランシスコ平和条約に調印し、日本は主権を回復した。

2 鳩山一郎首相の時代には、保守政党の自由党と日本民主党が合同し、自由民主党が結成され、「55年体制」が成立した。また、1956年には首相がソ連を訪問して日ソ友好条約を締結した。

3 田中角栄首相は「今太閤」と呼ばれ、日本列島改造を進めたが、インフレを招いた。1972年には、首相自ら訪中し、日中国交正常化を実現した。

4 佐藤栄作首相はスローガンとして「所得倍増」を掲げた。非核三原則の立場に立ち、1968年には小笠原諸島の返還を、1972年には沖縄の返還を実現させる一方で、1967年には公害対策基本法を制定した。

5 吉田茂首相は「戦後政治の総決算」を旗印に、1980年代前半には国鉄をJRに、電電公社をNTTに、専売公社をJTに民営化した。

解説

第二次世界大戦前の主要な出来事を押さえる

1931年	柳条湖事件 ⇒ 満州事変勃発…第二次若槻礼次郎内閣総辞職 → 犬養毅内閣成立
1932年	満州国建国-国連がリットン調査団派遣 → 満州国不承認
	五・一五事件(犬養毅首相ら暗殺) → 斎藤実・挙国一致内閣
1933年	国際連盟脱退
1936年	二・二六事件(高橋是清蔵相ら暗殺) → 広田弘毅内閣
1937年	盧溝橋事件 ⇒ 日中戦争開始　日独伊防共協定成立
1939年	ノモンハン事件　日ソ衝突
1940年	近衛文麿内閣 → 国家総動員法制定、大政翼賛会結成
1941年	太平洋戦争開始(**東条英機**内閣)

1-×　日比谷焼打ち事件はポーツマス条約の時。
2-×　ジュネーヴ会議でなくワシントン会議、中国でなくフランス、内容は9か国条約。
3-×　張作霖は親日的。
4-○
5-×　柳条湖事件でなく盧溝橋事件。

問題 7　正解 4

解説

第二次世界大戦後の内閣の主要政策を覚える

幣原喜重郎内閣(1945)	五大改革指令 ⇒ 婦人参政権の実現、労働組合の奨励、教育自由化、経済民主化、圧政的諸制度の廃止
吉田茂内閣(1948 ～ 54)	サンフランシスコ平和条約、日米安全保障条約 破壊活動防止法、日米相互防衛援助協定(MSA協定)
鳩山一郎内閣(1954 ～ 56)	日ソ共同宣言、国連に加盟
岸信介内閣(1957 ～ 60)	日米相互協力及び安全保障条約(新安全保障条約)
池田勇人内閣(1960 ～ 64)	国民所得倍増計画 → 東京オリンピック開催
佐藤栄作内閣(1964 ～ 72)	日韓基本条約、小笠原諸島返還、沖縄返還 ニクソン・ショック(1ドル360円から308円に)
田中角栄内閣(1972 ～ 74)	日中共同声明(国交正常化)、日本列島改造論

1-×　戦後初の首相は東久邇宮稔彦、サンフランシスコ平和条約の調印は吉田首相。
2-×　日ソ友好条約でなく日ソ共同宣言。
3-○
4-×　所得倍増は池田首相。
5-×　記述は中曽根首相で1980年代後半。

問題 8　正解 3

問題 9 日本文化史①

古代から戦国時代の仏教に関する次の記述のうち、妥当なものはどれか。

1 奈良時代には中国から仏教が伝来したが、仏教研究が行われず、独自の宗教が創出された。

2 空海と最澄がもたらした密教は山中での修行を必要としたため、貴族に受け入れられず、貴族との結びつきは弱かった。

3 平安時代は浄土教が空也などによって広められ、末法思想が広まるとますます受け入れられるようになった。

4 鎌倉時代には、題目を唱えるだけで救われるとする他力本願に基づく浄土宗、浄土真宗が武士の間で信仰された。

5 15世紀末、日蓮宗の教徒が各地で一揆を起こして自治を獲得した。

問題 10 日本文化史②

化政文化に関する記述として、妥当なのはどれか。

1 化政文化は、上方を中心として開花した文化であり、田沼時代に最盛期を迎えた。

2 化政文化の担い手は、町人ではなく公家や学者であり、化政文化の気風は、道徳的で禁欲的な傾向が強かった。

3 葛飾北斎は、風景版画を制作し、代表的な作品として、「冨嶽三十六景」がある。

4 式亭三馬は、勧善懲悪を説いて歴史小説を著し、代表的な作品として、「雨月物語」がある。

5 平田篤胤は、神道を排除することを主張して書物を著し、代表的な作品として、「解体新書」がある。

解説

諸宗派の開祖とキーワードを覚える

平安時代	天台宗	最澄	比叡山延暦寺、鎮護国家
	真言宗	空海	高野山金剛峯寺、曼陀羅、密教
	浄土教	源信	末法思想の影響で流行
鎌倉時代	浄土宗	法然	専修念仏(南無阿弥陀仏)、他力本願
	浄土真宗	親鸞	絶対他力、悪人正機説(悪人こそ救われる)
	時宗	一遍	踊念仏、全国遊行
	臨済宗	栄西	公案(禅問答)
	曹洞宗	道元	『正法眼蔵』、只管打坐(ひたすら座禅)、絶対自力
	日蓮宗	日蓮	法華経重視、題目、『立正安国論』、幕府批判

1-× 仏教伝来は飛鳥時代。奈良時代には仏教研究は行われた。
2-× 密教と貴族は密接に結びついていた。
3-○
4-× 題目は日蓮、武士ではなく庶民。
5-× 日蓮宗ではなく一向宗。

問題 9 正解 3

解説

元禄文化と化政文化の主要作品を暗記する

元禄文化	上方中心の町人文化 徳川綱吉の時代	井原西鶴	『好色一代男』(浮世草子)
		近松門左衛門	『曾根崎心中』(浄瑠璃脚本)
		松尾芭蕉	『奥の細道』(俳諧)
		菱川師宣	『見返り美人図』(浮世絵)
化政文化	江戸中心の町人文化 徳川家斉の大御所時代	十返舎一九	『東海道中膝栗毛』(滑稽本)
		滝沢馬琴	『南総里見八犬伝』(読本)
		小林一茶	『おらが春』(俳諧)
		葛飾北斎	『冨嶽三十六景』(浮世絵)
		歌川広重	『東海道五十三次』(浮世絵)

1-× 化政文化は江戸を中心に栄えた文化である。
2-× 化政文化の担い手は町人や商人。
3-○
4-× 「雨月物語」は上田秋成の作。
5-× 「解体新書」は杉田玄白の翻訳した解剖書。

問題 10 正解 3

世界史

問題 1 絶対王政期

| / | / | / |

近世のヨーロッパに関する記述として最も妥当なのはどれか。

1　海外に進出したスペインは、「新大陸」の銀を独占して急速に富強となり、16世紀後半のフェリペ2世の治世に全盛期を迎えた。また、ポルトガルを併合してアジア貿易の拠点であるマラッカを領有したことから「太陽の沈まぬ国」として強盛を誇り、1588年には無敵艦隊（アルマダ）がイギリス艦隊との海戦に勝利して大西洋の制海権を握った。

2　毛織物工業が盛んで中継貿易で利益を上げていたネーデルラントは、15世紀半ばからハプスブルク家の領有地で、北部にはルター派の新教徒が多かった。ハプスブルク家の王朝であるスペインは、カトリックを強制して自治権を奪おうとしたが、北部7州はロンバルディア同盟を結んで戦いを続け、1581年にネーデルラント連邦共和国の独立を宣言した。

3　ドイツでは、17世紀初めに新教徒への対応を巡り、諸侯がギベリン（皇帝派）とゲルフ（教皇派）に分かれて争う三十年戦争が始まった。戦いは、スウェーデンやフランスが干渉し、宗教戦争から国際戦争へと様相を変えて長期化したが、1648年のヴォルムス協約によって終結し、ドイツ諸侯の独立主権が認められた。

4　イギリスでは、ばら戦争の後に王権が強化され、エリザベス1世の時代に絶対主義の全盛期を迎えたが、各州の地主であるユンカーの勢力が大きかった。そこで、宰相マザランは常備軍・官僚制を整備して中央集権化を推し進め、綿織物工業の育成に力を入れて国富の充実を図った。

5　16世紀後半のフランスでは、ユグノーと呼ばれたカルヴァン派とカトリックとの対立が激化し、宗教戦争が長期化した。これに対し、ユグノーであったブルボン家のアンリ4世は、王位につくとカトリックに改宗し、ナントの勅令を発してユグノーに一定の信仰の自由を認め、内戦はようやく鎮まった。

解説

主要国の専制君主と出来事を覚える

● 絶対王政…16～18世紀にかけてヨーロッパで成立した強力な王権による中央集権的専制支配体制。①官僚制と常備軍により支えられ、②重商主義政策を推進し植民地獲得を目指した。また、③王権神授説により王権を正当化した。

○スペイン

1571年	フェリペ2世がレパント沖の海戦でオスマン帝国撃破 → 地中海制海権獲得
1580年	ポルトガル併合→中南米の全植民地獲得 →「太陽の沈まぬ国」

○オランダ

1568年	オランダ独立戦争(オラニエ公ウィレム、ユトレヒト同盟) → イギリスの支援を受け、スペインから独立(1609年)
1623年	アンボイナ事件 → イギリス勢を排除し、東アジアとの貿易を独占
1652年	英蘭戦争 → イギリスに敗れ衰退

○イギリス

1534年	ヘンリー8世が国王至上法を制定 → イギリス国教会を設立
1588年	エリザベス1世はスペインの無敵艦隊を破って繁栄の基礎を築く
1600年	東インド会社を設立 → インド進出

○フランス

1589年	ユグノー戦争中にアンリ4世が即位、カトリックに改宗。ブルボン朝創設
1598年	ナントの勅令でユグノー(新教徒)に信仰の自由認める → 戦争終結
1610年	ルイ13世が三部会解散 → 絶対王政確立(宰相リシュリュー)
1643年	ルイ14世即位→宰相マザラン、財務長官コルベール登用 → 重商主義推進

○ドイツ

1618年	三十年戦争開始 → 国土荒廃
1648年	ウェストファリア条約で三十年戦争終結 → スイスとオランダの独立承認
1740年	プロイセン国王フリードリヒ2世(啓蒙専制君主)即位 → オーストリア継承戦争に勝利

○ロシア

1689年	ピョートル1世のとき、清とネルチンスク条約を結び国境画定
1762年	エカチェリーナ2世即位 → クリミア半島、黒海方面に領土拡大

1-× イギリスに敗れた。
2-× ユトレヒト同盟の誤り。
3-× ウェストファリア条約の誤り。
4-× マザランはフランス。
5-○

問題 1　正解 5

問題 2 市民革命期

各国で起きた革命及び戦争に関する記述として最も妥当なのはどれか。

1 英国では、議会を解散したうえで増税を強行しようとするチャールズ1世に対し、議会派が「代表なくして課税なし」と主張してピューリタン革命を起こした。議会派のクロムウェルは王党派の軍隊を破るとチャールズ1世をオランダへ追放し、護民官に就任して共和制を敷いた。

2 英国によって重税を課せられるなどの圧迫を受けていたアメリカ植民地では、トマス=ジェファソンが自著『コモン=センス』の中で「万機公論に決すべし」と唱えて独立の気運を高めた。植民地で反乱が起きると英国はフランスと結んで鎮圧を試みたが失敗し、アメリカ合衆国が建国された。

3 フランスでは、絶対王政に対する民衆の不満からフランス革命が勃発し、ルイ16世は革命勢力によって幽閉された。ロベスピエールは「国王は君臨すれども統治せず」であるべきだと主張してテルミドールの反動(クーデター)を起こし、ルイ16世を形式的元首とする統領政府を樹立した。

4 アメリカ合衆国では、奴隷制の拡大に反対し、自由貿易を推進するリンカンが大統領に就任したことで南北戦争が勃発した。リンカンはこの戦争に勝利すると、フィラデルフィアでの勝利式典で奴隷解放宣言を発表し、その中で「人民の、人民による、人民のための政治」を掲げた。

5 プロイセンでは、ビスマルクが首相に就任すると「鉄と血によってのみ問題は解決される」と主張して軍備拡張を図り、普墺戦争でオーストリアを破った。さらに普仏戦争でフランスを破ると、プロイセン王のヴィルヘルム1世はヴェルサイユ宮殿でドイツ帝国の成立を宣言した。

問題 3 産業革命

イギリスの産業革命に関する次の記述のうち、妥当なものはどれか。

1 産業革命は鉄鋼業を中心とする重化学工業から始まり、鉄の生産量が増えるにつれて、鉄製の機械も普及、イギリスが機械の輸出を解禁すると、産業革命の影響は世界各地に広まった。

2 イギリスで産業革命が実現したのは、石炭や鉄鉱などの鉱産物を植民地から安価に調達でき、また絶対王政の下で資本の蓄積が進み、産業資本家層が形成されていたからであり、必要な労働力も植民地から供給された。

3 ワットによる蒸気機関車の発明で輸送手段が格段の進歩を遂げ、これまで都市に集中していた人口が郊外にも分散し、各地に工業都市が新しく出現した。しかし、新興の都市では社会資本の形成が追いつかず、労働者たちは劣悪な環境で暮らしていた。

4 生産手段が機械化されると、低コストでの大量生産が可能となり、問屋制家内工業や手工業は衰退を余儀なくされた。工場労働者は時間給で賃金を受け取るようになり、労働時間と生活時間が分離し、人々の生活の「商品化」が始まった。

5 イギリスは20世紀初めまで「世界の工場」としての地位を維持し、長時間労働を課せられた労働者たちが階級意識に目覚め、他の諸国に先駆けて社会主義が誕生した。政府は団結の自由を重んじる伝統を守り、労働運動を弾圧することがなかった。

解説

英・米・仏の革命を時代順に暗記する

経済力を蓄えた市民(ブルジョア)が自由・平等を求めて絶対王政を打倒した。

1642年	ピューリタン革命(英)　ピューリタン(新教徒)で**議会派**の**クロムウェル**が国王チャールズ1世処刑 → **英蘭戦争**等の対外政策推進 → **護国卿**就任
1688年	名誉革命(英)　国王**ジェームズ2世**を追放 ⇒ 権利の章典制定
1721年	ウォルポール内閣 → **責任内閣制**成立、「王は君臨すれども統治せず」
1775年	アメリカ独立革命　イギリス政府の圧政に反抗し、独立戦争開始 →**「独立宣言」**(**トマス・ジェファソン**)採択 → **パリ講和条約**で独立承認
1789年	フランス革命　第三身分(平民)が**国民議会**を結成し、人権宣言採択 → ルイ16世処刑 → **ロベスピエール**の恐怖政治

1-×
2-×　『コモン・センス』の著者はトマス・ペイン、フランスはアメリカの味方。
3-×　「君臨すれども統治せず」はイギリスのウォルポール内閣。
4-×　リンカンを支持した北部は保護貿易を主張。
5-○

問題 2　正解 5

解説

産業革命が起きた要因と主要技術を押さえる

- 産業革命…技術革新により工業に能率の高い機械や動力が導入され、生産力が飛躍的に向上する変化。

18世紀後半(第1次産業革命)　イギリスの綿織物業で技術革新により機械生産が導入される。

- イギリスで産業革命が起きた要因…毛織物業で**工場制手工業**が発達、**第2次囲い込み**により土地を失った農民が都市部に流入して労働力を提供。
- 主な技術革新…ジョン・ケイの飛び杼(ひ)、**アークライト**の水力紡績機、**ワット**の蒸気機関改良、スティーブンソンの**蒸気機関車**

1870年代以降は重化学工業を中心に第2次産業革命が起こり、アメリカが中心地となる。

1-×　産業革命は綿織物業から始まった。
2-×　労働力は農村から供給。
3-×　蒸気機関車を発明したのはスティーブンソン。
4-○
5-×　1870年代にはイギリスは「世界の工場」ではなくなった。

問題 3　正解 4

問題4 帝国主義

帝国主義の下に、ヨーロッパ列強が行ったアフリカ分割に関する記述として妥当なのはどれか。

1 ベルギーは、19世紀後半にコンゴ川流域地方に進出し植民地経営を始めた。これを契機にヨーロッパ列強は、アフリカ分割のための会議を開き、ベルギー国王によるコンゴ支配を認め、また、内陸部を含めたアフリカにおける列強の先取権を相互に承認することを決めた。

2 イギリスは、19世紀末にフランスから独立しようとしていたエジプトを援助したことを契機に同国の内政に干渉して保護下におき、一方、南アフリカではフランス系移民の子孫であるブール(ボーア)人の建国した国を征服し、ケープタウンとカイロをつなぐ縦断政策を企てた。

3 フランスは、19世紀後半にリビアに進出し、そこを足掛かりに北アフリカの大部分を占領し、さらにモロッコ進出を企てたため、モロッコを独占的に支配していたイギリスと対立した。その後、フランスはモロッコ、イギリスは南アフリカでの優越権をもつことをそれぞれ承認しあった。

4 ドイツは、イギリス、フランスが進出していないアフリカ西部に進出し、アメリカ合衆国の援助により独立したリベリア共和国などを植民地とする一方、ケニアを植民地にしてアフリカ横断政策を進めたが、縦断政策をとるイギリスと衝突し、ファショダ事件が起こった。

5 イタリアは、帝国主義政策をとるのにじゅうぶんな資本の蓄積が遅れ、20世紀になってアフリカ北東部のエチオピアに侵入し、植民地とした。これをもって、ヨーロッパ列強各国によるアフリカ大陸全土の分割が終了し、20世紀初頭にはアフリカにおける独立国は消滅した。

問題5 第一次世界大戦

第一次世界大戦に関する次の記述のうち、妥当なものはどれか。

1 オーストリアは、トルコの混乱に乗じてセルビアを併合した後、パン=ゲルマン主義を唱えるドイツとバルカン同盟を結成し、ロシアを中心としたパン=スラブ主義に対抗したので、バルカン半島の緊張が高まった。

2 アメリカは、第一次世界大戦の開戦と同時に連合国側に加わりドイツに宣戦したが、ドイツはこれに対抗して連合国側の物資輸送を困難にするための無制限潜水艦作戦を開始した。

3 ドイツは、西部戦線ではマルヌの戦いでフランス軍の反撃を受け、東部戦線ではタンネンベルクの戦いでロシア軍を破ったが、いずれの戦線も膠着して、戦争は長期化し交戦国の国民の生活を巻き込む総力戦となった。

4 ロシアは、国内の政情不安により、ブレスト=リトフスク条約を結びドイツと講和したが、ドイツとの講和後に三月革命と十一月革命が起こり、ツァーリズムが打倒されソヴィエト政権が樹立された。

5 第一次世界大戦の終了後、パリ講和会議において、アメリカ大統領ウィルソンの提唱によって、国際平和を維持するために国際連盟の設立が決定され、アメリカは設立当初から加盟したが、ソヴィエト政権は除外された。

解説

植民地政策を中心に押さえる

1884年	**ベルリン会議** → **アフリカ分割の原則**(実効支配の原則)が定められ、列強は先を争ってアフリカに進出 → イギリスはエジプトと南アフリカを植民地化していたため、この2つの地域を繋ぐ縦断政策を採用、チュニジアから東へ進んでサハラ砂漠を横断するフランスの横断政策と対立した
1898年	**ファショダ事件** → フランスが譲歩し、英仏の関係が改善
1899年	**南アフリカ戦争** → イギリスは、南アフリカ内陸部に進出、ケープタウンとカイロ、カルカッタを繋ぐ帝国主義政策(3C政策)を推進

1-○
2-× イギリスの介入はウラービーの反乱が契機。
3-× モロッコを巡って対立したのはフランスとドイツ。
4-×
5-× この時イタリアはエチオピアに侵攻し、敗北した。

問題 4 正解 1

解説

第一次世界大戦に至る経緯を押さえる

力をつけたドイツが植民地拡大をもくろみ、英・仏・露と対立。**バルカン半島**でのロシアとの対立が戦争の引き金を引いた。

1882年	**三国同盟**(独・伊・墺)成立 → フランスの孤立化を目的に**ビスマルク**が主導
1888年	皇帝**ヴィルヘルム2世**が即位 → **世界政策**(3B政策)を推進し英・露と対立
1891年	露仏同盟 → 三国同盟に対抗、フランスの孤立が解ける
1904年	英仏協商 → エジプト(英)とモロッコ(仏)の支配権を認めあい、ドイツに対抗
1907年	英露協商 → ドイツの西アジア進出阻止目的 → 三国協商(英・仏・露)成立
1914年	第一次世界大戦勃発(～18)
1917年	**ロシア革命**勃発 → レーニンはドイツと講和(ブレスト=リトフスク条約)
1918年	アメリカ(**ウィルソン大統領**)が平和原則14カ条を呈示 → ドイツ降伏
1919年	パリ講和会議 → ヴェルサイユ条約締結、翌年国際連盟発足

1-× バルカン同盟はセルビアを中心とする同盟。
2-× アメリカはドイツの無制限潜水艦作戦の後に参戦した。
3-○
4-× 露は革命後に独と講和した。
5-× アメリカは参加しなかった。

問題 5 正解 3

問題 6 第二次世界大戦後①

第二次世界大戦後の世界の動向に関する次の記述のうち、妥当なものはどれか。

1　1949年に西側諸国が北大西洋条約機構(NATO)を結成したことにより、冷戦が始まった。

2　朝鮮戦争の勃発でアジア情勢が緊迫したため、アメリカは日本とのサンフランシスコ平和条約締結を急いだ。

3　キューバ危機においてアメリカが平和五原則宣言を出したので、ソ連はキューバの核ミサイルを撤去した。

4　1970年代の2回の石油ショックによって、中東への石油依存率が高い日本が最も影響を受けた。

5　ヨーロッパではフォークランド紛争で財政状態が悪化したイギリスを中心に、欧州通貨制度の確立が急速に進められた。

問題 7 第二次世界大戦後②

第二次世界大戦後のアジア諸国の動向に関する記述として、妥当なのはどれか。

1　ヴェトナムでは、ホー=チ=ミンがヴェトナム民主共和国の独立を宣言したが、これを認めないフランスとの間にインドシナ戦争が起こり、ジュネーヴ会議で休戦協定が成立した。

2　インドネシアでは、スハルトが独立を宣言して初代大統領となり、独立を認めないイギリスとの間に独立戦争を続け、国際連合の調停によりインドネシア連邦共和国の独立を認めさせた。

3　インドでは、国民会議派と全インド=ムスリム連盟との対立から、統一インドの独立は不可能となり、ヒンドゥー教徒が多く住むインド連邦と、イスラム教徒が多く住むバングラデシュが分離独立した。

4　中国では、国民政府軍と共産党軍との間に国共内戦が始まり、アメリカの支援を受けた共産党軍が中国全土を制圧し、国民党は香港に移り国民政府を存続させた。

5　朝鮮半島では、北緯38度線を境に、朝鮮民主主義人民共和国と大韓民国が成立し、両国の間で軍事衝突が発生すると、国連安全保障理事会はソ連軍を主体とする国連軍を派遣した。

解説

東西冷戦の流れを押さえる

第二次世界大戦後、アメリカとソ連の対立が表面化し、東西冷戦が勃発した。

1946年	イギリスのチャーチル元首相が「鉄のカーテン」演説でソ連を批判
1947年	アメリカがトルーマン・ドクトリン発表 → **ギリシャ・トルコ**への復興援助開始（**ソ連封じ込め政策**）
1948年	**ベルリン危機**勃発 → 翌年、ドイツは東西に分離し独立
1950年	朝鮮戦争開始（～53）～朝鮮民主主義人民共和国（ソ・中が支援）vs 大韓民国（米が支援） → 日本はサンフランシスコ講和会議で独立
1956年	ソ連の**フルシチョフ**が**スターリン批判**開始（雪解け）
1962年	キューバ危機 ～ 米（ケネディ）vsソ連（フルシチョフ）→ 平和共存路線へ

1-×　冷戦は大戦直後から始まった。
2-○
3-×　平和五原則宣言という記述が誤り。
4-×　第二次石油ショックの影響はそれほど深刻ではなかった。
5-×　イギリスは欧州通貨に関与していない。

問題 6　正解 2

解説

第二次世界大戦後のアジア情勢を押さえる

- 中国…1949年　毛沢東が中華人民共和国を建国 → 農村に人民公社を設立して**大躍進運動**を展開したが失敗 → **劉少奇**（りゅうしょうき）や鄧小平（とうしょうへい）が工業を重視し資本主義化
  → 毛沢東が**プロレタリア**文化大革命を起こし資本家を弾圧、巻返しを図る（1966年）
  → 毛沢東死後、**華国鋒**（かこくほう）や**鄧小平**による資本主義化・開放・改革路線推進（1980年代）
- ベトナム…1945年ベトナム民主共和国独立宣言（ホー＝チ＝ミン）
  → フランスが介入してインドシナ戦争勃発 → 1954年ジュネーブ休戦協定
  → アメリカの介入によりベトナム戦争開始（1965年）→ 1973年**パリ和平協定**

1-○
2-×　イギリスはオランダの誤り。
3-×　バングラデシュはパキスタンの誤り。
4-×　アメリカは共産党を支持していない。
5-×　ソ連軍はアメリカ軍の誤り。

問題 7　正解 1

問題 8 中国王朝史①

中国の各王朝に関する記述として正しいものは、次のうちどれか。

1　秦の始皇帝は積極的な対外政策をとり、しばしば南海遠征を行った。

2　元は女真族による王朝で、中央要職の定員を満州人・漢人同数としたが、反満思想に対しては文字の獄と呼ばれる弾圧を行った。

3　漢の高祖は郡県制によって中央集権体制を固め、思想統制を行って法家以外の思想を禁じた。

4　唐では律令制や科挙制などが充実され、西方から景教やマニ教なども伝わって、国際色豊かな文化が栄えた。

5　清はモンゴル人の建てた王朝で、駅伝制が敷かれて道路が整備され、東西の交通・交易が活発になった。

問題 9 中国王朝史②

中国の王朝に関する次の記述のうち、妥当なものはどれか。

1　漢は朝鮮半島に楽浪郡を設置し、匈奴の対策に万里の長城を修築した。

2　唐は中央集権国家であり、郡国制を制度化した。三省六部などの新たな律令体制を整備し、北方の金に対しては銀を送るなどして融和策をとった。

3　宋は科挙制度を整え、文治主義の政治を行った。地方に節度使を設置して、地方を支配した。

4　元は前王朝から行っていた科挙を受け継いで、官僚が皇帝を支えた。駅伝制が施行され、東西交流が盛んになった。

5　明は日本と勘合貿易を行い、日本から遣明船が派遣された。13世紀には倭寇が出現したが、15世紀には鄭和の南海遠征が行われ、南海諸国の朝貢を受けた。

解説

中国歴代王朝の主要政策を暗記する

王朝名	建国者と主な皇帝		政策	滅亡した原因
秦	始皇帝(政)	紀元前221建国	**郡県制**(中央集権) **法家**採用(厳罰主義) **度量衡・文字統一** 焚書・坑儒 万里長城修築	陳勝・呉広**の乱**
前漢	劉邦	紀元前202建国	**郡国制**(中央集権緩和) **法三章の約**(厳罰緩和)	外戚によって滅ぼされる
	武帝		**儒学官学化**　均輸法・平準法(物価調整・安定)　郷挙里選(人材登用)	
後漢	**劉秀(光武帝)**	25建国	**甘英**をペルシアへ派遣	黄巾**の乱**
隋	**陽堅**	581建国	**均田制**　租庸調制　**府兵制**(兵農一致) 科挙**制**(実力本位の人材登用)	李淵によって滅ぼされる
	煬帝(ようだい)		**大運河**完成	
唐	**李淵**	618建国	建国者	朱全忠によって滅ぼされる
	李世民		**貞観の治**　**律令**整備	
	玄宗		**開元の治**　**募兵制**　**節度使**(辺境警備)設置	
北宋	趙匡胤	960建国	**禁軍**(皇帝直属軍)　文治政治	靖康の変
南宋	**高宗**	1127建国	**朱子学**興隆	元の攻撃
元	フビライ	1271建国	**モンゴル人第一主義**　色目人重用 科挙停止　駅伝**制**	紅巾**の乱**
明	**朱元璋**(しゅげんしょう) **(太祖・洪武帝**(こうぶてい)**)**	1368建国	一世一元**の制**　**賦役黄冊**(人民台帳) **魚鱗図冊**(土地台帳)　**六諭**(儒教道徳)	李自成の乱
清	**ヌルハチ**	1616建国	**八旗**編成　後金建国	辛亥革命**(孫文)**
	ホンタイジ		国号を清に改める	

1-×　南海遠征を行ったのは明の永楽帝の時。　**2-×**　元ではなく、清に関する記述。
3-×　秦の始皇帝に関する記述である。
4-○　正しい。　**5-×**　清ではなく、元に関する記述である。

問題 8　正解 4

解説

1-×　万里の長城修築は秦の時代。　**2-×**　郡国制は前漢の時代。
3-×　節度使の設置は唐の時代。　**4-×**　元は科挙を停止した。　**5-○**

問題 9　正解 5

地理

問題 1 気候区分

世界の気候区分に関する次の記述のうち、妥当なものはどれか。

1　サバナ気候は、赤道付近に分布し、1年中雨が多い高温多雨の気候で、常緑広葉樹林が茂り、密林が形成されている。

2　ステップ気候では、草木は見られず、年降水量が250mm以下で、気温の日較差が大きい。亜熱帯高圧帯から大陸内部に見られる。

3　地中海性気候は、夏高温で乾燥し、冬は比較的降雨に恵まれる温帯気候で、アメリカのカリフォルニアなどに見られる。

4　冷帯湿潤気候は、オーストラリア南部などに分布する気候で、1年を通して降雨が多く、降雪も見られる。

5　氷雪気候は、最暖月の平均気温が0℃未満で、コケ類や地衣類が生育する。イヌイットやラップ人が遊牧生活を営む。

問題 2 土壌

世界に分布する土壌に関する記述として最も妥当なのはどれか。

1　チェルノーゼムは、地中海沿岸に分布する灰白色の成帯土壌であり、有機物の分解が進まない低温の気候帯に存し、酸性度が高い。

2　レグールは、デカン高原に分布する玄武岩の風化で生成した黒色の間帯土壌であり、綿花等の栽培に適し肥沃である。

3　テラロッサは、タイガ地域に分布する赤色の成帯土壌であり、乾季の水分蒸発に伴い、鉄分やアルミニウム分が表層に集積して形成される。

4　ラトソルは、ウクライナ及びその付近に分布する石灰岩の風化で生成した間帯土壌であり、表層に薄い腐植層を有し、下層は赤色又は赤褐色である。

5　ポドゾルは、熱帯・亜熱帯地域に分布する黒色の成帯土壌であり、寒気に草が枯れて多量の有機物が土壌にしみ込むため小麦等の栽培に適している。

解説

各気候区分の特徴と土壌を暗記する

	気候区	特徴・キーワード	地域
熱帯	熱帯雨林 (Af)	年中高温多雨　**スコール**　**常緑広葉樹林** ラトソル(やせ地)セルバ(密林)赤道付近	アマゾン川流域 シンガポール
	熱帯モンスーン (Am)	弱い乾季あり　ラトソル アジアの稲作地帯	インドシナ　アマゾン河口 ジャカルタ
	サバナ (Aw)	雨季と乾季が半々くらい　**草原と疎林**　ラトソル 一部にレグール、テラローシャ(肥沃土)	デカン高原　ブラジル高原 カルカッタ
乾燥	ステップ (BS)	長い乾季と短い雨季　**短草草原** グレートプレーンズ(米)　チェルノーゼム(黒土)	ウランバートル　テヘラン ダカール
	砂漠 (BW)	年降水量250mm以下　オアシスに植生 **南・北回帰線付近**に多い　砂漠土	カイロ　ダマスカス ラスベガス
温帯	地中海性 (Cs)	夏に高温乾燥　冬は温暖湿潤 **硬葉樹林**(オリーブ)　テラロッサ(石灰質、肥沃)	カリフォルニア ローマ
	温帯冬季少雨 (Cw)	夏に高温多雨　冬は少雨　**モンスーン**の影響 **照葉樹林**　赤色土　黄色土	華南　インド北部 香港　サンパウロ
	温暖湿潤 (Cfa)	夏に温暖湿潤　冬は寒冷乾燥　**モンスーン** 多様な植生　肥沃な**褐色森林土**	日本　シドニー ニューヨーク
	西岸海洋性 (Cfb)	夏・冬とも温和(**暖流**と**偏西風**の影響) 気温年較差小　**落葉広葉樹**	西ヨーロッパ　ロンドン メルボルン
冷帯	冷帯湿潤 (Df)	平均した降雨 ← **偏西風**　気温年較差大 **針葉樹**　落葉広葉樹　ポドゾル(やせ地)	シベリア西部　カナダ 札幌　モスクワ
	冷帯冬季少雨 (Dw)	夏は降水多、冬は寒冷乾燥(シベリア高圧帯の影響)　タイガ(針葉樹林)	中国東北　シベリア東部 北半球の寒極

チェルノーゼム：厚い腐植層をもつ黒色の肥沃土。中性ないし弱アルカリ性。ウクライナに分布
レグール：玄武岩の風化した肥沃土。綿花栽培が盛ん。デカン高原（インド）に分布
テラロッサ：石灰岩が風化した土壌で、弱アルカリ性の肥沃土。「ばらの土」。地中海地方に分布
ラトソル：雨季に無機質養分や腐植が溶脱し、乾季の水分蒸発に伴いやせた赤土になる。熱帯に分布
ポドゾル：灰白色の強酸性土。牧草地に利用。冷帯に分布

1-×　高温多雨等は熱帯雨林気候に関する記述。 2-×　砂漠気候である。
3-○　4-×　オーストラリア南部は地中海性気候である。
5-×　後半は、1年を通して平均した降雨が特徴のツンドラ気候に関する記述である。

問題 1　正解 3

解説

1-×　チェルノーゼムはウクライナからロシアのシベリア南部にかけて分布する。
2-○　正しい。 3-×　テラロッサは地中海沿岸等に分布する。
4-×　ラトソルは熱帯・亜熱帯地方等に分布する。
5-×　ポドゾルは冷帯に分布。

問題 2　正解 2

問題 3 世界の農業①

次の国(地域)の気候区分、代表的な農業区分の組合せとして、妥当なものはどれか。

	国(地域)	気候区分	代表的な農業区分
1	オランダ	地中海性気候	商業的農業(園芸農業)
2	ニュージーランド	温暖湿潤気候	企業的農業(牧畜業)
3	アルゼンチン(パンパ)	西岸海洋性気候	企業的農業(穀物農業)
4	アメリカ合衆国(五大湖周辺)	冷帯湿潤気候	商業的農業(酪農)
5	ウクライナ	ステップ気候	企業的農業(牧畜業)

問題 4 世界の農業②

世界の農業に関する記述として、妥当なのはどれか。

1　混合農業は、中世の三圃式農業から発展した、穀物・飼料作物の輪作と家畜の飼育とが結びついた農業で、北西ヨーロッパなどに見られる。

2　地中海式農業は、オリーブやブドウなどの樹木作物と冬小麦などを栽培する農業で、地中海沿岸だけで行われている。

3　焼畑農業は、南アメリカのパンパで行われる草地を焼いて耕地を作る農業で、草木の灰が肥料となるため、長い年月にわたって作物が収穫できる。

4　オアシス農業は、サバナ地帯でゴムやコーヒーなどを栽培する農業で、泉・外来河川の水や地下水路で引いた水を利用する。

5　プランテーション農業は、都市への出荷を目的に、新鮮な野菜・花卉・果物などを集約的に栽培する生産性の高い農業で、先進諸国で行われている。

解説

農業の3つの形態の特徴を押さえる

●自給的農牧業…自家で消費することを目的に農産物を作る農業(発展途上国の農業)
例…遊牧(乾燥帯)、焼畑(熱帯雨林)、オアシス農業(乾燥帯)、アジア式農業(モンスーン気候)

●商業的農業…販売して利益をうることを目的に農産物を作る農業
→ アメリカに対抗して競争力をつけるため、ヨーロッパから発展
例…**混合農業**(仏・独)、酪農(デンマーク)、地中海式農業(イタリア)、園芸農業(オランダ)

●企業的農業…新大陸や熱帯で発達した、機械化された大規模農業。土地生産性は低いが、労働生産性が極めて高い
例…穀物栽培(アメリカ)、牧畜(アメリカ・オーストラリア)、プランテーション(熱帯)

1-× 西岸海洋性気候である。
2-× ニュージーランドは西岸海洋性気候で商業的農業。
3-× 温暖湿潤気候である。
4-○
5-× 牧畜ではなく穀物生産(小麦)が盛ん。

問題 3 正解 4

解説

混合農業と地中海式農業の違いを押さえる

	特　徴	地　域	産　物
混合農業	三圃式農業から発展 作物栽培と家畜飼育	仏、独、 米(コーンベルト)	小麦、ライ麦、 トウモロコシ、大豆
地中海式農業	夏は乾燥するため耐乾性作物、 冬は温暖なため穀物栽培	カリフォルニア、 地中海沿岸	オリーブ、ブドウ、 レモン、オレンジ
焼畑	森林を焼き、草木灰を肥料とする粗放的農業	アフリカ、 東南アジア等	キャッサバ、タロイモ、 サツマイモ
プランテーション	モノカルチャー(単一栽培)の 大農場　熱帯の旧植民地に存在	マレーシア、 アフリカ等	カカオ、茶、コーヒー、 サトウキビ

1-○
2-× カリフォルニア等でも行われている。
3-×
4-× オアシス農業は乾燥帯で地下水等を灌漑し、行われる。サバナ気候は熱帯であり、オアシス農業は行われていない。
5-× 途上国に多く見られる。

問題 4 正解 1

地理

問題 5 世界の鉱業①

世界の主な産油国に関する次の記述のうち、妥当なものはどれか。

1 ロシアでは、西シベリアのチュメニ油田、バクー油田が主要な油田である。原油輸出量は世界第2位であり、近年の生産・輸出の増加、原油価格の高騰により、国内経済は好調である。

2 アメリカ合衆国は、カリフォルニアと五大湖沿岸に国内最大級の油田をもつが、それらの施設は精製施設の老朽化により生産が減少している。その一方で、原油の消費量は増加し、日本、ドイツに次いで多くなっている。

3 サウジアラビアは世界最大の産油国であり、その油田は紅海沿岸に集中している。OPEC、OAPECに加盟しているが、その財政はメジャーによる多額の利権料によってまかなわれている。

4 中国は西部の油田開発によって、1990年代に自給を達成した。国内最大の油田である大慶油田は黒竜江省にあり、北京までパイプラインで結ばれている。

5 カナダはかつては大西洋の海底油田を主としていたが、近年では生産が減少し、国内で消費する原油の半分以上をアメリカからの輸入に頼っている。

問題 6 世界の鉱業②

次のAからEの文章は、金鉱、銀鉱、鉄鉱石、ボーキサイト及び銅鉱についての記述である。A～Eと金属鉱の名称との組合せとして妥当なものはどれか。

A：中国が生産量第1位であり、オーストラリアやロシア等がそれに続く。
B：チリが生産量第1位であり、世界の生産量の約30%を占める。
C：アルミニウムの原鉱石で、オーストラリアが世界の生産量の約25%を占める。
D：メキシコが生産量第1位であり、世界の生産量の約20%を占める。
E：かつてはブラジルが生産量第1位だったが、近年ではオーストラリアが1位となっている。

	A	B	C	D	E
1	金　鉱	鉄鉱石	ボーキサイト	銅　鉱	銀　鉱
2	金　鉱	銅　鉱	ボーキサイト	銀　鉱	鉄鉱石
3	銀　鉱	鉄鉱石	金　鉱	ボーキサイト	銅　鉱
4	銅　鉱	銀　鉱	金　鉱	鉄鉱石	ボーキサイト
5	銅　鉱	鉄鉱石	銀　鉱	金　鉱	ボーキサイト

解説

原油の主要産出国、輸出国を覚える

産出国(産出量順)	著名産出地	輸出(順位)	輸入(順位)
アメリカ	メキシコ湾岸油田		**1位 中国** 2位 アメリカ 3位 インド
ロシア	ウラル=ボルガ油田	2位	
サウジアラビア	**ガワール油田**	1位	
カナダ			
イラク			
イラン			
中国	大慶油田		
アラブ首長国連邦		3位	

1-×　バクー油田は西アジアの油田。　**2-×**　アメリカの原油消費量は世界最大。
3-×　紅海沿岸ではなく、ペルシア湾沿岸に集中している。
4-○　**5-×**　オイルサンド採掘技術の進歩により、カナダの生産量は増加している。

問題 5　正解 4

解説

主要鉱産資源の産出国を覚える

資　源	生産量1位の国	その他の主要生産国
金鉱	**中国**	オーストラリア、ロシア
銀鉱	**メキシコ**	ペルー、中国
銅鉱	**チリ**	ペルー、中国
ボーキサイト	オーストラリア	中国、ブラジル
鉄鉱石	オーストラリア	ブラジル、中国
亜鉛	中国	ペルー、オーストラリア
すず	中国	インドネシア、ミャンマー
ニッケル	インドネシア	フィリピン、ロシア

A-金鉱である。かつては南アフリカがトップだったが、近年急激に減少している。
B-銅鉱である。チリが有名。
C-ボーキサイトである。
D-銀鉱である。
E-鉄鉱石である。 よって2が正解。ただし1位は年により入れ替わるので注意。

問題 6　正解 2

思　想

問題1　西洋近代思想①

フランシス・ベーコンに関する次の記述のうち、妥当なものはどれか。

1　彼は「我、何をか知る」と言って、自然研究を呼びかけ、その方法の基礎を確立するため、人間の理性的な認識能力を批判的に検討しなければならないとし、経験論と合理論のそれぞれの長所を取り入れ総合しようとした。

2　彼は学問の目的は、新しい技術を発見して産業を興し、人間の生活を豊かにすることだと言って、印刷術や羅針盤、火薬の発明をたたえ、観測と計算によって天体の運動を正しく知り、「地動説」を提起した。

3　彼は、自然を支配するには、自然に従わなければならないとし、ありのままの自然を認識するためには、偏見や先入観、つまりイドラ（幻影）から解放される必要があるとした。

4　彼は、人間の偉大さを強調するストア主義と、人間の惨めさを指摘する懐疑論とが、それぞれ人間性を宿す矛盾の一面を表現するとして、その矛盾を全体として救うためには、人間が超人になるほかはないとした。

5　彼は激動する現実を深く考察し、あらゆる事物はそれ自身のうちに矛盾、対立をもち、それが絶対精神のうちに揚棄されることによって絶えず変化し、発展していくとする弁証法的な見方に到達した。

問題2　西洋近代思想②

カントの思想に関するA～Dの記述のうち、妥当なものを選んだ組合せはどれか。

A　カントは、各人が互いの人格を目的として尊重しあうことによって結びつく社会を「目的の王国」と呼び、人類の理想的社会と考えた。

B　カントは、初め自然科学を研究し、庶民の無知を軽蔑していたが、ヘーゲルの書『エミール』を通じて、人間を尊敬することを学んだ。

C　カントは、理性の道徳法則の根本を「汝の意志の格率が、常に同時に普遍的立法の原理として妥当しうるように行為せよ」と仮言命法で述べた。

D　カントは、人間が自分の立てた道徳法則に自ら従うことを「自律」と呼び、この自律の能力をもつ主体としての人間を「人格」と呼んだ。

1　A　B
2　A　C
3　A　D
4　B　C
5　B　D

解説

大陸合理論とイギリス経験論を対比して押さえる

分類	人物名	キーワード	著作
大陸合理論 …理性による思考を重視。フランスが中心。	デカルト	**方法的懐疑**「我思う故に我あり」 演繹法、物心二元論	『方法序説』 『省察』
	スピノザ	汎神論	『エチカ』
	ライプニッツ	モナド(単子)論	
イギリス経験論 …経験や実験からうる知識を重視。	ベーコン	「知は力なり」、帰納法 4つのイドラ(偏見、幻影)	『ノーヴム・オルガヌム』
	ロック	人間は「白紙(タブラ=ラサ)」で生まれてくる、抵抗権承認	『人間悟性論』 『市民政府論』
	ヒューム	経験論の徹底、懐疑論	

1-× モンテーニュの説明。
2-× 地動説はコペルニクス。他はベーコン。
3-○
4-× ニーチェの説明。
5-× ヘーゲルの説明。

問題 1 正解 3

解説

カントとヘーゲルのキーワードと著書を覚える

分類	人物名	キーワード	著作
ドイツ観念論 …近代的自我の自由と自律を重視する思想	カント	大陸合理論**と経験論を統合** アプリオリな原理、道徳律を重視 理性による自律と人格尊重(「人格は手段でなく目的」)、目的の王国	『純粋理性批判』『実践理性批判』『判断力批判』
	ヘーゲル	弁証法：対立する2つの命題(正と反)を統合(止揚)するプロセスのこと 絶対精神(宇宙の根源) 人倫(法と道徳が合体したもの)	『精神現象学』 →19世紀最大の哲学書

A-○
B-× 『エミール』はルソーの教育論。人の本性は善という前提をもつ。
C-× 自らの道徳法則(定言命法)に従うとき、人は人格をもつとした。条件付命令(仮言命法)はある目的の手段を示すだけ。
D-○
よって3が正解。

問題 2 正解 3

問題3 西洋現代思想①

実存主義に関する記述として、妥当なのはどれか。

1 キルケゴールは、人間が実存に目覚めていく過程として、美的実存、倫理的実存、宗教的実存の3つの段階があり、人間が単独者としてではなく大衆の一員として神の前に立ったとき、真の実存に目覚めると主張した。

2 ニーチェは、19世紀のヨーロッパはニヒリズムに陥っているとし、キリスト教に規定された生き方を根本的に否定して「神は死んだ」と宣言し、自分の運命を肯定し、運命を愛してたくましく生きることの意義を強調した。

3 ヤスパースは、代替可能な機械の部品のように個性を喪失した現代人が、実存に目覚めるためには、自らの力では乗り越えられない限界状況から目をそらし、自己を包む絶対者である超越者に気づくべきであるとした。

4 ハイデッガーは、人間は人格という抽象的な存在であり、死を避けることはできないが、死を自覚しないことによって、本来的自己存在が回復されるとした。

5 サルトルは、人間は自分の生き方を自ら選ぶことはできず、社会によって自己のあり方を定義されるものであり、このことを「人間は自由の刑に処せられている」と表現した。

問題4 西洋現代思想②

現代社会に影響を与えた思想のうち、フッサールやハイデッガーらによる現象学の特徴的な主張や考え方を述べたものとして妥当なものは、次のうちどれか。

1 伝統や権威、既成の言説を捨てて事象そのものを見ることをモットーとし、事象そのものがおのずから現れ出るしかたを方法に生かして、事柄の真相をあらわにすることがこの学派の基本精神である。

2 概念は現象解明の手段として仮定されるもので、必要に応じて代替される道具にすぎず、それらが実験的仮説として現象の解明に活用されたときに有用とされる。

3 分析と抽象によって個々の対象の本質をとらえるのではなく、ソシュールの言語理論の影響の下で諸現象を記号の体系としてとらえ、現象がどのような関係性のシステムにおいて成立しているかを理解しようとする。

4 科学は事実のデータの累積によって連続的に発展していくとは限らず、そのデータを成り立たせている考え方の枠組み(パラダイム)が変わると、科学全体の性格が大きく変わる。

5 1つの図形やメロディに見られるように、全体の性質は部分の性質の総和なのではなく、全体の配置が部分に特定の知覚を与えたり、部分が互いに相手の基盤となって意味を与えあう。

解説

4人の実存主義者をキーワードで区別する

分類		人物名	キーワード	著作
実存主義：現実存在(実存)を重視し人間の主体性を回復しようとする思想	有神論的	キルケゴール	主体的真理の追求、**単独者** 美的実存→倫理的実存→宗教的実存	『死に至る病』 『あれかこれか』
		ヤスパース	限界状況に直面→包括者に身を委ねる、**実存的交わり**を重視	『理性と実存』
	無神論的	ハイデッガー	「存在は時間と共にある」存在の哲学 **世界内存在、先駆的決意性**(死を自覚する)	『存在と時間』
		サルトル	「実存は本質に先立つ」「自由の刑」 アンガージュマン(社会参加)	『存在と無』 『嘔吐』

1-× 単独者として神と向きあう。
2-○
3-× 限界状況を自らの課題として引き受ける。
4-× 死に対し自覚的であることを求めた(先駆的決意性)。
5-× 自由な選択は大きな苦痛と不安をもたらすという意味。

問題 3　正解 2

解説

主要な学者を立場ごとに1人ずつ覚える

- **現象学**………………あらゆる前提を捨てて事象そのものを直観的に把握
  - ○フッサール………現象学の創始者。ハイデッガーに影響を与えた。
- **構造主義**……………諸現象の背後に隠された深層的で普遍な構造を探求
  - ○ソシュール………言語学者。言葉の関係について研究。
- **ポスト構造主義**……既存の西洋哲学を否定
  - ○デリダ……………『エクリチュールと差異』脱構築=西洋哲学の解体。
- **プラグマティズム**…功利主義を引き継ぐ。真理は有用性で測られると主張
  - ○パース……………プラグマティズムの創始者。
- **精神分析学**…………人間の不合理な無意識の領域を研究
  - ○フロイト…………理性ではなくリビドー (性的衝動)が人間を突き動かす。

1-○
2-× プラグマティズムの思想。
3-× フランス構造主義の思想。
4-× クーンの思想。
5-× フランクフルト学派の思想。

問題 4　正解 1

問題5 日本の思想①

江戸時代の思想家に関する次の記述のうち、妥当なものはどれか。

1　安藤昌益は孔子などの制度や法を研究し、中国古代の聖人がつくった制度に基づいて「経世済民」を説いた。

2　石田梅岩は士農工商は職分の相違であるとし、商人の営利は武士の禄にあたると考え、職分に励むべきであるとする商人の道を説いた。

3　荻生徂徠は江戸末期に農業指導家として農村の復興に努め、農業は「天道」と「人道」が相まって成立するとした。

4　本居宣長は、人倫の基本は孝であり、孝は愛敬の心に基づくものであるとし、門弟のみならず、地方の人々にも大きな影響を与えた。

5　佐久間象山は日本人の古来の精神にはまごころがあるとし、漢意を捨てて、惟神の道を尊ぶことを説いた。

問題6 日本の思想②

近代の政治思想の展開に関する次の記述のうち、妥当なものはどれか。

1　福沢諭吉は西洋の科学技術を取り入れて国力を増強し、国家の体面を維持して外国を屈服させることを主張し、「東洋の道徳、西洋の芸術」という言葉を残した。

2　中村正直はドイツに留学し、ドイツの立憲制度を高く評価してわが国への移植に尽力し、明治憲法の起草にも参加した。

3　中江兆民はフランスに留学してルソーの『社会契約論』を翻訳し、天賦人権説を主張して自由民権運動を推進した。

4　徳富蘇峰は天賦人権思想をさらに徹底させた平民主義を主張し、水平社を創設して農民の啓蒙活動に尽力した。

5　内村鑑三は鹿鳴館に代表される政府の欧化政策に強く反対し、民友社を創立して国粋主義の普及に尽力した。

解説

儒学の3派と国学の対立を押さえる

●儒学・朱子学…江戸時代に幕府が官学として採用。身分制秩序を重視。
　○藤原惺窩が日本に輸入し、林羅山が朱子学官学化への基礎を築いた。
　○山崎闇斎は、朱子学と神道を結びつける垂加神道を創始。
●儒学・陽明学…朱子学を批判。知行合一説を唱え、より実践を重視する立場。
　○中江藤樹が輸入し、熊沢蕃山が藩政において思想を実践した。
●儒学・古学……朱子学・陽明学を批判。儒学の原点(孔子・孟子の教え)を重視。
　○山鹿素行(士道)→伊藤仁斎(古義学)→荻生徂徠(経世済民)
●国学……………儒学を批判。日本の古典文学を研究することで日本古来の精神を探る。
　○賀茂真淵=万葉集研究(ますらをぶり)　○本居宣長=『古事記伝』もののあはれ

1-×　安藤昌益は万人直耕の自然世を理想とした農本主義者。
2-○　石門心学。
3-×　二宮尊徳の説明。
4-×　中江藤樹の説明。
5-×　本居宣長の説明。佐久間象山は幕末の開明論者。

問題 5　正解 2

解説

代表的な近代思想家のキーワードを暗記する

福沢諭吉	啓蒙思想家。天賦人権論を提唱した。	『学問のすすめ』『文明論之概略』
中江兆民	ルソーの影響を受け、フランス民主主義原理を広めようとした。東洋のルソー。	『民約訳解』(ルソーの『社会契約論』の日本語訳)
内村鑑三	キリスト教の信仰者。非戦論を唱えた。無教会主義。2つのJ(JesusとJapan)。教育勅語不敬事件。	『余は如何にして基督信者になりし乎』。
西田幾多郎	近代日本の代表的哲学者。 東洋の伝統(禅)と西洋哲学を対決させた独自の哲学を展開。主客未分の純粋経験を重視。	『善の研究』
和辻哲郎	倫理学者。人を間柄的存在ととらえる。	『倫理学』『風土』
柳田国男	日本民俗学の創始者。常民の民間伝承を採集。	『遠野物語』

1-×　佐久間象山の説明。
2-×　英国留学の後、明六社で功利主義的キリスト教を主張。
3-○
4-×　水平社は部落民の差別解消を目指す。蘇峰は不参加。
5-×　内村は国粋主義ではない。民友社は蘇峰が設立。

問題 6　正解 3

思想

文学芸術

問題 1 西洋美術史①

西洋美術に関する次の記述のうち、下線部が妥当なものの組合せはどれか。

ア：ボッティチェリは『サン=システトの聖母』など聖母子像を中心に描いたルネサンスの画家であるが、他の作品に『アテネの学堂』がある。

イ：レオナルド=ダ=ヴィンチは遠近法をとり入れ、『モナリザ』『最後の晩餐』を描いただけでなく、人体解剖学から天文学、機械、物理、数学など多才な才能を発揮した。

ウ：北欧の画家のブリューゲルやレンブラントらは宗教画を多く描いた。ブリューゲルの代表作は『四使徒』、レンブラントの代表作は『夜警』である。

エ：コロー、ミレーらバルビゾン派は自然の中の風景を中心に描いた。コローの代表作は『田園のコンサート』、ミレーの代表作は『晩鐘』である。

オ：1870年代以降に起こった印象派にはマネ、ミロ、ダリがいる。マネは『草上の昼食』、ミロは『アルルカンの謝肉祭』、ダリは『記憶の固執（柔らかい時計）』が代表作である。

1　ア、イ
2　ア、ウ
3　イ、ウ
4　イ、エ
5　エ、オ

問題 2 西洋美術史②

次の文は、19世紀後半から20世紀初めのヨーロッパ美術に関する記述であるが、文中の空所A～Cに該当する語又は人物名の組合せとして、妥当なのはどれか。

［ A ］とは、主に19世紀後半のフランス絵画で展開された運動をいい、事物の固有色を否定し、外光の中での色彩の輝きや移ろいを効果的に描こうとした。

代表的な画家には、『睡蓮』を描いた［ B ］や、動きの瞬間的な表現に優れ、踊り子や競馬などを描いた［ C ］、子供や女性などの人物画を得意として、『ムーラン・ド・ラ・ギャレット』を描いたオーギュスト・ルノワールなどがいる。

	A	B	C
1	野獣派	アンリ・マティス	エドガー・ドガ
2	野獣派	ポール・セザンヌ	パウル・クレー
3	印象派	クロード・モネ	エドガー・ドガ
4	印象派	アンリ・マティス	エドヴァルト・ムンク
5	立体派	クロード・モネ	パウル・クレー

解説

ルネサンスとバロックの代表作を覚える

	画家	代表作
ルネサンス 「再生」の意。中世を否定し、古典的均整と調和を求めた。	ボッティチェリ(イタリア)	『ヴィーナスの誕生』
	レオナルド・ダ・ヴィンチ(イタリア)	『最後の晩餐』『モナリザ』
	ミケランジェロ(イタリア)	『最後の審判』『ダヴィデ像』
バロック 「歪んだ、奇怪な」の意。明と暗の対比や動感、感情表現を追求。	**ルーベンス**(フランドル)	『愛の園』
	レンブラント(オランダ)	『夜警』
	フェルメール(オランダ)	『手紙』
	ベラスケス(スペイン)	『ラス・メニナス(女官たち)』
	エル・グレコ(スペイン)	『オルガス伯の埋葬』

ア-×　ラファエロに関する記述。
イ-○
ウ-×　ブリューゲルは農民の絵を描いた。
エ-○　バルビゾン派は19世紀フランスで興った。
オ-×　ミロ、ダリはシュルレアリスムの画家であり、印象派ではない。
よって4が正解。

問題 1　正解 4

解説

印象派とポスト印象派を混同しないように

	画家	代表作
印象派 色彩と光を重視し、表現の美的効果を純粋に追求。絵画に革命をもたらした。	マネ	『草上の昼食』
	モネ	『睡蓮』『印象・日の出』
	ルノワール	『ムーラン・ド・ラ・ギャレット』
	ドガ	『楽屋の踊り子達』
ポスト印象派 色彩だけでなく、空間や形も重視する立場。セザンヌはキュビズムに影響を与えた。	**セザンヌ**	『サント・ヴィクトワール山』
	ロートレック	『ムーラン・ルージュにて』
	ゴッホ	『ひまわり』
	ゴーギャン	『タヒチの女』

野獣派は19世紀後半から20世紀にかけての芸術運動で、強烈な色彩を特徴とする。マティスやルオーが代表画家。クレーやムンク(『叫び』)は、独特の世界観をもつ表現主義の画家である。

問題 2　正解 3

問題 3 西洋文学史①

フランス文学に関する次のA～Cの記述に当てはまる作家の組合せとして、妥当なものはどれか。

(A)は、情熱的かつ迫力ある文体によって、神や信仰に対する人々の無関心を批判する作品を書いた。

(B)は、登場人物の細かい心の動きをとらえた喜劇を数多く著した。『人間嫌い』『守銭奴』が代表作である。

(C)は、写実的な短編小説形式の完成者であり、代表作は『女の一生』である。

	A	B	C
1	パスカル	モリエール	スタンダール
2	パスカル	モリエール	モーパッサン
3	パスカル	ユーゴー	モーパッサン
4	モリエール	ユーゴー	スタンダール
5	モリエール	ユーゴー	モーパッサン

問題 4 西洋文学史②

諸外国の文学者とその作品に関する記述として最も妥当なのはどれか。

1 シェイクスピアは、ヴィクトリア朝時代に活躍した劇作家であり、その卓越した人間観察眼により、産業社会において疎外された人間の深い心理描写を特徴とする多くの作品を残した。『夏の夜の夢』では、中世封建社会への郷愁を描いた。

2 カミュは、フランスの自然主義文学を代表する作家であり、『女の一生』『居酒屋』など、日常生活を通した人間の愚かさや惨めさを描いた多くの作品を残した。彼の作品は、日本の作家にも影響を与え、明治後期における自然主義文学の興隆をもたらした。

3 ドストエフスキーは、農奴解放をはじめとする近代化のための改革が行われていた過渡期のロシアで、人間の内面における心理的相克をリアリズムの手法で描いた。『罪と罰』では、老婆殺しの青年を通して人間存在の根本問題を提起した。

4 ゲーテは、ドイツの古典主義を代表する作家であるとともに、ヒューマニズムの立場から、当時のドイツを支配していたファシズムに抵抗する活動を行った。『ベニスに死す』では、独自のリアリズムの手法によって自己の精神世界を模索した。

5 魯迅は、農業に従事する傍ら、貧しい民衆とその生活に深い理解を示す多くの作品を残した。『大地』では、太平天国の乱後の新しく生まれ変わろうとする中国を舞台に、苦労の末に大地主となった農民の生き様を描いた。

解説

フランス文学を写実主義中心に押さえる

古典主義	モリエール	性格喜劇	『守銭奴』『人間嫌い』
ロマン主義	ユゴー	人道主義小説	『レ・ミゼラブル』
写実主義	スタンダール	精緻な心理描写	『赤と黒』『パルムの僧院』
	バルザック	人間喜劇	『ゴリオ爺さん』『谷間の百合』
	フロベール	客観主義小説	『ボヴァリー夫人』『感情教育』
	モーパッサン	短編の名手	『女の一生』『脂肪の塊』
自然主義	ゾラ	リアリズムの徹底	『居酒屋』
20世紀小説	プルースト	革命的小説	『失われた時を求めて』
	サルトル	実存主義小説	『嘔吐』

A-パスカルが当てはまる。代表作は『パンセ』。
B-モリエールが当てはまる。
C-モーパッサンが当てはまる。　よって正解は2。

問題 3　正解 2

解説

ドイツ、ロシア文学の代表作はとりわけ重要

ドイツ文学	ゲーテ	古典主義の最高峰	『若きヴェルテルの悩み』『ファウスト』
	トーマス・マン	反ファシズム作家	『魔の山』『トニオ・クレーゲル』
	カフカ	寓話形式による不条理小説	『変身』
ロシア文学	ゴーゴリ	批判的リアリズム小説	『外套』『検察官』
	ドストエフスキー	ニヒリズムの克服	『罪と罰』『カラマーゾフの兄弟』
	トルストイ	キリスト教的人道主義	『戦争と平和』『アンナ・カレーニナ』
英米文学	シェイクスピア	四大悲劇	『ハムレット』『リア王』『オセロ』『マクベス』
	ジョイス	意識の流れという革命的手法	『ユリシーズ』
	ヘミングウェイ	失われた世代の代表作家	『老人と海』『陽はまた昇る』

1-×　シェイクスピアが活躍したのはエリザベス朝である。
2-×
3-○
4-×　『ベニスに死す』はトーマス・マンの作品である。
5-×　『大地』はパール・バックの作品である。

問題 4　正解 3

数　学

問題 1 多項式の除法①

整式A＝$2x^2+2x+6$を整式B＝$x+2$で割ったときの余りとして、妥当なのはどれか。

1 6
2 7
3 8
4 9
5 10

問題 2 多項式の除法②

整式A＝$4x^4+2x^2-3x+7$を整式B＝x^2-x+3で割ったとき、その商と余りの組合せとして、妥当なのはどれか。

	商	余り
1	$4x^2+4x-6$	$-21x+25$
2	$4x^2-4x+18$	$-33x+61$
3	$4x^2-4x+6$	$-21x+25$
4	$4x^2-4x+1$	$-21x+25$
5	$4x^2+4x-6$	$-33x+61$

解説

ツボ！ 多項式の計算はカッコを外して、同類項はまとめる

- **単項式**…3、a、x^2、$-\frac{x}{y}$などのように数や文字、及びそれらを掛けあわせてできる式をいう。
- **多項式**・・・$2x^2+2x+6$のように、単項式の和の形で表される式を多項式という。
- **多項式の計算**…多項式の計算はカッコを外して、同類項はまとめて計算する。
- **多項式の割算**…多項式の割算は抜けている次数の項はあけて計算する。

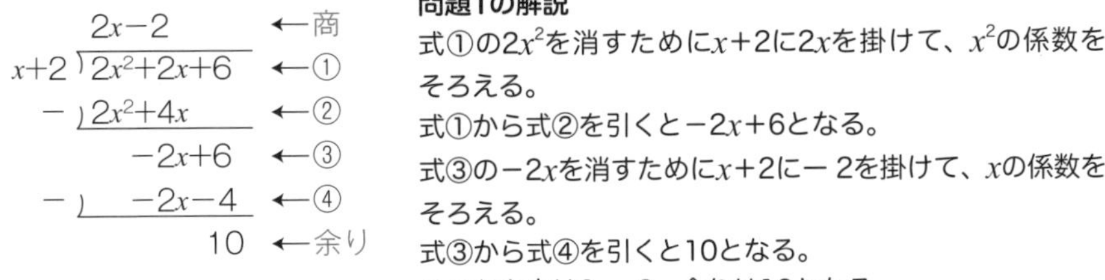

問題1の解説

式①の$2x^2$を消すために$x+2$に$2x$を掛けて、x^2の係数をそろえる。
式①から式②を引くと$-2x+6$となる。
式③の$-2x$を消すために$x+2$に-2を掛けて、xの係数をそろえる。
式③から式④を引くと10となる。
このとき商は$2x-2$、余りは10となる。

問題 1　正解 5

解説

ツボ！ 多項式の割り算は抜けている次数の項をあけて計算する

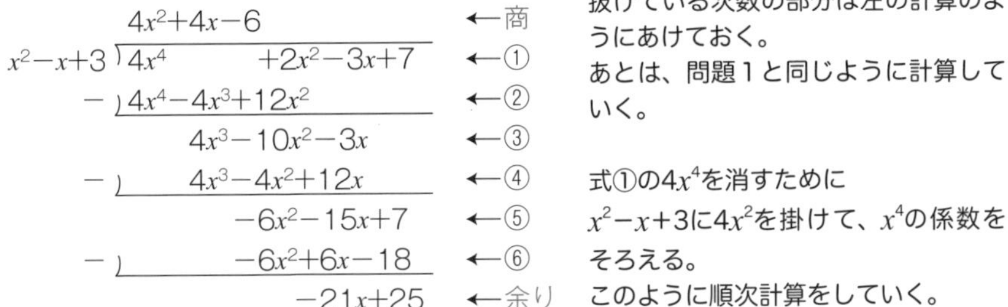

抜けている次数の部分は左の計算のようにあけておく。
あとは、問題1と同じように計算していく。

式①の$4x^4$を消すためにx^2-x+3に$4x^2$を掛けて、x^4の係数をそろえる。
このように順次計算をしていく。

商は$4x^2+4x-6$ 、余りは$-21x+25$となる。

問題 2　正解 1

物　理

問題 1 オームの法則

次のような電気回路において、合成抵抗と電流の組み合わせのうち、妥当なものはどれか。

	合成抵抗	電流
1	24Ω	2.78A
2	24Ω	3.78A
3	36Ω	1.78A
4	36Ω	2.78A
5	36Ω	3.78A

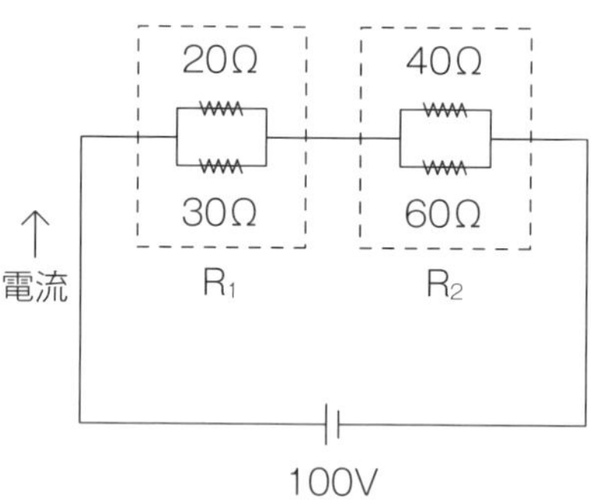

問題 2 オームの法則（電流と抵抗の関係）

次の図のような直流回路において、各抵抗の抵抗値はR_1＝30Ω、R_2＝20Ω、R_3＝20Ωで、R_1に流れる電流が1.4Aであるとき、R_3を流れる電流はどれか。ただし、電源の内部抵抗は考えないものとする。

1　3.1A
2　3.2A
3　3.3A
4　3.4A
5　3.5A

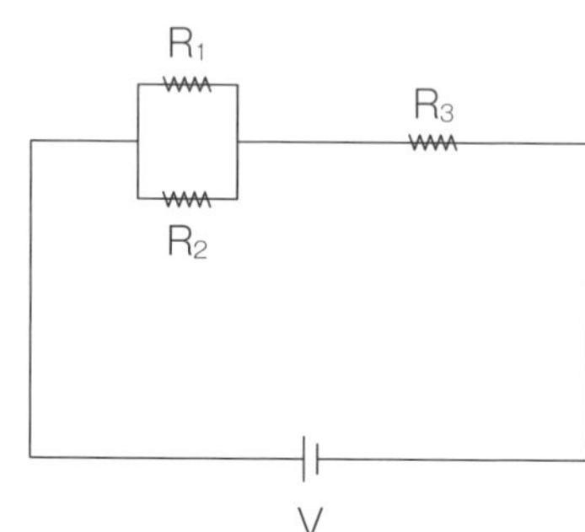

解説

ツボ!

合成抵抗とオームの法則

○**直列接続の合成抵抗**は$R=R_1+R_2+\cdots$となる。

○**並列接続の合成抵抗**は$\frac{1}{R}=\frac{1}{R_1}+\frac{1}{R_2}+\cdots$となる。

○並列接続と直列接続の合成抵抗が組み合わさっている場合には、**並列接続の合成抵抗から求める。**

○**オームの法則**は**電圧(V)=抵抗(Ω)×電流(A)**である。

R_1の合成抵抗・・・$\frac{1}{R}=\frac{1}{20}+\frac{1}{30}=\frac{5}{60}=\frac{1}{12}\Rightarrow R_1=12\Omega$

R_2の合成抵抗・・・$\frac{1}{R}=\frac{1}{40}+\frac{1}{60}=\frac{5}{120}=\frac{1}{24}\Rightarrow R_2=24\Omega$

R_1とR_2の合成抵抗・・・$R=12\Omega+24\Omega=36\Omega$
オームの法則より、電圧(V)=抵抗(Ω)×電流(A)なので、電流をxとおき、電圧、抵抗にそれぞれ値を代入する。
$100V=36\Omega\times xA$
$x\fallingdotseq 2.78A$となる。合成抵抗は36Ω、電流は2.78Aとなり、よって正解は4。

問題 1 正解 4

解説

ツボ!

並列接続の場合、抵抗の比と電流の比は反比例

○**抵抗の比**が$R_1:R_2=m:n$の場合、
この抵抗に流れる**電流の比**は$R_1:R_2=n:m$となる。

抵抗の比を求めると、$R_1:R_2=3:2$となるので、この抵抗に流れている電流の比は$R_1:R_2=2:3$となる。このとき、R_1に流れている電流は1.4Aなので、R_2に流れている電流をxAとすると、$R_1:R_2=2:3=1.4:x$となり、$x=2.1$Aとなる。
よってR_3に流れている電流は1.4A+2.1A=3.5Aとなる。
ゆえに正解は5。

問題 2 正解 5

問題 3 加速度と自由落下運動

地面からの高さ78.4mの位置から、初速度0で自由落下を始めた物体が地面に達するまでに要する時間として、妥当なものはどれか。ただし、重力加速度は $9.8m/s^2$ とし、空気抵抗及び物体の大きさは無視する。

1 2.4秒
2 4.0秒
3 7.2秒
4 12.0秒
5 19.6秒

問題 4 はねかえり係数

1.6mの高さから水平な床にボールを自由落下させたところ繰り返しはね上がった。ボールが2度目にはね上がった高さが10cmであったとき、ボールと床とのはねかえり係数はどれか。ただし、空気抵抗は考えないものとする。

1 0.16
2 0.25
3 0.32
4 0.50
5 0.64

解説

ツボ！ 等加速度運動の公式を押さえる

● 重力加速度…
重力加速度＝9.8[m/s^2]
重力[N]＝質量[kg]×重力加速度[m/s^2]

● 自由落下…
速度[m/s]＝重力加速度[m/s^2]×時間[s]

● 等加速度運動…
速度[m/s]＝初速[m]＋重力加速度[m/s^2]×時間[s]
変位[m]＝初速度[m/s]×時間[s]＋$\frac{1}{2}$×重力加速度[m/s^2]×時間$[s]^2$
速度$[m/s]^2$－初速度$[m/s]^2$＝2×重力加速度[m/s^2]×変位[m]

物体が自由落下して、地面に到達するまでの時間をｔとし、等加速度の公式より、$78.4=0\times t+\frac{1}{2}\times 9.8\times t^2$となる。これを計算すると$t^2=16$となり、tは4となる。よって正解は2。

問題 3　正解 2

解説

はねかえり係数は0から1までの値となる

● はねかえり係数…$e=-\frac{v}{v_0}$　v_0：衝突直前の速度、v：衝突直後の速度

● $e=\sqrt{\frac{h'}{h}}$…h：最初の高さ、h'：はねかえったあとの高さ

ボールを床に落とした高さをhcmとし、床からはね上がったボールを高さh'cmとすると、はねかえり係数$e=\sqrt{\frac{h'}{h}}$…①と表すことができる。

1回目にはね上がったとき…ボールを床に高さ160cmから落とすと、床から高さh'cmまではね上がったとすると、$e^2=\frac{h'}{160}$…②となる。

2回目にはね上がったとき…床からh'まではね上がったボールが、再び床に落下したあと、高さ10cmまではね上がったので、$e^2=\frac{10}{h'}$…③となる。

以上より②と③から$\frac{h'}{160}=\frac{10}{h'}$となり、h'＝40cm…④となる。

ここで、④を③に代入すると e＝0.5となる。よって正解は4。

問題 4　正解 4

問題 5 運動量保存の法則

重さ25tの貨車が50km/hの速度で走ってきて、前方を同一方向に10km/hで走っていた10tの貨車に衝突して連結した場合の、連結した貨車の速度はいくらか。

1 38.5km/h
2 39.5km/h
3 40.5km/h
4 41.5km/h
5 42.5km/h

問題 6 ドップラー効果

510Hzの一定の振動数を出す音源が固定されている。この音源に対してまっすぐに遠ざかっている車から、この音を聞いたところ、450Hzに聞こえた。このときの車の速度はいくらか。ただし、音速は340m/sとする。

1 10m/s
2 20m/s
3 30m/s
4 40m/s
5 50m/s

解説

ツボ！ 衝突前と衝突後の運動量の和は等しい

- 運動量保存の法則…$m_Av_A + m_Bv_B = m_Av_A' + m_Bv_B'$　①
  Aの質量をm_A[kg]、衝突前のAの速度をv_A[m/s]、衝突後のAの速度をv_A' [m/s]
  Bの質量をm_B[kg]、衝突前のBの速度をv_B[m/s]、衝突後のBの速度をv_B' [m/s]
- 衝突後に連結する場合…$m_Av_A + m_Bv_B = (m_A + m_B) \times v$　②
  Aの質量をm_A[kg]、衝突前のAの速度をv_A[m/s]、衝突後の速度をv[m/s]
  Bの質量をm_B[kg]、衝突前のBの速度をv_B[m/s]、衝突後の速度をv[m/s]

今回は衝突後に連結するので式②を使い、衝突後の速度を $x$km/hとおくと次の式が成り立つ。
25t×50km/h＋10t×10km/h＝(25t＋10t)× $x$km/h
1350＝35x
x＝38.57km/h　よって正解は1。

問題 5　正解 1

解説

ツボ！ 音の速さとドップラー効果

- 音は近づくときには高く、遠ざかるときには低くなる。
- **音速…v＝331.5m/s＋0.6t**
  音速をv[m/s]、気温を t [℃]
- 音の伝わる速さ…気体中＜液体中＜固体中
- **ドップラー効果の一般式…** $f = \frac{V-u}{V-v} \times f_0$
  観測される振動数をf[Hz]、音源の振動数をf_0[Hz]、音源の速さをv[m/s]、音速をV[m/s]、観測者が移動する速さをu[m/s]

問題の数字をドップラー効果の一般式に代入すると、次のようになる。

$$450 = \frac{340 - x}{340 - 0} \times 510$$

$450 = 1.5 \times (340 - x)$
$300 = 340 - x$
x＝40m/s　よって正解は4。

問題 6　正解 4

化　学

問題 1 結合

化学結合に関する次の記述のうち、妥当なものはどれか。

1　イオン結合は、電気的引力によりイオン同士が結合したもので、化学結合の中で最も結合の強さが大きく、この結合による物質としてベンゼンやメタンがある。

2　イオン結晶は、陽イオンと陰イオンからなる化合物の結晶で、安定性が高く、イオンが電荷をもっているため、結晶の状態で電気を導く。

3　金属結合とは、原子の間を自由に動き回る自由電子による原子間の結合であり、金属の結晶構造には体心立方格子、面心立方格子、六方最密構造がある。

4　共有結合からなる分子には、極性分子と無極性分子があり、H_2OやCO_2は立体構造が直線形で無極性分子に分類される。

5　電気陰性度とは、共有結合をつくっている原子が電子を引きつける強さの尺度であり、電気陰性度の大きさは、水素原子のほうが塩素原子より大きい。

問題 2 周期表①

次の元素のうち、最外殻電子の数が最も大きいのはどれか。

1　酸素
2　ヘリウム
3　炭素
4　マグネシウム
5　窒素

解説

化学結合の種類と特徴を覚えておく

●**結合力の強さ**　共有結合＞イオン結合・金属結合≫分子間力

性　質	イオン結合	共有結合	金属結合	分子間力
結合力	強い	いちばん強い	強い	弱い
構成粒子	陰・陽イオン	原子	陽イオン・電子	分子
構成元素	金属・非金属	非金属	金属	非金属
融点・沸点	一般に高い	高い	さまざま	低い
電気伝導性	なし（水溶液は通す）	なし（例外 黒鉛は通す）	あり	なし
結晶の硬さ	硬くもろい	硬い（例外 黒鉛は柔らかい）	さまざま 延性・展性	柔らかい
代表例	塩化ナトリウム	ダイヤモンド	鉄、銅	水、CO_2

1-×　最も結合の強さが大きいのは共有結合である。ベンゼンやメタンは共有結合。
2-×　結晶の状態では電気を通さない。
3-○
4-×　H_2Oは極性分子。
5-×　電気陰性度は塩素原子の方が水素原子より大きい。

問題 1　正解 3

解説

周期表を覚える

族の一の位が最外殻電子の数（ただし、ヘリウムは2個）

1族	2族	13族	14族	15族	16族	17族	18族
H 水素							He ヘリウム
Li リチウム	Be ベリリウム	B ホウ素	C 炭素	N 窒素	O 酸素	F フッ素	Ne ネオン
Na ナトリウム	Mg マグネシウム	Al アルミニウム	Si ケイ素	P リン	S 硫黄	Cl 塩素	Ar アルゴン
K カリウム	Ca カルシウム						

〈覚え方〉水平リーべが　僕　の　船　名前がある　シップス　クラークカルシウム
H He Li Be　B C N O F Ne　Na Mg Al　Si P S　Cl Ar K Ca

1-○　酸素（O）は6個。　**2-×**　ヘリウム（He）は2個。　**3-×**　炭素（C）は4個。
4-×　マグネシウム（Mg）は2個。　**5-×**　窒素（N）は5個。

問題 2　正解 1

問題 3 周期表②

金属元素の性質に関する記述のうち、妥当なものはどれか。

1　元素は、典型元素と非典型元素に分けることが出来る。

2　周期表の中で金属元素のうち、典型元素は1族と2族だけである。

3　周期表の中で1族、2族の金属元素はみな炎色反応を示す。

4　水酸化ナトリウムが水によく溶ける性質を、潮解性という。

5　アルカリ金属の反応性は、周期表の上へ行くほど大きくなる。

問題 4 ハロゲン元素

ハロゲンに関する次の記述のうち、妥当なものはどれか。

1　単体のハロゲンはすべて2原子分子であり、常温ではフッ素F_2と塩素Cl_2は気体、臭素Br_2とヨウ素I_2は液体であるが、$I_2 > Br_2 > Cl_2 > F_2$の順に酸化作用は小さくなる。

2　ハロゲンの原子は、すべて7個の価電子を持ち、結合する相手の原子に電子を与えて1価の陽イオンになりやすいため酸化力が強く、原子量が大きいほど結合力が大きくなる。

3　ハロゲン化水素は、いずれも褐色で刺激臭のある有毒な気体で、水によく溶けて酸性を示すものであり、このうちフッ化水素の水溶液はフッ化水素酸と呼ばれ、強酸であるためガラスをよく溶かす。

4　ヨウ素は、水やヨウ化カリウム水溶液によく溶けて褐色の溶液となり、このヨウ素溶液に、塩素を作用させてデンプンの水溶液を加えるとヨウ素が遊離し、赤褐色の沈殿物を生じる。

5　塩素は、刺激臭をもつ黄緑色の気体で、水に溶けるとその一部が反応して塩酸と次亜塩素酸を生じ、次亜塩素酸には強い酸化作用があるため、塩素水は漂白剤や殺菌剤として使われる。

解説

ツボ！ 周期表の中で金属元素・非金属元素、典型元素・遷移元素のだいたいの位置を覚える

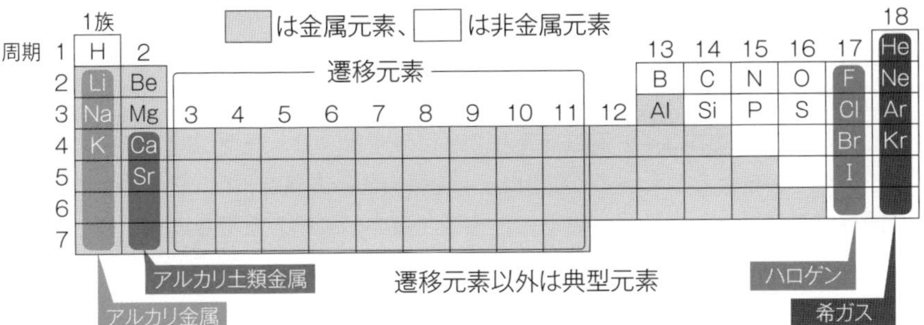

1-× 典型元素と遷移元素に分けられる。
2-× 12族と13～16族まで金属元素がある。
3-× 2族のBe、Mgは炎色反応がない。
4-○
5-× 上へいくほど小さくなる。

問題 3 正解 4

解説

ツボ！ ハロゲン(17族元素)の性質を覚える

●基本的性質…価電子が7個で、陰イオンとなりやすい。単体は共有結合する。
酸化力、反応性の強度は【F_2>Cl_2>Br_2>I_2】の順になる。

塩素Cl_2	黄緑色、刺激臭のある気体。二酸化マンガンと塩酸を加えて精製。
フッ素F_2	淡黄色の気体で、極めて反応性が高い。
臭素Br_2	赤褐色の液体。水溶液を臭素水といい、強い酸化力をもつ。
ヨウ素I_2	黒紫色の板状の固体結晶。デンプンと反応し青紫色を呈する。

●ハロゲン化水素

塩化水素HCl	無色、刺激臭。水によく溶け、塩酸となる。塩酸は強酸性。
フッ化水素HF	無色、刺激臭のある液体で発煙性がある。

1-× ヨウ素は常温では固体。
2-× 原子量が小さいほど結合力が大きい。
3-× いずれも無色の気体。フッ化水素酸は弱酸。
4-× ヨウ素は水にわずかにしか溶けない。
5-○

問題 4 正解 5

問題5 物質の変化①

次のア～ウは、コロイド溶液に関する記述であるが、文中の空所A～Dに該当する語又は語句の組合せとして、妥当なのはどれか。

ア　コロイド溶液に横から強い光線をあてると、コロイド粒子が光を散乱するために、光の通路が輝いて見える［　A　］が確認できる。

イ　セロハンの袋にコロイド溶液を入れて水に浸すと［　B　］をセロハンの袋内から除くことができる。このようにしてコロイドを精製する方法を［　C　］という。

ウ　限外顕微鏡では、コロイド粒子に水分子が衝突して起こる不規則な［　D　］が観察できる。

	A	B	C	D
1	電気泳動	コロイド粒子以外の溶質	透析	ブラウン運動
2	電気泳動	コロイド粒子以外の溶質	凝析	チンダル現象
3	チンダル現象	コロイド粒子以外の溶質	透析	ブラウン運動
4	チンダル現象	コロイド粒子のみ	凝析	電気泳動
5	ブラウン運動	コロイド粒子のみ	凝析	電気泳動

問題6 物質の変化②

物質の状態変化に関する記述として、妥当なものはどれか。

1　凝縮とは、気体中の分子の熱運動によって気体が混合され、その濃度が均一になる現象である。

2　蒸発とは、大きな運動エネルギーをもつ分子が、その分子間引力に打ち勝って、熱を放出して液面から飛び出す現象である。

3　昇華とは、気体を圧縮すると、比較的小さな運動エネルギーをもつ気体分子が集まり、液体になる現象である。

4　融解とは、結晶を加熱して温度を上げていくと、ある温度で結晶の一部が崩れて、液体になる現象である。

5　凝固とは、気体が直接、構成粒子の配列が不規則な無定型固体になる現象である。

解説

ツボ！ コロイド溶液の性質を覚える

コロイド粒子	半透膜を通過できないという性質をもつ。
コロイド溶液	コロイド粒子が均一に散らばっている溶液。
チンダル現象	コロイド溶液に強い光をあてたとき、光の通路がわかる現象。
ブラウン運動	コロイド粒子が絶えず不規則に運動している様子。
透析	半透膜でコロイド溶液を精製する操作。
電気泳動	コロイド粒子が一方の電極に集まる現象。
凝析	疎水コロイド溶液に少量の電解質を加えると、コロイド粒子が沈殿。
塩析	親水コロイド溶液に多量の電解質を加えると、コロイド粒子が沈殿。
保護コロイド	疎水コロイドの凝析を防ぐ働きをする親水コロイド。

A-チンダル現象である。
B・C-セロハンなどの半透膜を用いてコロイド粒子以外の溶質を除く(精製する)ことを透析という。
D-ブラウン運動である。
よって正解は3。

問題 5 正解 3

解説

ツボ！ 物質の状態変化を覚える

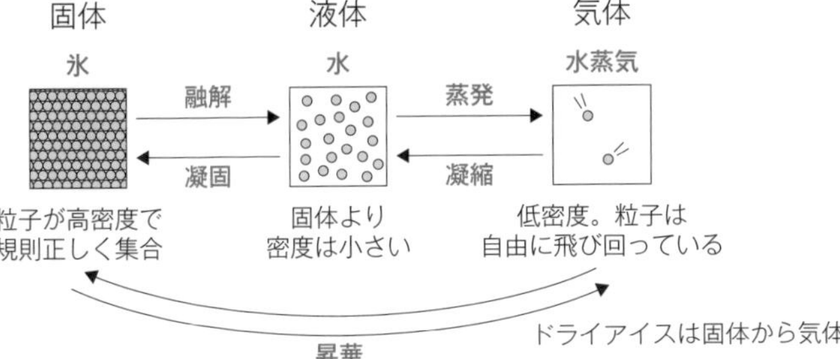

○**固体**…高密度、体積・形は一定、粒子は熱運動で振動。
○**液体**…高密度、形不定、体積は一定、粒子は自由に動く。
○**気体**…低密度、拡散、体積・形は不定、高速度直線運動。

1-×　2-×　3-×　4-○　5-×

問題 6 正解 4

生　物

問題 1　細胞の構造と働き①

細胞の構造に関する記述として、妥当なものはどれか。

1　細胞は、細胞膜に包まれて周囲から独立したまとまりをつくり、細胞膜は、物質を細胞内に取り込んだり逆に排出したりして細胞内部の環境を保っている。

2　動物の細胞では、細胞壁と呼ばれる硬い層があり、細胞壁は、セルロースなどを主成分とした繊維性の物質からできている。

3　ゴルジ体は、粒状又は棒状の形をしており、酸素を消費しながら有機物を分解してエネルギーを取り出す呼吸を行っている。

4　中心体は、成熟した植物細胞では大きく発達することが多く、液胞膜で包まれ、中は細胞液で満たされている。

5　細菌やラン藻などの真核生物には、ミトコンドリアや葉緑体のような細胞小器官は存在しない。

問題 2　細胞の構造と働き②

細胞の構造に関する記述として妥当なのはどれか。

1　葉緑体は小さな粒状の粒子で、植物では合成された有機物、動物では食べた食物をエネルギーに変える。

2　核は核膜とそれに囲まれた染色体・核小体・核液で構成される。

3　核は、リボソームで合成されたタンパク質を細胞外へ輸送する機能をもつ。

4　ミトコンドリアは細胞内の浸透圧を調節し、老廃物を貯蔵する二重の膜に覆われた器官である。

5　細胞膜は細胞質を覆う2層からなる膜で、主にリン酸からできており、全透膜の性質をもっている。

解説

組織の名称と役割を覚える

細胞壁	細胞膜の外側にある植物細胞にしかないセルロースでできた膜。全透膜。
細胞膜	細胞に必要な物質を取り込み、不要な物質は取り込まない選択的透過性をもつ半透膜。
核	細胞の働きを調整する細胞の司令塔。核膜とそれに囲まれた染色体・核小体・核液で構成されている。
葉緑体	植物にしかない。太陽など光からエネルギーとなる有機物をつくりだす光合成をする場所。
ミトコンドリア	生命活動を続けるために、植物では合成された有機物、動物では食べた食物をエネルギーに変える(呼吸という)変換作業をする場所。
リボソーム	タンパク質を製造する工場。
小胞体	タンパク質の輸送路。
ゴルジ体	タンパク質の貯蔵庫。タンパク質はこの貯蔵庫で加工され細胞外へ分泌される。
液胞	浸透圧を調節し、老廃物を貯蔵する。細胞のゴミ捨て場の役割。
リソソーム	一重の球状の袋で細胞のゴミ処理担当。
中心体	核近くに存在し、円筒形をした2個の中心粒で、核分裂を助ける。

1-○
2-×　動物細胞には細胞壁はない。
3-×　呼吸を行っているのはミトコンドリア。
4-×　液胞の説明になっている。
5-×　細菌類やラン藻類は原核生物。

問題 1　正解 1

解説

1-×　有機物や食物をエネルギーに変えることを「呼吸」といい、呼吸は葉緑体ではなくミトコンドリア内で行われる。
2-○
3-×　核は細胞の働きを調整する細胞の司令塔。
4-×　浸透圧を調整するのは液胞。
5-×　細胞膜は選択的透過性をもつ半透膜。

問題 2　正解 2

問題 3 遺伝

DNAに関するA～Dの記述のうち、妥当なものを選んだ組合せはどれか。

A　DNAは、遺伝形質の発現を支配する物質で、主として核に含まれ、DNA量は体細胞の種類により異なっている。
B　精子のように減数分裂によって染色体が半数になった細胞では、核内のDNA量もそれに伴い半減している。
C　DNAは、A（アデニン）、U（ウラシル）、G（グアニン）、C（シトシン）の4種の構成要素が多数連なった2本の鎖からなっている。
D　DNAは、2本の鎖の間で、対をなす構成要素同士が弱く結合し、全体がらせん状に規則的にねじれた二重らせん構造をしている。

1　A　B
2　A　C
3　B　C
4　B　D
5　C　D

問題 4 脳

ヒトの脳に関する記述として、妥当なのはどれか。

1　大脳は、髄質と皮質とに分けられ、髄質には思考や判断などの精神活動の中枢があり、皮質にはだ液の分泌の中枢がある。

2　間脳は、視床と視床下部とに分けられ、視床下部には自律神経系の中枢があり体温を調節する働きがある。

3　中脳には、視覚や聴覚などの感覚中枢、姿勢を保つ中枢及び随意運動の中枢がある。

4　小脳には、眼球の運動の中枢及び瞳孔の大きさを調節する中枢があり、血糖量を調節する働きがある。

5　延髄には、心臓の拍動や呼吸運動などの生命維持に重要な機能の中枢及び体の平衡を保つ中枢がある。

解説

DNAの構造を覚える

●遺伝…親から子へ生物の形質が伝えられる現象。
●遺伝子…遺伝の情報が詰まっているもの。
●DNA…デオキシリボ核酸の略で遺伝子の本体のこと。細胞の核にあり、同じ生物の場合、**1つの細胞に含まれているDNAの量はどの部分の細胞でも一定。**

●DNAの構造…2本のヌクレオチドの二重らせん構造。
●ヌクレオチド…リン酸・糖・4種類の塩基で構成され、鎖状につながっている。
●4種の塩基…A(アデニン)、T(チミン)、G(グアニン)、C(シトシン)。

A-同じ生物の場合、DNAの量は等しい。
B-妥当。
C-DNAのもつ４種の塩基はA(アデニン)、T(チミン)、G(グアニン)、C(シトシン)。
D-妥当。
よって正解は４。

問題 3　正解 4

解説

脳の構造と働きを理解する

●脳の構造…大脳・間脳・中脳・小脳・延髄の５つの部分からなっている。
○大脳…大脳皮質(灰白質)と髄質(白質)からなり、大脳皮質は感覚、随意運動、言語、記憶、感情、判断などの中枢、髄質は興奮を伝える通り道である。
○間脳…大脳と中脳の間に挟まれるようにあり、視床と視床下部からなる。体温や血糖量を調節する自律神経の中枢。
○中脳…ちょうど目の奥の方にあり、眼球の反射運動、目に入る光の量を調節する虹彩の収縮調節と姿勢保持の中枢。
○小脳…耳の奥にあり、手足などの随意運動の調節、体の平衡を保つ中枢。
○延髄…脳から背骨の中の脊髄につながる部分で、呼吸運動、心臓の拍動の中枢。

1-×　精神活動の中枢は大脳皮質。
2-○
3-×　感覚中枢は大脳。
4-×　血糖量の調整は間脳。
5-×　体の平衡を保つのは小脳。

問題 4　正解 2

問題 5 肝臓と腎臓

ヒトの肝臓又は腎臓に関する記述として、妥当なのはどれか。

1 肝臓は、胃や小腸の下部にあり、円錐形の握りこぶし程度の大きさで、身体の中では腎臓に次いで重い臓器である。

2 肝臓は、グリコーゲンをブドウ糖として蓄え、必要に応じて、蓄えたブドウ糖を再びグリコーゲンに変えて血液中に送り出す働きをしている。

3 肝臓は、タンパク質の分解により生じた有害なアンモニアを、害の少ない尿素に変える働きをしている。

4 腎臓は、腰の上部の背骨の両側に１対あり、左右を合わせると身体の中では最も大きく、最も重い臓器である。

5 腎臓は、送られてきた血液中の尿素をこし取り、尿として膀胱へ送るとともに、血液中のその他の老廃物もこし取り、大腸へ送る働きをしている。

問題 6 目と耳

ヒトの目及び耳に関する記述のうち、妥当なものはどれか。

1 視細胞には、かん体細胞と錐体細胞があり、かん体細胞は網膜の周辺部分に多く分布し、色を識別する。

2 明順応とは暗い所から明るい所に出ると一時的にまぶしいが、すぐ見えるようになることをいう。

3 目は遠くを見るときには水晶体が厚くなる。

4 音は、外耳道を通って鼓膜を振動させ、その振動が耳小骨で増幅された後、コルチ器官が基底膜を振動させて聴細胞を通じて大脳に送られる。

5 耳は平衡感覚器官であり、半規官で傾きを感じとる。

解説

各部位の名称を覚える

●肝臓…上腹部の右側で横隔膜の直下にある。肝臓は体内で生じたり、体外から入ってきたりした毒物を無害化する。

○オルチニン回路…アンモニア → 肝臓で尿素に → 腎臓から排出。

血液中の糖類をグリコーゲンに合成して栄養分として貯蔵する。また、グリコーゲンを分解してブドウ糖（グルコース）を血液中に放出して血糖量を調節する。

●腎臓…握りこぶしほどの大きさで、腹腔の背中側に２つ（一対）ある。腎臓は、ろ過と再吸収で、血しょう中の老廃物・水分・塩類などから尿をつくる。

○腎小体…糸球体とボーマン嚢。

○腎単位…腎小体、毛細血管、腎細管でできている。

1-×　肝臓は上腹部の右側で横隔膜の直下にある最も重い臓器。
2-×　血液中のブドウ糖をグリコーゲンに合成して蓄える。
3-○
4-×　腎臓は腹腔の背側の両側にあり、握りこぶし程度で重くない。
5-×　血液中の尿素とその他の老廃物も腎臓でこし取り、膀胱へ送られる。

問題 5　正解 3

解説

目と耳の部位と名称、その機能を覚える

●ヒトの目…目の中の網膜に錐体細胞・かん体細胞の２つの視細胞がある。

○錐体細胞…明暗、物の形、色彩を識別。　○かん体細胞…明暗、物の形を識別。

○明順応…まぶしさに順応する反応。　○暗順応…暗さに順応する反応。

近くを見るとき、毛様体の筋肉が収縮、チン小体が緩み、水晶体が厚くなる。

遠くを見るとき、毛様体の筋肉が弛緩、チン小体が引っ張られ、水晶体が薄くなる。

●ヒトの耳…外耳、中耳、内耳の３つの部分に大きく分けられる。

○音の伝わる経路…耳殻 → 外耳道 → 鼓膜 → 耳小骨 → うずまき管 → コルチ器官（感覚毛とおおい膜） → 聴覚神経 → 大脳

○うずまき管…聴覚　○前庭…傾きの感覚を感じる。　○半規官…回転感覚を感じる。

1-×　色を識別するのは錐体細胞。
2-○
3-×　遠くを見るとき、水晶体は薄くなる。
4-×　基底膜の振動がコルチ器官にある聴細胞に興奮を生じさせる。
5-×　傾きを感じるのは前庭。

問題 6　正解 2

地学

問題1 太陽系の天体

太陽系の天体に関する記述として、妥当なのはどれか。

1　太陽系内の天体の距離を表すには、光が1年に進む距離である天文単位を使用する。

2　小惑星は現在約１万個の軌道がわかっており、その大部分は水星と金星の間にある。

3　海王星の外側を回っている小形の天体を太陽系外縁天体と呼び、かつて惑星と考えられていた天王星はその1つとみなされるようになった。

4　彗星は、太陽の近くでは、その本体の周りにコマを伴い、常に進行方向と反対側に長い尾部を形成する。

5　惑星の周りを公転している天体は衛星と呼ばれ、木星の衛星イオには、現在も活動している火山がある。

問題2 月の運動

月や太陽の起潮力によって、海面の潮位は1日にほぼ2回ずつ周期的に上がったり下がったりしている。潮位が最高になるときが満潮、最低になるときが干潮であるが、この干満の差が最も大きいのが大潮である。図のア～カのうち、大潮のときの月の位置として正しいもののみをすべて挙げているのはどれか。

1　ア
2　ア、エ
3　イ、カ
4　ウ、エ、オ
5　エ

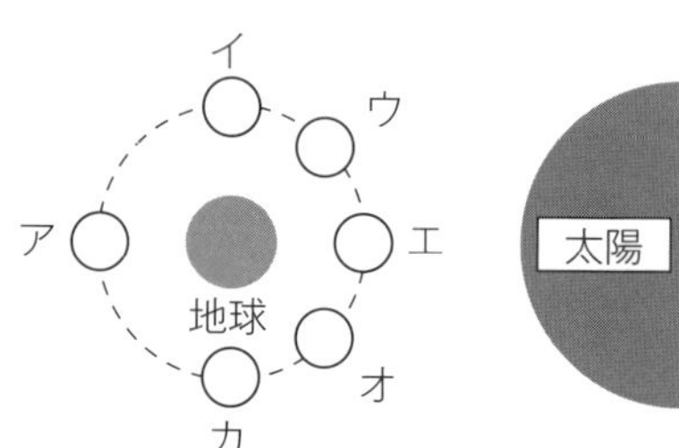

解説

天体の種類と性質を暗記する

恒星	自ら熱と光を出し、天球上の相互の位置をほとんど変えない天体。 例：太陽
惑星	恒星の周りを楕円軌道を描いて公転する比較的大きな天体。 例：水星・金星・地球・火星・木星・土星・天王星・海王星
衛星	惑星の周りを楕円軌道を描いて公転している天体。 例：月・木星のイオ
彗星	長い尾をもつ天体。直径10km程度の氷やチリでできた核からなる。 彗星の尾は太陽に対して反対の方向にできる。　例：ハレー彗星
小惑星	火星と木星の間にあり太陽の周りを公転する直径100km以下の天体。

1-×　天文単位とは、地球と太陽の平均距離を1とした単位である。
2-×
3-×　天王星は惑星の１つである。
4-×　彗星の尾は太陽の反対方向にできる。
5-○

問題 1　正解 5

解説

月の運動と潮位を覚える

●月の運動…地球の周りを1回公転する間に1回自転しているため、地球に対して常に同じ面を向いている。

●月の満ち欠け…月は、太陽の光を反射して輝き、満ちたり欠けたりしている。
→満月、新月、上弦・下弦の月

●起潮力…月の引力によって、海面に満ち引きを起こす力。
→大潮と小潮

・大潮：潮の満ち引きの差が最も大きいこと。新月と満月のときに起こる。
・小潮：潮の満ち引きの差が最も小さいこと。上弦・下弦の月のときに起こる。

大潮は新月と満月の時に起こる。この問題では月がアの位置にある時を満月、エの位置にあるときを新月という。そのため大潮は月がア、エの位置にあるときに起こる。よって正解は2。

問題 2　正解 2

問題 3 地震と地球の内部構造①

地震に関する次の記述において、下線部ア～オのうち正しいもののみをすべて挙げているのはどれか。

「地震波にはＳ波、Ｐ波、表面波の３種類があり、その速度は(ア)Ｓ波＞Ｐ波＞表面波の順である。ある観測点におけるＳ波とＰ波の到着時刻の差を初期微動継続時間といい、(イ)震源からの距離が遠いほどその時間は長い。震源の決定には、(ウ)少なくとも3つの観測点における地震波の到着時刻に関するデータが必要である。北海道や東北地方など東北日本での地震の起こり方は特徴的で、震源の深さは(エ)太平洋側で浅く、大陸側で深くなっている。地震の規模を表すにはマグニチュードと呼ばれる数値が使われるが、(オ)マグニチュードが１増加すると地震のエネルギーは約10倍になる。」

1 ア、イ、ウ、オ
2 ア、イ、エ、オ
3 イ、ウ、エ
4 イ、ウ、オ
5 イ、エ、オ

問題 4 地震と地球の内部構造②

地震に関する記述として最も妥当なのはどれか。

1 地震の初期微動はＰ波による振動で、主要動は主にＳ波による振動である。Ｐ波は波を伝える媒質の振動方向が波の進行方向と垂直な横波で、Ｓ波は媒質の振動方向が波の進行方向と平行な縦波である。

2 地震の揺れの大きさは震度で表され、震源からの距離や標高に影響される。1996年以降、震度は計測震度計での自動計測をもとに算出されるようになり、地震そのものの大きさを表す尺度としても用いられるようになった。

3 マグニチュードは、各地で観測された地震動の大きさをもとに算出される。マグニチュードが大きくなると、地震によって放出されるエネルギーも大きくなり、マグニチュードが２増えると、エネルギーは1000倍になる。

4 海域で大きい地震が起こると急激な海底の隆起や沈降が起こり、それによって海水に急激な運動が生じ、津波が発生することがある。津波は、海が深いほど遅く伝わる性質があり、陸地に近づくにつれ速度が増して高い波となる。

5 大規模な地震では、発生時に活動した主要な断層が地表に現れることがあり、このような断層を活断層という。繰返し地震の影響を受けて出現した断層はモホ不連続面と呼ばれ、防災上注意が必要とされている。

解説

地震波の種類を覚える

地震波の種類	波の種類	速　度	伝わる場所	揺　れ
P波	縦波(波の進行方向と振動方向が一致する)	速い	固体と液体	小(初期微動)
S波	横波(波の進行方向と振動方向が垂直な波)	遅い	固体のみ	極大(主要動)
表面波	地球の表面のみを伝わる地震波	最後に伝わる	地球の表面のみ	大

●震度：各観測地点での揺れの大きさを0～7(震度5、6は強・弱に分ける)の10段階で表す。一般に、震源に近い地点ほど震度は大きい。

●マグニチュード：地震の規模。マグニチュードが1増えるとエネルギーは約32倍。

ア-×
イ-○
ウ-○　作図法という方法で震源地を特定する。
エ-○
オ-×
よってイ、ウ、エが正しい。よって正解は3。

問題 3　正解 3

解説

津波のメカニズムを理解する

●津波…海溝型地震により発生する。

→海溝型地震：海洋プレートと大陸プレートが衝突する場所では密度の大きい海洋プレートが密度の小さい大陸プレートの下に沈み込んでいる。その摩擦により、歪みが生じるが、その歪みが限界に達すると、大陸プレートがはね上がり、巨大地震が発生する。

●津波の特徴…海岸に近づき**水深が浅くなると、波速は小さくなり、波高は高くなる。**

1-×　問題3参照。
2-×　地震の規模を示すのはマグニチュードである。
3-○
4-×　津波は水深が浅いほど波速は遅くなる。
5-×　防災上注意が必要とされているのが活断層で、地震の際に表れるのは地震断層。

問題 4　正解 3

地学

問題 5 岩石①

各種岩石に関する記述として最も妥当なのはどれか。

1 花こう岩は、マグマがゆっくり冷えて固まってできた深成岩の1つであり、石英、長石、黒雲母などの鉱物の結晶が集まってできている。その石材は御影石とも呼ばれ、敷石や石垣などに使用されている。

2 かんらん岩は、マグマが地表に流れて固まってできた火山岩の1つであり、急激に固まったため、規則的な割れ目(節理)がみられる。石材は黒色をしており、硯や碁石の原料として使用されている。

3 大理石は、火山噴火に伴ってマグマが粉々の状態になったものが、湖などに堆積してできた火山砕屑岩の1つである。我が国では、磨崖仏など屋外に設置する石像の材料として、古来より使用されている。

4 片麻岩は、サンゴや貝類などの炭酸カルシウムの殻が堆積して固まってできたチャートが、変成作用を受けてできた結晶質の変成岩である。その石材は大谷石とも呼ばれ、門塀や石垣などに使用されている。

5 玄武岩は、陸上又は水中の侵食で形成された岩石片が集積した堆積岩の1つで、砂岩よりその粒が大きいものである。わが国では、コンクリートやアスファルトに混ぜる原料の1つとして使用されている。

問題 6 岩石②

次の火成岩の分類に関する図の空欄A～Dにあてはまる語句の組合せとして、妥当なものはどれか。

化学成分	多 ←― SiO_2 の含有量 ―→ 少			
火山岩	流紋岩	（ A ）	玄武岩	―
深成岩	花こう岩	閃緑岩	（ B ）	かんらん岩
色	淡 ←→ 濃			特に濃
密度	小 ←→ 大			
造岩鉱物	（ C ）、カリ長石、黒雲母、角閃石、斜長石、輝石、（ D ）			

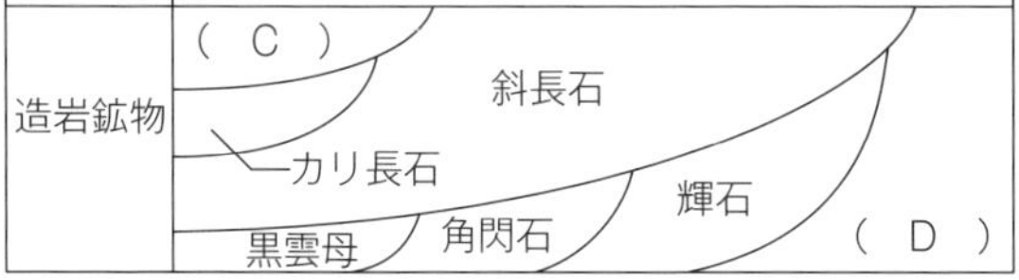

	A	B	C	D
1	安山岩	はんれい岩	石英	かんらん石
2	安山岩	かんらん岩	石英	かんらん石
3	かんらん岩	はんれい岩	かんらん石	石英
4	はんれい岩	安山岩	石英	かんらん石
5	はんれい岩	安山岩	かんらん石	石英

解説

岩石の種類を暗記する

火成岩	火山岩	マグマが地上に噴出するか、地表近くで急冷されて固まってできた岩石	流紋岩
			安山岩
			玄武岩
	深成岩	マグマが地下の深いところでゆっくり冷えて固まった岩石	花こう岩
			閃緑岩
			はんれい岩
			かんらん岩
堆積岩	砕屑岩、火山砕屑岩、化学岩、生物岩など		
変成岩	ホルンフェルス、結晶質石灰岩、千枚岩、結晶変岩、片麻岩など		

1-○
2-× かんらん岩は深成岩である。
3-× 大理石は変成岩の1つである。
4-× チャートは堆積岩である。
5-× 玄武岩は火山岩である。

問題 5 正解 1

解説

造岩鉱物の種類

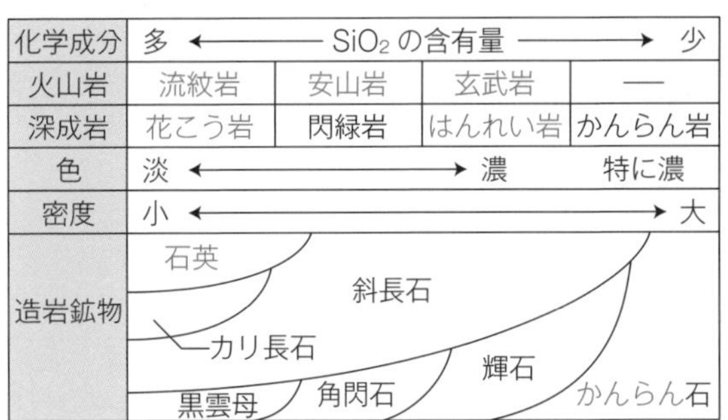

化学成分	多 ←――― SiO_2 の含有量 ―――→ 少			
火山岩	流紋岩	安山岩	玄武岩	―
深成岩	花こう岩	閃緑岩	はんれい岩	かんらん岩
色	淡 ←――→ 濃			特に濃
密度	小 ←――――→ 大			
造岩鉱物	石英、斜長石、カリ長石、黒雲母、角閃石、輝石、かんらん石			

Aには安山岩、Bにははんれい岩が入る。問題5の岩石の分類の表と、あわせて覚えておくとよい。Cには石英、Dにはかんらん石がそれぞれ該当する。よって正解は1。

問題 6 正解 1

編著者

公務員試験専門 喜治塾　こうむいんしけんせんもん きじじゅく

東京にある公務員試験に特化したスクール。1999年から公務員試験受験者への指導を行う。都庁、県庁、特別区をはじめ国家総合職(法律)、外務省専門職員、国家一般職などで毎年、多くの合格者を輩出している。過去の出題傾向を徹底的に分析・把握し、短期間で最大の効果を生み出す指導に定評がある。

〒169-0075 東京都新宿区高田馬場3-3-1　ユニオン駅前ビル5・8階
TEL 03-3367-0191　FAX 03-3367-0192　URL https://www.kijijuku.com/

代表

喜治賢次　きじ けんじ

慶應義塾大学法学部法律学科卒。新宿区役所(東京)で教育委員会、都市整備部などに所属。35歳で公務員を退職し、行政研究、政策提言活動とともに後進の指導に従事する。1999年に公務員採用試験の合格指導、現職公務員への研修を行う『喜治塾』を創立し、並行して地域コミュニティー活動にも積極的に参加。2008年には内閣府政策企画調査官も務める。

無敵の地方公務員【上級】過去問クリア問題集

編著者　公務員試験専門 喜治塾
発行者　高橋秀雄
発行所　**株式会社 高橋書店**
　　　　〒170-6014 東京都豊島区東池袋3-1-1 サンシャイン60 14階
　　　　電話　03-5957-7103

本書の内容についてのご質問は「書名、質問事項(ページ、内容)、お客様のご連絡先」を明記のうえ、郵送、FAX、ホームページお問い合わせフォームから小社へお送りください。
回答にはお時間をいただく場合がございます。また、電話によるお問い合わせ、本書の内容を超えたご質問にはお答えできませんので、ご了承ください。本書に関する正誤等の情報は、小社ホームページもご参照ください。

【内容についての問い合わせ先】
書　面　〒170-6014 東京都豊島区東池袋3-1-1 サンシャイン60 14階　高橋書店編集部
F A X　03-5957-7079
メール　小社ホームページお問い合わせフォームから　(https://www.takahashishoten.co.jp/)

【不良品についての問い合わせ先】
ページの順序間違い・抜けなど物理的欠陥がございましたら、電話03-5957-7076へお問い合わせください。
ただし、古書店等で購入・入手された商品の交換には一切応じられません。